독자의 1초를
아껴주는 정성을
만나보세요!

세상이 아무리 바쁘게 돌아가더라도 책까지 아무렇게나 빨리 만들 수는 없습니다.

인스턴트 식품 같은 책보다 오래 익힌 술이나 장맛이 밴 책을 만들고 싶습니다.

땀 흘리며 일하는 당신을 위해 한 권 한 권 마음을 다해 만들겠습니다.

마지막 페이지에서 만날 새로운 당신을 위해 더 나은 길을 준비하겠습니다.

길벗 IT 도서 열람 서비스

도서 일부 또는 전체 콘텐츠를 확인하고 읽어볼 수 있습니다.
길벗만의 차별화된 독자 서비스를 만나보세요.

더북(TheBook) ▶ https://thebook.io

더북은 (주)도서출판 길벗에서 제공하는 IT 도서 열람 서비스입니다.

All rights reserved including the right of reproduction in whole or in part in any form.
This edition published by arrangement with **Portfolio**, a member of Penguin Group (USA) LLC, a Penguin Random House Company.
This Korean translation published by arrangement with Ryan Holiday c/o Portfolio, a division of Penguin Group (USA) LLC through Milkwood Agency.

이 책의 한국어판 저작권은 밀크우드 에이전시를 통한 저작권자와의 독점 계약으로 길벗이 소유합니다.
신 저작권법에 의하여 한국 내에서 보호를 받는 저작물이므로 무단전재와 무단복제를 금합니다.

그로스 해킹 [10주년 기념 증보판]

초판 발행 · 2025년 11월 27일

지은이 · 라이언 홀리데이
옮긴이 · 고영혁
국내 사례 편저 · 고영혁
발행인 · 이종원
발행처 · (주)도서출판 길벗
출판사 등록일 · 1990년 12월 24일
주소 · 서울시 마포구 월드컵로 10길 56(서교동)
대표전화 · 02)332-0931 | **팩스** · 02)322-0586
홈페이지 · www.gilbut.co.kr | **이메일** · gilbut@gilbut.co.kr

기획 및 책임편집 · 안윤경(yk78@gilbut.co.kr) | **디자인** · 박상희 | **제작** · 이준호, 손일순, 이진혁
영업마케팅 · 임태호, 전선하, 박민영, 서현정, 박성용 | **영업관리** · 김명자 | **유통혁신** · 한준희 | **독자지원** · 윤정아
교정교열 · 김윤지 | **전산편집** · 박진희 | **출력 및 인쇄** · 정민 | **제본** · 정민

- 잘못된 책은 구입한 서점에서 바꿔 드립니다.
- 인공지능(AI) 기술 또는 시스템을 훈련하기 위해 이 책의 전체 내용은 물론 일부 문장도 사용하는 것을 금지합니다.
- 이 책에 실린 모든 내용, 디자인, 이미지, 편집 구성의 저작권은 (주)도서출판 길벗과 지은이에게 있습니다.
  허락 없이 복제하거나 다른 매체에 옮겨 실을 수 없습니다.

ISBN 979-11-407-1680-7 93000

(길벗 도서번호 007197)

정가 22,000원

독자의 1초까지 아껴주는 정성 길벗 출판사

(주)도서출판 길벗 | IT교육서, IT단행본, 경제경영, 교양, 성인어학, 자녀교육, 취미실용 www.gilbut.co.kr
길벗스쿨 | 국어학습, 수학학습, 어린이교양, 주니어 어학학습, 학습단행본 www.gilbutschool.co.kr

페이스북 · https://www.facebook.com/gbitbook

데이터로 증명하는 성장의 공식

GROWTH HACKING
그로스 해킹

10주년 기념 증보판

라이언 홀리데이 저 | 고영혁 역·편저

길벗

GROWTH HACKING

| 이 책에 쏟아진 찬사 |

"그로스 해커는 마케팅 임원들이 지향해야 할 새로운 정체성이다. 이 책은 그 혁신을 어떻게 이루어 낼 수 있는지 알려 준다."

― 앤드류 첸Andrew Chen
실리콘 밸리 기업가, 에세이 작가, 스타트업 자문가

"이 책은 현업에 있는 모든 마케팅 임원에게 경종을 울린다. 동시에 엔지니어, 디자이너, IT 전문가, 창업가 등 현장에서 일하는 이들에게는 훌륭한 안내서가 될 것이다. 반드시 읽어 보기를 추천한다."

― 포터 게일Porter Gale
(전)버진 아메리카 마케팅 총괄 임원,
〈Your Network Is Your Net Worth〉(Atria Books, 2013) 저자

"마침내 그로스 해킹을 쉽고 명료한 언어로 풀어낸 책이 나왔다. 더 나아가 실전에서 활용할 수 있는 전략과 전술까지 제시한다."

― 알렉스 코친스키Alex Korchinski
Soma 성장 담당 임원

"홀리데이는 마키아벨리와 오길비의 마케팅 업무를 진행했었고, 이 책은 그 모든 경험의 결정체. 그는 여러분이 들어 본 적 없는 비밀 병기 같은 전문가다."

― 티모시 페리스Timothy Ferriss
〈나는 4시간만 일한다〉(다른상상, 2023) 저자

"라이언은 그로스 해커가 지닌 사고방식의 힘을 포착하여 모든 유형과 다양한 규모의 기업 마케터들이 쉽게 이해하고 적용할 수 있도록 했다. 이 책을 읽고도 성과가 오르지 않는다면 문제는 제품 자체에 있을 것이다."

- 션 엘리스 Sean Ellis
드롭박스 및 이벤트브라이트의 그로스 해커,
쿼럴루(Qualaroo)의 설립자, '그로스 해커' 용어의 창시자

"라이언의 전략과 전술은 사업을 성장시키고, 마케팅과 성장을 예술적 수준으로 끌어올리고자 하는 모든 기민한 기업가에게 실질적인 도움을 줄 것이다."

- 패트릭 블라스코비츠 Patrick Vlaskovits
〈The Lean Entrepreneur〉(John Wiley & Sons Inc, 2013) 공동 저자

"그로스 해킹을 더 깊이 배우고 싶다면 라이언의 책을 반드시 읽어야 한다."

- 데릭 헬펀 Derek Halpern
SocialTriggers.com

"라이언은 이 책으로 어렵고도 위대한 일을 해냈다. 그로스 해킹이라는 복합적인 분야에서 꼭 알아야 할 내용만 정리하여 누구나 쉽게 읽을 수 있는 가이드로 완성했다. 그로스 해커는 마케팅 정의 자체를 바꾸며, 이 책은 여러분이 경쟁에서 한발 앞서 나갈 수 있도록 도와줄 것이다."

- 아론 긴 Aaron Ginn
스텀블어폰(StumbleUpon)의 그로스 해커

| 추천사 |

그로스 해킹은 스타트업이나 온라인 기업에 맞는 '기법'이라고 생각했었다. 하지만 이 책을 읽고 고영혁 대표와 다양한 논의를 하는 과정에서 그것이 성장 정체를 맞닥뜨린 모든 기업이 장착해야 할 '사고방식'임을 깨달았다. 사실 추천사 쓰기를 망설였다. 경쟁사들은 몰랐으면 하는 통찰이 담겨 있기 때문이다. 마케터에게 감성과 창의성의 영역을 넘어 데이터와 실험, 문제 해결의 과학으로 전환하라고 촉구하는 이 책은 지금 'AI에 일을 잘 시키는 법'을 고민하는 모든 마케터에게 꼭 필요한 책이다.

강혜원 | 롯데마트&슈퍼 마케팅부문장, 상무

수년간 데이터를 다루면서 '명확한 목적 지표를 설정하고 이를 측정하며 개선하는' 사이클이 비즈니스 성장의 유일한 핵심이 된다고 생각해 왔다. 그런 의미에서 이 책은 이런 대원칙을 가장 직관적이면서도 실용적인 방법론으로 풀어내고 있어 이번 개정판 출간 소식이 매우 반가웠다. '린 분석'이나 '북극성 지표' 같은 용어는 이제 업계의 상식이 되었지만, 정작 이 원칙을 '실제로' 흔들림 없이 실행하며 성과를 내는 조직은 의외로 드물다. 모두가 안다고 생각하지만, 제대로 실천해서 효과를 내기는 생각보다 어렵기도 하다.

이번 개정판은 지금이야말로 '기본'으로 돌아가 우리 조직의 성장 공식을 다시 세워야 할 때임을 일깨운다. 새롭게 추가된 국내 실전 사례들은 데이터 활용과 방법론을 곧바로 현장에 적용할 수 있는 구체적 실행 전략으로 제시하며, 성장의 방향을 찾는 리더와 실무자에게 든든한 나침반이 되어 줄 것이다.

권정민 | 로그앤플롯 대표 데이터 분석가 / AI GDE

이 책은 나에게 창업 초기에 '성장은 우연이 아니라 설계의 결과'임을 깨닫게 해 주었다. 이번 개정판에서 고영혁 선배님은 그 철학을 AI 시대의 언어로 새롭게 재해석했다. 특히 AI를 도구가 아닌 함께 일하는 동료로 바라보는 시각은 앞으로 성장을 고민하는 모든 리더에게 깊은 통찰을 가져다준다. 데이터와 기술, 사람에 대한 이해가 한데 어우러져 단순한 방법론을 넘어 조직이 스스로 성장하는 시스템을 그려 준다. 〈코어 씽킹〉에서 강조한 '핵심을 꿰뚫는 사고'처럼 이 책 또한 성장의 본질을 향한 질문으로 가득하다. AI 시대에도 변하지 않는 진짜 성장 원리를 알고 싶은 분들께 꼭 추천드린다.

김범섭 | 자비스앤빌런즈 CEO&CGO /
〈코어 씽킹〉 저자, 삼쩜삼 런칭 at 자비스앤빌런즈(2020, Founder, CEO&CPO),
리멤버 런칭 at 드라마앤컴퍼니(2013, Founder, CEO&CPO)

라이언 홀리데이의 책은 2015년 출간 이후 데이터 기반 성장의 핵심 원칙을 제시하며 비즈니스 필독서로 자리매김했다. 그 후 10년 가까운 변화의 흐름을 담은 이번 개정판은 복잡한 데이터를 실제 성장 동력으로 전환하는 과정을 깊이 이해한 고영혁 편역자의 통찰이 더해져 '이론과 실행의 간극'을 완전히 메웠다. 라이언 홀리데이의 변치 않는 근본 이론 위에 AI 시대의 현실과 국내 경험을 더한 이 책은 이제 단순한 해외 이론서를 넘어 오늘의 조직에 살아 있는 성장 지침서로 거듭났다.

특히 AI가 단순한 도구가 아닌 'Agentic AI'로 진화하는 시대에 그로스 해커가 AI의 '사수'로서 명확한 목표와 맥락을 제공하며 협업해야 한다는 구체적인 관점을 제시하는 점은 독자에게 즉시 적용 가능한 무기가 되어 줄 것이다. 성장 전략의 부재로 고민하는 경영진, 데이터 분석 및 활용법에 목마른 마케터, AI 시대의 비즈니스 생존 공식을 배우고자 하는 모든 이에게 이 책을 권한다. 급변하는 환경 속에서도 흔들림 없는 성장 원칙을 담백하고 명확하게 제시하는 귀한 책이 될 것이다.

김선일 | 삼성SDS Senior Consultant / 고객 데이터 사이언티스트

GROWTH HACKING

우리(K-water) 연구센터의 든든한 자문위원으로 모셔 놓고도 서로 바쁘다는 핑계로 자주 고견을 듣지는 못해 늘 아쉬웠는데, 이렇게 10년 만에 돌아온 귀한 책의 추천사로 일부 아쉬웠던 마음을 전할 수 있게 되어 감사드린다. 외국계 데이터 기업의 수장으로서 10년간 현장을 이끌다 인생 2막을 시작하는 고영혁 대표이기에 이번 개정판을 준비하면서 편역자가 담은 묵직한 내공과 혜안은 더욱 특별하게 다가온다. 2015년 초판이 '그로스 해킹'이라는 불씨를 키우는 데 크게 일조했다면, 이번 개정판은 그 불씨를 대한민국 산업 전반으로 확산시키는 계기가 되기를 바란다.

솔직히 고백하자면 '물'이라는 공공재를 대상으로 AI 기술을 다루는 사실상의 B2G 분야 종사자로서, 그로스 해킹은 스타트업이나 B2C 서비스가 주된 영역이라고만 생각하는 선입견이 있었다. 그렇지만 대기업인 LG전자, 토모큐브 첨단 B2B 기업의 생생한 인터뷰는 이런 편견을 깨부수었다. 큰 기업일수록 데이터 관리와 품질의 중요성이 제기되고, 기존 PMF를 넘어 PCF 적용 사례는 대상의 규모와 범위만 살짝 다를 뿐이지 내가 다루는 영역에도 그로스 해킹의 원리가 동일하게 적용될 수 있다는 놀라움과 반가움을 선사한다. 일반적인 번역서와는 다른 편역자의 살아 있는 사례에서 자기 삶의 많은 행동을 잘 들여다본다면 독자들은 그것이 그로스 해킹 영역에서 결코 멀지 않음을 느낄 수 있을 것이다.

여기에는 생성형 AI 진화와 함께 'Agent(대리인)'를 통한 자율적 실행이 가능해진 세상에서 그로스 해킹이 어떻게 진화하고 있는지 통찰한 내용이 담겨 있다. 많은 이에게 이는 단순히 성장의 '방법'을 넘어 '지속적으로 조직 관리를 가능'하게 하는 데이터 기반의 성장 철학을 고민하게 할 것이다. 이제 스타트업 관계자뿐 아니라 DX를 고민하는 대기업, B2B 기업, 저와 같은 공공 부문의 리더에게도 추천하고 싶다.

김성훈 | 한국수자원공사 AI 연구센터 센터장

2015년 이 책 초판을 고영혁 대표가 한국에 처음 소개했을 때가 생각난다. 당시 퍼포먼스 마케팅이 고객의 기업 방문 이전 여정을 다룬다면, 그로스 마케팅은 방문 이후 여정을 다룬다는 식으로 단순하게 그 개념을 비즈니스에 적용하는 경우가 많았다.

이 책이 개정되는 지금 첫 출간 이후 10년간 행적을 되돌아보며 고 대표와 본인이 컨설팅 분야에서 때로는 협업하고 때로는 경쟁하면서 그로스 해킹을 어떻게 이해하고 적용해 왔는지 돌이켜 보았다. 우리는 무엇을 'Growth'하려 했으며, 이를 위해 접근 방식을 어떻게 'Hacking'하려 했는지에서 답을 찾을 수 있을 것이다.

우리가 시도한 그로스 해킹의 시작은 '고객의 이해'였다. 고객 한 명 한 명의 마음을 들여다보고, 고객의 고민과 필요를 해결해 줄 수 있다면 금상첨화겠지만, 기업 입장에서는 말처럼 쉬운 일이 아닐 것이다. 고객을 이해하려는 우리의 작은 시도는 미약하지만 고객이 남기는 흔적인 행동, 관심, 반응 정보를 바탕으로 고객에게 좀 더 다가가려 노력했다. 그리고 또 하나의 축으로 기업이 보유한 자산인 제품, 서비스, 데이터를 결합하여 고객과 기업을 연결해 줌으로써 고객도 기업도 서로 윈-윈 할 수 있는 모델을 찾고, 다양한 기술을 접목하여 새로운 비즈니스 가치를 만드는 모든 일련의 과정이 그로스 해킹이었다.

고영혁 대표는 지난 10년간 진행한 고객을 이해하려는 활동과 기업에 제시했던 새로운 가치 창출의 방법들을 이 책에서 다시 한 번 소개한다. Agentic AI에서 Physical AI까지 새로운 기술들이 끊임없이 등장하는 지금 이 순간에도 기업을 성장하게 하고, 고객을 만족하게 하는 불변의 공식은 그 출발점이 '고객'이라는 것이다. 새롭게 개정되는 이 책에서 많은 독자가 새로운 기술, 새로운 경쟁 구도의 등장에도 '고객 중심'이라는 그 본질은 변화되지 않음을 가슴속에 담을 수 있기를 기대한다.

김영국 | 프라이스워터하우스쿠퍼스(PwC) 컨설팅 CX본부 파트너, 박사 /
〈세일즈포스, 디지털혁신의 판을 뒤집다〉 저자

이제는 AI 기술이 단순한 도구를 넘어 주어진 목표를 이해하고 전략을 실행하는 'Agentic AI'의 시대로 접어들었다. 이에 따라 진정한 그로스 해커의 역할을 다시 생각해야 할 때다. 그로스 해킹이 정성적인 광고, 홍보를 기술적이고 정량적인 방법으로 그 효용을 증명했듯이 Agentic AI를 활용해서 데이터만 활용하는 것에 그치지 않고 보다 지속 가능하게 목표를 달성할 수 있도록 구체적인 액션까지 취할 수 있도록 해야 할 것이다.

이 책은 그러한 전환점을 명확히 제시한다. 전통적인 '그로스 해킹'이 데이터에 기반을 둔 기술과 실험의 영역에 머물렀다면, 개정판은 'AI를 동료로 삼아 지속 가능한 성장 엔진을 구축하는 법'을 제시한다. 고 대표는 수년간 실전 경험을 바탕으로, AI와 인간이 함께 사고하고 실행하는 새로운 패러다임을 명쾌하게 그려낸다. 이 책이 제시하는 핵심은 단순하다. 'AI가 우리 일을 대신하는 것이 아니라, 우리가 AI를 활용하여 더 나은 전략가가 되는 것'이다. 그로스 해킹의 본질은 여전히 변하지 않았다. 다만 이제는 AI라는 강력한 파트너를 '도구로 사용하는 것에서 나아가 리딩하며 함께 성장의 길을 만들어 가는 시대'다. AI 시대, 진정한 그로스 해커는 더 이상 데이터를 분석하는 사람이 아니라 'AI를 리딩하여 변화를 설계하는 사람'이다. 이 책은 바로 그 여정을 함께할 가장 탁월한 안내서다.

김우승 | 크라우드웍스 대표이사

기술 또는 업무 관련 책은 크게 두 가지로 구분할 수 있을 것 같다. 최신 기술을 설명하여 이를 학습하는 데 도움을 주는 책과 오랫동안 변하지 않는 원리를 설명하여 본질적인 고민과 현장의 적용에 도움을 주는 책. 이 책은 후자에 속한다고 할 수 있다. 그래서 몇 년이 지나도 또 다시 읽어 볼 수 있고, 그러면 또 다른 느낌과 생각을 할 수 있게 한다.

많은 기업이 하는 일은 제품을 만들거나 서비스를 만들어서 고객에게 전달하고 고객에게 효익을 제공하며 이를 기반으로 이윤을 창출하는 것이다. 그러자면 가장 기본은 고객에게 효익을 줄 수 있는 제품이나 서비스를 만드는 것부터 시작해야 한다. 이 책은 이때 어떻게 제품이나 서비스를 만들어야 할지 고민의 관점과 방안을 구체적으로 제시해 준다. 아울러 지난 수년간 발전해 온 데이터 기반 기법들이나 최근 몇 년 사이에 활용이 급속하게 확대되고 있는 생성형 AI를 어떻게 활용하면 좋을지도 여러 사례와 함께 설명해 주고 있어 바로 업무에 참고할 수 있다.

사람은 망각의 존재라서 한 번 듣고 읽었을 때는 감동도 받고 업무에 적용해서 변화를 시도하지만, 시간이 조금 지나면 여러 가지 여건과 상황 때문에 다시 타성에 젖고 혁신적인 시도를 잊기 때문에 이 책을 항상 옆에 두고 되새기는 것을 추천한다.

김유신 | 디플래닉스(DPLANEX) 대표이사 / 교보그룹 Data, AI 전문 기업
(Data와 AI 기술 역량을 기반으로 기업 비즈니스 AI-DX에 기여하고 있다.)

AI가 사람의 언어를 이해하고 의도를 예측하는 시대, '그로스 해킹'은 더 이상 스타트업의 전유물이 아니다. 이제는 성장을 원하는 모든 기업이 주목해야 할 핵심 화두가 되었다. AI가 소비자 의도를 해석하고 실행 파트너가 된 지금, 고영혁 대표가 '그로스 해킹'을 'AI 시대의 그로스 해킹'으로 다시 바라보는 것은 시의적절하며 의미 있는 결정이라 생각한다. 〈인텐트 마케팅 혁명〉에서 검색 데이터가 소비자 '의도$_{intent}$'를 담고 있기에 그 의도를 이해하는 것이 진정한 마케팅 혁신의 출발점이라고 주장해 왔다. 이번 개정판은 그 철학을 실천적 결과물로 보여 주는 책이라고 생각했다. 이 책을 읽는다면 의도를 데이터로 번역하고 의미를 성장 언어로 바꾸는 일이 더 이상 실험 단계의 주장이 아니라 실제 비즈니스 성장을 만들어 내는 방법론이 되었음을 깨닫게 될 것이다.

토모큐브는 고객조차 인식하지 못한 니즈를 데이터로 읽어 시장을 새롭게 정의했고, LG전자는 정수기 렌탈을 넘어 고객 경험을 구독 경제로 재설계했다. 두 사례 모두 데이터로 인간 마음을 이해하는 것이 성장의 본질임을 보여 주는 강력한 증거다. 결국 중요한 것은 데이터를 얼마나 모으느냐가 아니라, 그 속에서 인간의 의도와 맥락을 얼마나 깊이 읽어내느냐다. 이 책은 AI 시대의 마케터에게 필요한 역량은 '도구 활용 능력'이 아니라 '문제 정의력과 의도 해석력'임을 일깨운다. 기술이 아닌 인간의 사고, 속노가 아닌 방향, 의도가 이끄는 성장, 이 책은 그 가치가 이 시대의 진정한 경쟁력임을 명확히 보여 준다.

박세용 | 리스닝마인드 대표 / 〈인텐트 마케팅 혁명〉 저자

시장에 그로스 해킹을 다룬 책은 많다. 하지만 대부분은 해외 이론을 재해석하거나 말로만 그럴듯한 경우가 많다. 그나마 실행 경험을 내세우는 책들도 따지고 보면 단일 마케팅 캠페인이나 블로그 마케팅 수준의 단편적 사례인 경우가 대부분이다. 작은 성공을 전부인 양 포장하거나, 반대로 거대한 트렌드는 잘 말하지만 정작 실행은 한 번도 안 해 본 이론가의 이야기다. 이 책은 그 지점부터 다르다. 편역자는 AI라는 메가 트렌드를 이해하면서도 그것을 구독 경제와 고객 데이터 혁신이라는 실제 비즈니스 현장에서 대규모로 실행해 낸 사람이다. 글로벌 트렌드와 국내 현장이 분리되지 않고 검증된 전략으로 연결된다. 소규모 캠페인의 단편적 성공담도 아니고, 실행 없이 트렌드만 늘어놓는 이론서도 아니다. 이 양극단을 포함한 다양한 현장을 오가며 쌓은 실패와 성공의 기록이 이 책에 담겨 있다.

특히 이 개정판은 AI 시대의 그로스 해킹을 다룬다. AI는 이제 단순한 도구가 아니라 스스로 목표를 받고 전략을 실행하는 'Agentic AI'로 진화했다. 편역자는 그로스 해커의 역할이 'AI의 사수'가 되는 것이라고 말하며, AI에 명확한 목표와 맥락, 가이드라인을 제공하여 함께 일하는 방법을 구체적으로 보여 준다. 그래서 이 책은 트릭 모음집이 아닌 규모와 도메인을 관통하는 성장 시스템의 설계도라고 할 수 있다. 스타트업의 속도와 대기업의 지속 가능성 둘 다 경험한 사람만이 쓸 수 있는 디테일과 해법이 여기 있다. 구호가 아닌 데이터로, 이론이 아닌 검증된 실행으로 말하는 책이다. "진짜가 귀한 시대에 이 책은 진짜다!"

박찬용 | 아이헤이트플라잉버그스 대표이사 & 창립자 / 밀당PT

2000년 이후 우리의 시간과 지갑을 사로잡은 서비스와 제품들(페이스북, 에어비앤비, 우버, 카카오톡, X(트위터) 등)의 공통점은 거대한 광고비보다 데이터에 기반을 둔 실험과 확장, 즉 그로스 해킹을 성장 엔진으로 삼았다는 데 있다. 전통적 PR · 전시 · 매체 광고만으로는 도달하기 어려운 폭발적 성장을, 작고 빠른 테스트와 정교한 지표 추적으로 현실화한 것이다. 이 분야를 한국에서 일찍이 체계화한 이가 바로 고영혁 대표다. 빅데이터 사이언티스트이자 서비스 디자인 컨설턴트인 그는 창업 현장과 글로벌 데이터 플랫폼 기업에서 쌓은 실무 경험을 바탕으로, 10년 전 본서의 초판에서 그로스 해킹의 핵심 공식을 명확한 프레임워크와 풍부한 예시로 정리해 냈다.

이번 개정판은 그 토대를 오늘의 AI 시대에 맞게 대담하게 확장한다. 급속히 진화하는 도구 생태계와 Agentic AI 개념을 그로스 해킹 프로세스 전반에 접목하여 실험 설계-집행-학습-확장의 속도를 한 차원 끌어올리는 방법을 제시한다. 고 대표는 현장에서 직접 설계하고 실행하며 얻은 사례들에서 무엇을 측정하고 어디에 집중해야 하는지 혼란 속 실무자에게 명확한 방향을 제공한다.

실리콘 밸리에서 오랜 기간 창업가이자 투자자로 활동해 온 내 관점에서, 15년 전 첫 만남 이후 지금까지 이어진 교류 속에서 확인한 고영혁 대표의 강점은 명백하다. 그는 데이터를 사랑하고 복잡한 기술과 플랫폼을 현장에 맞게 소화·적용할 줄 아는 사람이다. 그 집요함과 통찰이 이번 개정판에 고스란히 담겨 있다. 새로운 시장에 도전하는 창업가, 조직 내에서 신제품·신규 서비스를 준비하는 디자이너·개발자·마케터까지, 적은 예산으로도 지속 가능한 성장 시스템을 구축하고 싶은 모든 분께 이 책을 권한다. 이 책은 입문서를 넘어 팀이 바로 현장에서 활용할 수 있는 실용서이자 실행 지침서다.

송영길 | NComputing 창업자 & BigBasin Capital 파트너 /
실리콘 밸리 연쇄창업가 & 투자자

10여 년 전, 개발에서 마케팅으로 전향하여 고객을 연령, 성별, 수입으로만 분류하던 내게 고영혁 선배님은 "열정적인 팬들의 공통점을 데이터에서 찾아보라."라고 조언하셨다. 그 한마디는 내가 데이터 분석과 AI 업계로 나아가는 계기가 되었다.

대한민국 최초로 그로스 해킹을 소개한 지 10년 만에 출간된 이번 개정판은 AI 시대의 그로스 해킹을 다룬다. 수집 가능한 데이터는 여전히 한정적이지만, 이제 우리는 AI를 단순한 도구가 아닌 '맥락을 함께 탐색하는 파트너'로 활용할 수 있게 되었다. 이 책에서는 LG전자와 토모큐브 사례로 PMF와 데이터 기반 성장 철학의 본질을 지키면서 AI 에이전트와 어떻게 협업할 수 있는지 그 방법을 구체적으로 보여 준다. Agentic AI 시대, 성장 전략을 고민하는 모든 이에게 이 책은 명확한 출발점이 될 것이다.

이인용 | KB국민은행 금융AI센터 RM Agent 팀장

편역자 고영혁 대표를 처음 만난 것은 2022년 여름이 시작될 무렵이었다. SKT가 Treasure Data의 CDP(고객 데이터 플랫폼) 솔루션에 고객 데이터를 결합하여 AWS Marketplace에 상품으로 올리는 것을 검토하던 시점이었다. 당시 Treasure Data의 한국 대표였던 그는 '대표'라는 직함의 이미지와 다르게 데이터 분석 전문가로서 깊이 있는 견해를 아낌없이 공유해 주어 깊은 인상을 남겼다. 이후에도 당사가 문자 광고 솔루션에 데이터 클린룸(data clean room)을 구축하여 정교한 타깃 마케팅을 고심할 때, 그는 라인과 NTT 도코모의 사례를 들어가며 명쾌한 해법을 제시했다.

덕분에 데이터 클린룸의 아키텍처와 시나리오를 빠르게 파악할 수 있었다. 이렇듯 그는 데이터, 특히 CDP 영역에서는 이미 LG전자의 사업을 주도적으로 리딩하고 있는 전문가였고, 그로스 해킹 분야의 최전선에서 이론과 현실의 간극을 치열하게 메우고 있던 그로스메이커였다.

그랬던 그가 지난 10년간 현장 경험을 집대성하여 개정판을 펴냈다. 이 책은 단순히 개념을 소개하는 것을 넘어 AI 시대에 데이터로 비즈니스를 성장시키는 '실전 지침서'다. 초판이 그로스 해킹의 '씨앗'을 뿌렸다면, 이번 개정판은 그 씨앗을 거대한 나무로 키워 낼 '지속 가능한 성장 시스템 설계도'를 제시한다. 이 책의 가장 큰 가치는 독자들이 '무엇을' 해야 할지 뿐만 아니라 '어떻게' 실행할지 구체적으로 보여 준다는 점이다.

대기업의 구독 경제 전환 성공기부터 스몰데이터로 시장을 개척한 스타트업 사례까지 책을 여는 순간 독자들은 자신의 비즈니스에 즉시 적용할 수 있는 명확한 아이디어와 실행 가능한 전략을 얻을 수 있을 것이다. 특히 이 책은 AI를 단순한 효율화 도구가 아닌 성장을 주도하는 '에이전트'로 활용하는 방법을 명쾌하게 제시한다. AI의 '사수'가 되어 명확한 목표와 가이드라인을 제시해야 한다는 저자의 통찰은 모든 비즈니스 리더와 마케터가 반드시 갖추어야 할 핵심 역량이 될 것이다.

데이터를 기반으로 지속 가능한 성장 엔진을 만들고 싶은 리더, 막연한 감이 아닌 확실한 데이터로 성과를 내고 싶은 실무자라면 이 책에서 가장 신뢰할 수 있는 나침반을 발견하게 될 것이다. 고영혁 대표의 깊은 통찰과 뜨거운 열정이 담긴 이 책으로 더 많은 기업이 AI 시대의 성장 기회를 붙잡고 성공 문턱에 더 가까이 다가서기를 진심으로 기원한다.

윤원영 | SK텔레콤 AI Marketing 사업 팀 매니저 /
Data 기반 Marketing 상품 기획 전문가

2024년 LLM을 통해 AI 시대가 본격적으로 시작한 이래로 짧은 시간에 AI 에이전트 시대가 도래하면서 모든 현업 종사자는 어떻게 하면 AI와 에이전트를 이용하여 생산성을 높이고 비즈니스를 혁신할 수 있을지 고민하고 있다. 급변하는 디지털 환경에서 빠르게 성장하는 기업의 조건은 보다 실질적이고 검증된 전략을 실행하는 데 있으며, 디지털 혁신 현장에서 기업 리더와 스타트업 창업자, 실무적으로 성장 전략을 고민하는 모든 독자에게 이 책은 강력한 실천 지침을 제공해 왔다.

고영혁 편역자는 다양한 기업에서 실무자 및 대표이사로서 다수의 혁신 프로젝트를 성공적으로 이끌어 온 풍부한 현장 경험을 바탕으로 글로벌 트렌드와 국내 시장의 특수성을 모두 반영하는 통찰력 있는 내용을 이 책에 담아냈다. 특히 한국 시장에 최적화된 성장 방식과 실행 노하우 및 데이터를 효과적으로 활용하고 실제 비즈니스에 적용할 수 있는 방법을 구체적으로 제시한다. 이 책이 국내 데이터 및 디지털 혁신 생태계에 새로운 인사이트를 제공해 준다는 점에서 진심으로 추천하며, 디지털 전환과 데이터 기반 의사 결정에 관심 있는 모든 분께 실제적인 길잡이가 될 것이라 확신한다. 특히 예비 창업자부터 대기업 경영진까지 성장 방향성을 고민하는 분들은 이 책으로 구체적인 실행 전략과 새로운 인사이트를 얻기를 바란다.

윤종화 | 데이터브릭스 피트너 솔루션스 아키텍트

그로스 해킹이라는 개념이 이제는 낯설지 않지만, 그 본질을 깊이 이해하고 현실의 데이터 환경 속에서 구현해 낼 수 있는 사람은 많지 않다. 고영혁 대표님과 함께 기업 내 CDP(고객 데이터 플랫폼) 구축과 데이터마트 정비 프로젝트를 진행하며, 그가 보여 준 깊이 있는 통찰과 실행력, 신의에 기반을 둔 협업 태도를 직접 경험했다. 그는 단순한 데이터 전문가가 아니라 기술보다 맥락을, 분석보다 실행을 중시하는 '데이터로 성장을 설계하는 사람'이다.

이번 개정판은 그런 그의 철학이 온전히 담긴 책으로, '도구로서의 AI'를 넘어 '함께 성장하는 동료로서의 AI'를 다루는 관점은 현장에서 매일 AI와 데이터로 고민하는 이들에게 훌륭한 나침반이 될 것이다. 무엇보다 이 책은 고 대표님이 평소 현장에서 보여 준 겸손한 리더십과 치열한 실천의 정신을 그대로 담고 있어 읽는 내내 따뜻한 신뢰가 느껴진다. 10년 전 '그로스 해킹'이 새로운 시대를 맞아 '성장의 언어'를 바꾸었다면, 이번 개정판은 인간의 창의와 통찰이 AI로 증폭되며 AI와 함께 성장하는 시대의 언어를 새롭게 정의한 책이라 생각한다. 실무자로서, 한 명의 팬으로서 이 책 출간을 진심으로 반긴다.

이주민 | LG전자 DX센터 책임(MBA 석사, AI빅데이터공학 석사)

이 책 번역서가 나온 지도 10년이 다 되어 간다. 스타트업 바닥도 10년이면 강산이 변하는데, 급변하는 AI 분야는 챗GPT 이후 강산이 수십번 변한 것 같다. 10년 전 추천사에도 '어느 번역자도 시도하지 못했을 법한 다양한 국내 사례 인터뷰'를 실었다고 강조했는데, 이번에도 그 편역자가 또 일을 크게 벌였다. AI 시대의 급속한 변화에 맞추어 AI를 추가하여 책을 좀 더 풍요롭게 만들었다. 이쯤 되면 편역자 고영혁은 단순 번역자가 아니라 새로운 공저자로 여겨질 법도 하다.

이 책 개정판이 나오게 된 것도 모두 이 책에 공감한 독자가 많아서일 것이다. 그 독자들에게 우선 감사를, 그리고 공저자 반열에 올라선 편역자에게도 그 수고에 깊은 감사를 드린다. 추가한 LG전자, 토모큐브 등 생생한 국내 사례와 그로스 해킹이 AI와 만나 새로 진화할 수 있는 포인트는 이 책을 다시 읽어야 할 충분한 이유가 될 것임을 의심하지 않는다.

이희우 | 한림대기술지주 대표 / 경영학박사
〈쫄지 말고 창업〉, 〈토큰 이코노미〉 등 저자

고 대표와 인연은 25년 전, 서울대학교 합창단 시절로 거슬러 올라간다. 그때 그는 음악처럼 사람과 아이디어를 조화롭게 엮어 내던 사람이었다. 시간이 흘러 각자의 길을 걷던 나는 IT와 경영의 현장에서, 그는 기술과 성장 전략의 최전선에서 만났다. 그리고 이제 그 열정과 통찰이 담긴 〈그로스 해킹〉 개정판으로 다시 마주하게 되었다.

IBM에서 데이터 기반 혁신을 경험하고, 현재 삼성전자 경영지원실에서 회사 전체의 성장과 협업을 지원하는 입장에서 나는 이 책이 주는 메시지에 깊이 공감한다. 그로스 해킹은 마케팅이 아닌 기술을 기반으로 기업이 스스로 학습하고 진화하는 성장 시스템이다. 이번 개정판은 이를 AI 시대의 언어로 재해석하며, 기술과 사람이 어떻게 함께 성장할 수 있는지 설득력 있게 보여 준다.

AI를 단순한 도구가 아닌 스스로 사고하고 실행하는 동료(Agentic AI)로 바라보는 저자의 관점은 앞으로 모든 리더가 고민해야 할 본질적인 주제다. LG전자와 토모큐브의 실제 사례로는 스타트업이든 대기업이든 '데이터로 고객 문제를 해결하는 사고'가 진정한 혁신의 출발점임을 일깨운다. 25년 전 함께 노래하던 무대에서 시작된 인연이 오늘날 AI 시대의 성장 철학으로 이어진 것을 진심으로 기쁘게 생각한다. 리더라면 이 책에서 기술, 데이터, 인간의 조화 속에서 지속 가능한 성장을 설계하는 방법을 배울 수 있을 것이다.

주창욱 | 삼성전자 경영지원실 부장 / 前 IBM / 부동산학 박사(프롭테크 전공)

데이터와 AI가 기업 성장 방식을 근본적으로 바꾸고 있는 지금 이 책은 현장에서 경험과 통찰을 기반으로 데이터와 AI를 어떻게 실제 성장 도구로 활용할 수 있는지를 다루고 있다. 특히 AI를 단순한 기술이 아닌 함께 일하는 동반자로 바라보는 관점은 데이터 기반 혁신을 추구하는 모든 조직과 실무자에게 현실적인 시사점을 제공한다. 이 책이 제시하는 다양한 현장의 사례와 접근법이 AI 시대의 지속 가능한 성장을 고민하는 이들에게 좋은 영감을 주리라 기대한다.

최이문 | 현대자동차 유럽권역본부 Head of Data Innovation

고 대표는 반평생을 데이터와 함께한 분으로 2015년에 인기리에 출간된 본인의 편역서 〈그로스 해킹〉으로 새로운 방법론을 더했다. 10여 년간 글로벌 회사의 한국 지사장으로 스타트업에서 대기업 사례뿐 아니라 최근 AI까지 업데이트하여 개정판을 낸 것이 바로 이 책이다. 실용적인 마케팅 방법론을 다양하게 기술하고 있다.

2년 만에 1조를 달성한 사례나 아무도 모르는 새로운 시장을 접근하는 제품의 큰 성공은 모두 고객을 정확하게 이해하고 고객이 원하는 것을 제공한 결과인데, 바로 그로스 해킹이 AI를 만났을 때 벌어지는 실시간 초개인화 덕분이었다. '고객도 잘 모르는 고객의 마음, 데이터로 읽다'는 이 저서가 표방하는 가장 절제된 표현으로 데이터를 이용한 기업과 고객의 강력한 연결을 제시하며 총론이 아닌 스몰데이터로 구체적인 각론을 이야기한다. 따라서 우리 업계에서 개정된 고객 경험, 데이터, AI를 이용한 개인화가 도구가 아닌 동료로 어떻게 활용되고 있는지 알기 원한다면 이 저서가 경쟁사의 손에 먼저 들어가기 전에 읽기를 추천한다.

최재홍 | 가천대 스타트업 칼리지 교수(KB금융지주 사외이사)

AI 기술이 빠르게 진화하는 지금, 한 가지를 깊게 아는 것보다 여러 도구와 방식을 엮어 문제를 해결하는 역량이 더 중요해지고 있다. 나는 주니어 데이터 분석가로서 인사이트 발굴보다 레거시 데이터 품질을 개선하고, 모두가 납득할 수 있는 지표를 정의하는 데 더 많은 시간을 써 왔다. 처음에는 '이런 일까지 분석가가 해야 할까' 싶었지만, 데이터를 바로 세우는 과정에서 조직의 의사 결정과 모델 성능이 함께 개선되는 경험을 하면서 그것이 성장의 출발점임을 깨달았다. 이 책은 그런 '데이터 본질'을 체계적으로 보여 준다. 특히 LG전자와 토모큐브 사례는 AI 시대에도 결국 핵심은 '문제를 정확히 정의하고 데이터를 제대로 다루는 사람'에게 있다는 점을 생생하게 전한다. 마케팅을 공부하는 사람은 물론, 데이터 기반으로 일하는 방식을 고민하는 모든 이에게 일독을 권한다.

최지나 | 하쿠호도제일 데이터 분석가

GROWTH HACKING

10여 년 전에는 생소한 개념이었던 그로스 해킹은 오늘날 너무나 당연한 스타트업 성공 방정식이 되었다. 그 개념을 거의 처음으로 상세하게 정리한 책의 개정판이 나왔다니 기쁘게 생각한다.

이제 AI 대중화 시대를 맞이하여 그로스 해킹이 AI가 접목된 제품들에도 동일하게 적용될지, 아니면 변형되어 작동할지 생각해 보는 것도 제품을 만드는 사람들이 새롭게 생각해 볼 지점일 것이다. 또는 AI가 주도하는 일종의 자동화된 그로스 해킹도 이제는 가능한 시대가 되었다고 본다. 서비스를 개발하는 사람들의 필독서 중 하나인 이 책을 AI 기반의 제품을 만드는 분들께 추천한다.

표철민 | AI3 대표이사 / 1등 기업용 AI 에이전트 플랫폼 - 웍스AI

이 책이 처음 시장에 번역되어 나왔던 2015년이 떠오른다. 그로스 해킹에 더해서 린 스타트업, 퍼포먼스 마케팅 등 디지털 미디어 기반 시장에서 데이터를 기반으로 성장을 만들어 내는 새로운 활동들이 빠른 속도로 확산되고 대세로 자리잡기 시작했다. 그 후 10년이란 시간이 지났다. 그로스 해킹이란 말을 쓰지 않아도 PMF를 찾아내고, 최적의 바이럴을 만들어 내며, 데이터 기반으로 고객 전환을 높이는 활동은 일상생활이 되었다.

하지만 나는 오프라인에서 오랜 시간 비즈니스를 지속해 온 기업들이 디지털로 완전히 전환된 영업과 마케팅의 현장에서 수십 년 이어 온 관행을 쉽게 바꾸지 못하여 성장 동력을 잃고 기민한 스타트업에 시장을 내주는 일을 적지 않게 경험했다. 2015년에 스타트업만의 성공 방정식이라고 여겼던 그로스 해킹이 10년이 지난 지금 규모 있는 기업에도 적용되어야 하는 골든 룰이 되었다고 생각한다.

이런 관점에서 이 책에서 다루고 있는 큰 기업의 사례, B2B 기업의 사례는 독자들에게 좋은 모델이 될 것이다. 또 지금의 그로스 해킹은 그동안 변화한 개인정보와 데이터 보안에 대한 규제들, 새로운 시대적 혁명을 만들고 있는 AI와 같이 갈 수밖에 없는 상황이 되었다. 이 책으로 독자들은 새로운 시대에 맞는 성공 방정식을 다시 한 번 생각할 수 있는 시간을 갖게 될 것이다.

홍성봉 | 아모레퍼시픽 Chief Digital Tech. Officer

GROWTH HACKING

| 지은이의 말 |

이 책을 연구하고 집필하는 동안 인내심을 갖고 도와준 사만다 후버Samantha Hoover에게 감사의 말을 전한다. 브렌트 언더우드Brent Underwood와 마이클 튜니Michael Tunney에게는 수월하게 마케팅 지원을 받을 수 있었다. 나와 함께 많은 실험을 진행한 아메리칸 어패럴의 밀트 데레라Milt Deherrera에게도 고맙다는 말을 전하고 싶다. 내가 〈패스트 컴퍼니〉에 기고한 글에서 이 책의 집필 아이디어를 찾아 준 니키 파파도풀로스Niki Papadopoulos에게도 감사를 표하며, 결실을 맺게 한 포트폴리오Portfolio의 스태프이자 내 대리인인 스티브 한셀만Steve Hanselman에게도 감사의 인사를 전한다. 끝으로 나를 가르쳐 준 그로스 해커들과 최소 기능 제품MVP으로 시작해서 베스트셀러 책으로 만드는 데 도움을 준 독자들에게도 정말 감사드린다.

라이언 홀리데이

GROWTH HACKING

| 1판 옮긴이의 말 |

"어떤 일을 하세요?"

"여러 가지 일을 하고 있는데요. 그중 그로스 해킹 컨설팅을 의미 있게 진행하고 있습니다."

"그로스 해킹이요? 그게 대체 뭔가요?"

여러 일을 하다 보니 새로운 사람을 많이 만나는데, 첫인사를 나눌 때 주로 이런 대화가 오가고는 한다. 확실히 이 단어는 아직 우리나라에서는 많이 생소하다. 2014년 11월 호주 출장을 갔을 때도 현지에 있는 여러 스타트업 관계자와 만나서 이야기를 나누었는데, 그로스 해킹을 정확하게 아는 사람이 많지 않았다. 사실 우리나라뿐만 아니라 세계적으로 이 용어는 대다수 사람에게 생소할 가능성이 높다.

그로스 해킹은 미국 서부의 이른바 실리콘 밸리 Silicon Valley 또는 베이 에리어 Bay Area라고 부르는 기술 기반 스타트업의 중심 지역에서 2000년대 중·후반부터 슬슬 회자되며 많이 사용한 용어다. 2004~2009년은 페이스북 Facebook, 트위터 Twitter, 드롭박스 Dropbox, 에어비앤비 Airbnb 등 오늘날 세계를 무대로 각 분야에서 최고 수준의 시장 점유율을 차지하는 첨단 스타트업들이 태어나서 급성장을 이룬 시기다. 그리고 이 고속 성장의 배경 중 하나가 바로 기존 마케팅에 기술을 접목시킨 그로스 해킹이었다.

역사 자체가 짧아 그로스 해킹을 명확하게 사전적으로 정의하거나 절대 다수가 공감할 수 있는 구체적인 정의는 아직 확립되지 않은 상태다. 하지만 기존 마케팅에 기술적인 요소를 결합하고, 철저한 데이터 분석 및 과학적인 실험으로 성과 측정과 향상에 집중하는 것은 그로스 해킹의 필요 조건으로 거의 확실해지고 있다. 그런데 문제는 이것이 대체 구체적으로 무슨 뜻이냐는 것이다. CRM(고객 관계 관리)이나 이메일 마케팅을 새롭게 포장하는 이름일까?

'hack'이라는 단어는 흔히 '해킹'이라고 하는 '컴퓨터에 불법 침입하는 행위' 혹은 '수단과 방법을 가리지 않고 어떻게든 해낸다'는 의미 외에 '터전을 갈고 닦아 씨를 뿌릴 준비를 한다'는 의미도 지니고 있다. 기술을 기반으로 한 현대 첨단 스타트업들이 짧은 시간 안에 어떻게든 성과를 낼 수 있도록 마케팅과 기술을 결합한 방법 또는 마케터와 엔지니어의 협력 체계로만 그로스 해킹을 이해한다면 그 정수를 놓치게 된다. 그로스 해킹의 핵심은 실질적으로 성장할 수 있는 성장 기반, 성장 엔진을 갖추어서 효율적이면서도 지속 가능한 성장을 만들어 낼 수 있는 방법론이자 철학이며, 행동으로 실천하는 것이다. 그리고 이 엔진은 이메일 마케팅이나 소셜미디어 구전 효과에서 만들어지는 것이 아니라 제품 자체의 핵심 가치로 좌우된다.

이 책 전반부는 원서를 번역한 것으로, 그로스 해킹의 정수를 놓치지 않으면서 쉽게 이해할 수 있는 방법론을 제시하고 다양한 해외 사례를 소개한다. 미국과 한국 사이의 사회 문화적 차이 및 스타트업이라는 특정한 생태계에 집중하여 대중이 쉽게 이해하기 어려운 부분은 최대한 역주로 상세하게 풀어서 설명하고자 노력했다.

후반부는 국내 혹은 해외에서 실제로 우수한 성적을 거둔 국내 스타트업 대표 및 창업자를 직접 인터뷰한 내용으로, 독자들이 좀 더 구체적인 노하우와 통찰을 얻을 수 있도록 구성했다.

2003년부터 NHN과 G마켓에서 그로스 해킹과 같은 철학으로 신규 서비스와 사업을 만들고 성장시켰던 경험과 2012년부터 한국과 미국을 오가며 스타트업을 만드는 과정에서 배웠던 경험에 비추어 보면, 그로스 해킹은 단순한 기법 정도가 아니라 린 스타트업과 같은 수준의 철학이다. 말로만 하는 성장이 아닌 실제적인 성장을 목표로 하고 그 성장을 지속적으로 유지하고 싶은 스타트업 창업자, 개발자,

마케터는 물론이고 같은 목표를 갖고 있는 중소기업과 대기업, 기타 조직의 사람들, 궁극적으로는 개인의 삶에 대한 그로스 해킹을 추구하는 모든 사람에게 이 책이 도움이 되기를 기원한다.

고영혁

| 10주년 기념 증보판 옮긴이의 말 |

2023년 말, 길벗출판사에서 이메일을 받았다. 2015년에 출간된 〈그로스 해킹〉이 아직까지 꾸준한 사랑을 받고 있는데, 이제는 시간이 많이 흘렀고 여러 내용도 그에 따라 업데이트가 필요하기에 개정판을 준비하고 싶다는 제안이었다.

이 책은 단순히 원서를 번역한 것이 아니라, 후반부에 담긴 국내 그로스 해킹 우수 사례들은 편역자인 내가 직접 인터뷰하면서 집필했기에 편역자에게는 편저자 이상의 애착과 책임감이 있는 작업이었다. 무엇보다 이 책 덕분에 2015년 당시 1인 기업으로서 그로스 해킹 컨설팅과 여러 가지 서비스를 제공하던 편역자 커리어에도 커다란 전환점이 마련되었다. 이후 10년간 글로벌 기업들의 한국 지사장으로서, 스타트업부터 대기업까지 다양한 고객사와 함께 데이터와 AI를 활용하여 실제 비즈니스 성과를 창출하는 프로젝트들을 진행했다. 그럼으로써 그로스 해킹의 개념과 방법론을 더 깊고 넓게 적용하고 새로운 깨달음도 얻을 수 있었다.

항상 배우고 성장하며, 그 과정에서 얻은 것들을 나누는 것을 인생의 가장 큰 원동력으로 삼는 편역자로서는 출판사의 개정판 제안이 무척 감사한 일이었기에 기꺼이 수락했다. 하지만 집필을 시작한 지 1년 6개월이 지나 최종본을 탈고하는 시점은 2025년 8월이 되었다. 2023년 중반부터 2025년까지 개인적, 회사적 측면에서 다사다난한 일을 겪으며 예상치 못한 어려움을 많이 헤쳐 나가야 했기 때문이다.

흔히 '강산이 변한다'는 10년이라는 시간 동안, 아니 어쩌면 2024년에서 2025년으로 넘어가는 불과 1년 반 동안에도 강산이 두세 번 변했다 싶을 만큼 거대한 변화가 전 세계를 강타했다. 바로 'ChatGPT'로 대표되는 현실에서 직접 활용 가능한 AI 서비스들의 등장과 말도 안 되게 빠른 발전 속도다. 이러한 변화 속에서도, 최근 1년 6개월을 포함해서 지난 10년을 관통하는 글로벌 화두는 '고객 경험, 개인화, 데이터'다.

그렇기에 10년 전 그로스 해킹과 지금의 그로스 해킹은 같으면서도 다르다. 고객에게 실질적인 가치를 제공하는 MVP가 성장의 기본 토대라는 것은 변함없지만, 이를 구체적으로 실현하는 방법론과 시각은 크게 달라졌다. 과거에는 불가능했던 것들이 기술의 발달, 특히 데이터 및 개인화 관련 기술이 발전하면서 가능하게 되었고, 최근에는 AI라는 도구로 그 가능성이 현실로 다가왔다.

이제 전 세계 누구도 부정할 수 없는 AI 시대 속에서 성장의 방법론이었던 '그로스 해킹'을 여전히 현업에서 적용하며 과거와 차이점, 집중해야 할 부분, 인간인 '그로스 해커'가 AI를 어떤 관점에서 바라보고 활용해야 하는지 이번 개정판에 담았다.

과거의 그로스 해킹은 주로 기술 기반 스타트업에서 활용하는 방법론이었지만, 지난 10년 동안 수많은 기업의 고민과 실행을 거치며 이제는 중견 기업과 대기업에서도 사실상 그로스 해킹의 방법론을 적용하는 경우가 많다. 특히 데이터와 AI를 활용해서 비즈니스 성장을 만들어 내려는 기업이라면, 그로스 해킹이라는 단어를 모르더라도 이미 그 철학과 접근법을 체득해서 실행하고 있다고 봐도 무방하다.

이에 이번 개정판에서는 토모큐브처럼 기술 기반의 첨단 스타트업 사례뿐만 아니라, LG전자처럼 누구나 다 아는 분야를 선도하는 대기업이 어떻게 지속적이면서도 혁신적인 패러다임 시프트를 이루었는지 다루었다. 실제로 편역자가 기업들과 다양한 프로젝트를 수행하며 그로스 해킹과 데이터, AI를 적용했기에 그 과정에서 어떤 고민과 실행, 성과를 만들어 냈는지 독자에게 전할 수 있어 기쁘다.

의도치 않게 1년 가량 개정판 집필이 지연되었지만, 덕분에 AI 관련 프로젝트 사례와 더불어 AI 시대에 그로스 해킹을 어떤 방식으로 적용해야 하는지, 또 그로스 해커로서 어떤 방향으로 성장해야 하는지 훨씬 명확하고 구체적으로 담을 수 있었다. 이 과정을 끝까지 함께해 주신 안윤경 팀장님께 다시 한 번 감사를 드린다. 또 개정판 내용을 살펴보고 적절한 피드백과 추천사까지 써 주신 22분의 소중한 지인분께도 진심으로 감사 인사를 드린다. 이들은 스타트업, 대기업, AI, 투자, 교육, 공공 등 다양한 각자의 분야에서 뛰어난 지식, 지혜, 경험을 통해 혁신과 성장을 만들고 전파하고 있는 '찐'으로 존경하는 분들이다. 추천사 안에 값진 인사이트가 담겨 있기 때문에 독자에게 추천사를 하나씩 숙독하기를 추천한다.

AI 덕분에 혹은 AI 때문에 앞으로 5년은 지난 2년보다 몇 배나 더 큰 양적, 질적 변화와 성장과 침몰이 공존하는 거대한 재편 시대가 될 것이다. 이 거대한 파도에 휩쓸려 나갈지, 아니면 올라타 성장할지는 오롯이 여러분 선택과 실행에 달려 있다.

변화는 순식간에 일어나지만, 아직 늦지는 않았다.

편역자 **고영혁** 드림

나는 무질서한 무지보다
체계적으로 정리된 지식을 선호한다.
돼지가 송로 버섯을 찾아내듯이,
우리 역시 지식을 추구한다.

:: 데이비드 오길비 David Ogilvy ::

| 목차 |

STEP 1 | 그로스 해킹은 제품 시장 적합성에서 시작한다　56
어떻게 PMF를 얻을 수 있는가? • 피드백과 친해지기

STEP 2 | 나만의 그로스 해킹 찾기　72
모든 사람이 아니다, 딱 맞는 사람 • 기술적으로 들어가 보자

STEP 3 | 1을 2로 만들고, 2를 4로 만드는 입소문 효과　90
선전 • 입소문을 내는 그로스 해킹

STEP 4 | 그로스 해킹 절차의 마무리: 유지와 최적화　104
항상 성능 개선하기 • 유지와 최적화를 확장하기

나의 변화: 배운 것을 실행으로 옮기기　119
제품 시장 적합성(PMF) • 성장과 관심 • 입소문 효과 •
최적화와 유지 • 마케팅의 미래

후기　134
1단계 • 2단계 • 3단계 • 4단계 • 결론

그로스 해킹 용어 사전 142

자주 묻는 질문과 답변 155

그로스 해커 되기: 다음 단계 166
블로그 및 개인 웹 사이트 • 책 • 프레젠테이션, 쇼, 수업 •
그로스 해커 콘퍼런스

한국 우수 스타트업 그로스 해킹 모범 사례

편역자 이야기 172

시장과 서비스, 조직을 성장시키는 그로스 해킹 175
| 젤리버스 김세중 대표 |
그로스 해킹을 이용한 고객과 시장의 발굴 • 그로스 해킹의 답은 고객의 서비스 이용 관찰에 있다 • 고객은 최고로 강력한 우리 편 • 글로벌라이제이션의 시작은 로컬라이제이션 • 조직에 대한 그로스 해킹

성과가 있는 마케팅을 효율적으로 194
| 박지희 부사장 |
배달 음식점 광고가 아닌 배달 주문 처리 서비스 • IPTV 광고의 신기원을 이룩한 요기요 • 서비스 본질을 혁신한 요기요의 그로스 해킹 • 박지희 부사장, 그리고 팀

고객을 위한 막노동에서 답을 찾은 그로스 해킹 초보 213
| 헬로마켓 한상협 공동창업자 |

모바일이 답이라는 것을 알려 준 제품 시장 적합성 • 사용자 입장이 되는 것이 그로스 해킹의 정답 • 고객과 소통을 하는 공간과 시간을 만들어야 한다 • 그로스 해킹을 대하는 우리 자세

서비스를 이용한 서비스 디테일의 끊임없는 개선 234
| 위즈돔 한상엽 대표 |

서비스 근간에 대한 실험을 토대로 피벗에 성공 • 서비스 핵심을 결정하는 A/B 테스트 • 디테일이 힘, 디테일로 구현되는 그로스 해킹 • 오프라인은 사용자 반응 분석이 핵심

인터뷰에서 배워야 할 점 253

AI 시대의 그로스 해킹과 우수 기업 사례

AI 시대, 그로스 해킹 재정의 258

들어가며: 그로스 해킹의 죽음과 재탄생 • AI가 바꾼 게임 룰 • Agentic AI: 도구에서 동료로 • 2025년 이후, 그로스 해킹의 미래 • 맺음말: 변화를 기회로

토모큐브: 고객도 모르는 니즈를 데이터로 찾아내다 275
| 박용근 토모큐브 대표이사 / 이수민 토모큐브 상무이사 |

고객도 모르는 고객의 마음, 데이터로 읽다 • 성장하는 시장을 선택하라, 그리고 빠르게 실패하라 • 스몰 데이터의 힘: 첫 미팅이 전환율을 좌우한

다 • '지금이 아니면 안 된다': 시기상조라는 변명을 넘어서 • 샤이한 고객의 마음을 여는 데이터 활용법 • AI 시대의 그로스 해킹: 문제에 집중하면 도구는 따라온다 • 마무리: 데이터가 이끄는 성장, 사람이 만드는 미래

제조업의 구독 경제 전환, 데이터로 2년 만에 유니콘 달성하다 296
| LG전자 구독 IT운영 팀 전재현 팀장 |

정수기에서 시작된 2조 원 구독 경제 • 정성 분석의 한계, 행동 데이터로 반론을 잠재우다 • 상담원의 케미컬: 1등+1등이 최고가 아니다 • 케어 매니저를 99% 만족시킨 AI 도입 • 데이터 품질이 먼저다: Garbage In, Garbage Out • 구독 경제의 미래: 고객과 평생 함께하는 법

미주 316
찾아보기 331

| 들어가는 글 |

그로스 해킹을 소개합니다

지금부터 2년 전 여느 때와 다름없는 날이었다. '오늘도 평범한 하루가 되겠구나'라고 생각하며 차를 몰고 집을 나섰다. 아침 신문을 읽고, 직원들과 통화하며 몇 가지 중요한 사안을 처리한 후 오후에 진행할 점심과 차$_{tea}$ 미팅을 잡았다. 그런 다음 임원들이 즐겨 찾는 100년 전통의 고급 프라이빗 체육관에 들러 수영과 달리기를 하고, 사우나실에 앉아 사색을 즐겼다.

오전 10시쯤 사무실에 도착하여 비서와 인사를 나누고, 큰 책상에 앉아 서명이 필요한 서류들과 승인해야 할 광고 디자인, 처리할 송장, 후원해야 할 이벤트, 검토해야 할 제안서들을 하나하나 살펴보았다. 신제품 출시가 다가오고 있었기 때문에 보도 자료도 작성해야 했다. 막 배달된 잡지 한 뭉치를 직원에게 건네며 보도 자료 서가에 분류하여 비치해 달라고 부탁하기도 했다.

나는 아메리칸 어패럴American Apparel[01] 마케팅 임원으로 사무실에서 직원 여섯 명과 함께 일한다. 사무실 복도 건너편에는 세계에서 가장 효율적으로 일하는 의류 작업자들이 봉제 기계 수천 대를 다루며 분주히 움직이고 있었고, 조금 떨어진 사진 스튜디오에서는 현재 진행하고 있는 광고 촬영이 한창이었다.

컴퓨터나 스마트폰 같은 몇 가지 기술 도움을 제외하면 내 하루는 지난 75년 동안 수많은 마케팅 임원 일상과 크게 다르지 않았다. 광고 구매나 이벤트 기획, 기자 회견을 주관하면서 '창의적인 무언가'를 디자인한다. 또 프로모션을 승인하고 브랜드, CPM[02], 인지도, 무료 매체 보도, 최초 인지 브랜드top of mind, 부가 가치, 광고량 분배share of voice 같은 용어들을 여기저기 뿌리고 다닌다. 이것이 바로 마케터가 해야 할 일이며, 지금까지 늘 그래 왔다.

내가 돈 드레이퍼Don Draper[03]나 에드워드 버네이스Edward Bernays[04] 같은 류의 사람이라고 말하려는 것은 아니지만, 그들과 자리를 바꾼다고 해도 변경하고 조정해야 할 일은 별로 없다. 이 업계의 다른 모든 사람과 마찬가지로 나 역시 이 점이 정말 끝내주게 멋지다고 생각한다.

언뜻 보기에는 평범했던 그날 하루는 기사 하나 때문에 완전히 혼란에 빠져 버렸다. 그 글의 제목은 마치 작정하고 나를 겨냥한 것처럼 온라인상의 수많은 잡음 속에서 선명하게 눈에 띄었다.

"그로스 해커가 새로운 마케팅 임원이 되다."

뭐라고?

내가 바로 그 마케팅 임원이며, 이 일을 진심으로 사랑할 뿐만 아니라 잘하기도 한다. 독학으로 자수성가하여 현재 20개국 매장 250개에서 매출 6억 달러를 달성하는 무역 회사의 마케팅 책임자이기도 하다.

하지만 영향력 있는 기술자이자 사업가인 앤드류 첸Andrew Chen은 이것을 신경 쓰지 않았다. 그의 말에 따르면 나와 내 동료들은 곧 일자리를 잃을 것이고, 그 자리를 대체하려고 대기하고 있는 사람들이 있다고 했다.

'그로스 해커'라는 새로운 직업이 실리콘 밸리의 문화에 녹아들면서 이제 코딩coding[05]과 기술적인 부분들이 뛰어난 마케터가 되는 필수 요소임을 강조하고 있다. 그로스 해커는 마케터와 코더가 결합된 용어로, "우리 제품의 고객을 어떻게 확보할 수 있는가"라는 전통적인 질문에 대해 A/B 테스트, 도달 페이지landing page, 입소문viral: 바이럴 요소, 이메일 도달률, 오픈 그래프Open Graph[06] 등을 사용해서 답을 제시하는 사람이다.

모든 마케팅 팀은 혼란에 빠져 있다. 마케팅 임원이 기술에 문외한인 수많은 마케터에게 보고를 받는 사람이라면 그로스 해커는 기술자들을 이끄는 기술자다.[07]

도대체 그로스 해커가 무엇이란 말인가? 아니 어떻게 기술자가 내 일을 대신 한단 말이지?

일단 첸이 사례로 언급한 몇몇 회사의 기업 가치를 평가해 보았다. 다음 회사들은 불과 몇 년 전에는 거의 존재하지도 않았다.

- 드롭박스Dropbox[08]
- 징가Zynga[09]
- 그루폰Groupon[10]
- 인스타그램Instagram[11]
- 핀터레스트Pinterest[12]

이 회사들의 현재 가치는 어느 정도일까? 놀랍게도 수십억 달러에 달한다.

그래피클리Graphicly 창업자이며 테크스타스Techstars[13]와 500

스타트업스500 Startups [14]의 멘토인 미카 볼드윈Micah Baldwin은 "스타트업은 언제나 예산이 부족하기에 자신들의 회사를 세우려고 시스템을 해킹hacking하는 방법을 배워 갔다."라고 이야기했다.[15] 지금 이 순간에도 벌어지는 그들의 해킹은 마케팅을 밑바닥부터 완전히 새로 생각하게 만들었고, 낡은 관념이나 방식은 전혀 사용하지 않았다. 이제 그들의 지름길과 혁신, 은밀한 접근법은 우리가 기존에 배운 모든 것에 정면으로 도전한다.

우리는 모두 적은 노력으로 더 많은 일을 해내고 싶어 한다. 마케터와 사업가의 직무 역시 이와 같다. 이 책에서는 그로스 해커들이 어떻게 드롭박스, 메일박스Mailbox, 트위터, 핀터레스트, 페이스북, 스냅챗Snapchat [16], 에버노트Evernote [17], 인스타그램, 민트닷컴Mint.com [18], 앱수모AppSUmo [19], 스텀블어폰StumbleUpon [20] 같은 회사를 맨손으로 빠르게 키워 냈는지 알아보겠다.

이 회사 중 어느 곳도 나와 같은 전통적인 마케터가 그동안 특별하다고 생각했던 방법으로 성장하지 않았다는 것이 나를 가장 큰 충격에 빠뜨렸다. 심지어 대부분은 오랫동안 필수라고 믿었던 자원 없이도 크게 성장했다. 그들 성공에 '마케터(여기에서 말하는 마케터는 대행사agency가 아니다)'가 기여했다고는 말할 수 없었다. 마케터라고는 한 명도 없었기 때문이다. 그로스 해킹은 '마케팅'을 무의미한 것으로 만들어 버렸거나 아니면 최소한 마케팅의 우수 사례를 완전히 다시 쓰게 만든 셈이다.

여러분이 현재 마케팅 임원이든지 대학교를 갓 졸업한 학생이든지, 최초의 그로스 해커들이 개척한 분야와 마주하고 있는 것이다. 그들의 전략 중 일부는 놀라울 정도로 기술적이고 복잡하다. 물론 전략은 항상 변하고, 사실 하나의 전략은 어느 한 경우에만 효과가 있기도 하다. 이 책이 얇은 이유는 시대를 초월한 중요한 원리만 충실히 다루고 있기 때문이다. '코호트 분석cohort analysis'이나 '입소문 지수viral coefficients' 등 어려운 개념들은 다루지 않고(필요한 사람을 위해 뒷부분에 중요한 용어와 개념을 설명해 놓았다) 가장 중요한 부분인 사고방식에 집중할 것이다.

이 책 시작과 끝에서 내가 경험한 것들을 계속 언급하는 이유는 내가 특별한 사람이라서가 아니라 이런 경험이야말로 이 산업이 돌아가는 구조를 잘 보여 준다고 생각하기 때문이다. 제품 개발과 마케팅을 별개로 구분하여 독자적인 절차로 진행하던 과거 방식은 이제 완전히 바뀌었다. 우리는 모두 적은 자원으로 많은 성과를 내기를 원하며, 과거 전략들은 더 이상 만족할 만한 결과를 만들지 못한다는 것을 깨달았다.

그래서 이 책에서는 좀 더 유동적이고 반복적인 절차인 새로운 순환 방식을 독자 여러분에게 소개하고자 한다. 그로스 해커는 마케팅을 수행하는 것이 아니라 제품 자체에 녹아들어 있어야 하는 것으로 본다. 시제품이 나와서 공유되고 최적화되는 과정을 수차례 반복하며 거대하면서도 빠른 성장의 길로 나아간다. 이 책은 이 구조를 그대로 따를 것이다.

하지만 그에 앞서 우선 오래된 것과 새로운 것 사이에 명확한 경계선을 그어 보자.

그로스 해킹이란

*모든 그로스 해커의 궁극적인 목표는 자동으로 수백만 명에게 도달할 수 있는 스스로 끊임없이 살아 움직이는 마케팅 기계*self-perpetuating marketing machine*를 만드는 것이다.*

*— 아론 긴*Aaron Ginn

영화 산업show business만큼 특별한 산업도 드물다. 하지만 실제로는 모든 마케팅 팀이 그들이 어떤 산업에 속해 있든 새로운 무언가를 출시할 때마다 마치 이 업계에 몸담은 것처럼 움직인다. 내 생각에 마케팅이나 제품 출시 담당자는 종종 자신이 블록버스터 영화를 개봉한다고 착각하는 것 같다. 그리고 이 착각은 우리가 내리는 모든 마케팅 의사 결정의 형태를 결정짓고, 때로는 왜곡하기도 한다.

겉으로 보기에는 기분 좋은 상상일 수 있지만 사실 매우 잘못된 발상이다.

처음 머리에 떠오르는 생각은 웅장하고 거대한 출시 행사, 화려한 보도 기사 배포 및 주요 언론 매체의 주목이다. 이어 자연스럽게 광고 예산이 필요하다고 여기게 된다. 레드 카펫을 깔고 싶고, 유명 인사도 초청하고 싶어진다. 가장 위험한 것은 짧은 시간 안에 최대한 많은 고객을 끌어모아야 한다고 생각하는 점이다. 그 결과가 기대에 미치지 못하면 이 모든 시도가 전부 실패했다고 결론 내린다(실제로는 우리가 이 모든 시도를 실행할 수도 없는데 말이다). 우리는 〈블레어 위치 The Blair Witch Project〉가 아닌 〈트랜스포머 Transformers〉와 같아야 한다는 착각에 스스로 빠져 있는 셈이다.[21]

이것은 두말할 나위 없이 어리석은 행동이지만, 여러분이나 나나 의심할 여지없이 이렇게 배웠고 수년간 이대로 행동하고 있다.

무엇이 잘못되었을까? 음, 일단 짚고 넘어갈 것이 있다. 대부분의 영화가 흥행에 실패한다.

영화 마케팅의 화려함과 역사에도 수백만 달러를(때로는 영화 제작 자체의 예산보다 훨씬 많다) 투자하는 스튜디오에서 출시하는 대표작들도 완전히 실패하여 회수 불능이 되는 경우도 종종 있다. 그리고 영화가 흥행에 성공하더라도 왜 성공했는지, 어떤 요소 때문에 성공했는지는 아무도 생각하지 않는다. 시나리오 작가인 윌리엄 골드먼William Goldman은 "아무도 모른다."라는 유명한 말을 남겼다. 심지어 책임자조차도 모른다. 그저 모든 것을 대형 도박처럼 여길 뿐이다.

그들 시스템은 이런 손실을 흡수하도록 설계되어 있기에 괜찮을 수 있다. 단 한 번 성공으로 여러 차례의 반복된 실수를 만회할 수 있기 때문이다. 그러나 그들과 세상의 다른 모든 사람 사이에는 커다란 차이가 있다. 여러분은 자신이 창업한 스타트업 실패를 현실적으로 감당할 수 없다. 심지어 여러분 친구들조차 새로운 사업에 모든 것을 쏟아붓지 않았는가? 나 역시 내 책이 실패작이 되도록 내버려둘 수는 없다. 우리에게는 이후를 뒷받침해 줄 다른 프로젝트가 열 개 있는 것도 아니다. 이것이 현실이다.

결국 똑똑한 사람이라면 다음 결론에 도달하는 것은 시간 문제다. "이런 방식으로 해서는 안 돼. 인터넷과 소셜미디어의 도구들을 이용하여 반복적으로 추적하고 검증하면서 이렇게 쓸모없고 미친듯이 비생산적인 거대한 도박에서 벗어난 마케팅으로 진화할 수 있는데 말이야."

이 사람이 바로 최초의 그로스 해커다.

새로운 방식

기존 체계가 지난 100년간 20세기 기업들의 필요에 맞게 설계된 마케팅 선례의 부산물이라면, 새로운 사고방식은 21세기로 접어들면서 시작되었다. 이것은 새로운 형태의 기업과 그에 맞는 마케터들의 새로운 요구 사항을 충족시키는 형태로 생성하고 진화했다.

1996년은 최초의 무료 웹 메일 서비스이자 '입소문을 활용한go viral' 제품의 대표적인 초기 사례가 된 핫메일Hotmail이 세상에 나오기 직전이다. 아담 페넨버그Adam Penenberg[22]는 〈바이럴 루프Viral Loop〉(틔움출판, 2010)[23]에서 그날 한 미팅을 이렇게 묘사했다. "핫메일의 창립자인 새비어 바티아Sabeer Bhatia와 잭 스미스Jack Smith는 유명한 벤처 투자가인 팀 드레이퍼Tim Draper와 미팅하려고 서로 마주 앉았다. 팀 드레이퍼는 웹 기반 이메일이 대단히 멋진 제품이지만 이것을 어떻게 홍보할 수 있을지 궁금하다고 이야기했다."

바티아가 가장 먼저 떠올린 생각은 앞서 이야기한 '광고판에 붙인다' 같은 산업적인 마케팅 접근법이었다. 그러자 드레이퍼는 무료 제품에 그런 비싼 접근법은 사용할 수 없다고 했고, 그들은 다른 많은 아이디어를 고민했다. 라디오 광고 역시 같은 문제에 부딪혔다. 드레이퍼는 "인터넷의 모든 사람에게 이메일을 보내는 것은 어떨까?"라고 제안했지만, 스팸 메일 역시 제 기능을 하지 못하는 낡은 방식이었다.

그때 갑자기 드레이퍼가 그로스 해킹이라고 할 만한 아이디어를 떠올렸다.

"혹시…… 모든 사람이 보는 화면 맨 밑에 메시지를 넣을 수 있나요?"라고 물었다.

"오, 그건 좀 하고 싶지 않은데요."

"하지만 기술적으로는 가능하죠? …… 그리고 한번 넣으면 계속 유지되잖아요? 하나의 메시지에 특정 문구를 넣을 수 있고, 그 사람이 다른 누군가에게 이메일을 보낸다면 그 이메일에도 똑같은 메시지가 포함되도록 말이죠?"

"네, 가능하죠." 핫메일 창립자들이 대답했다.

"그렇다면 보내는 이메일의 맨 밑에 '추신: 여러분을 사랑합니다. 핫메일에서 무료 이메일 계정을 받으세요(P.S.: I love you. Get your free e-mail at Hotmail)'라는 메시지가 표시되도록 하세요."[24]

※ ※ ※

이 작은 기능이 모든 것을 바꾸어 놓았다. 이 기능은 핫메일 사용자가 보내는 모든 이메일이 곧 제품 광고가 된다는 것을 의미했다. 그리고 이 광고는 매우 효과적이었다. 광고 자체가 귀엽거나 창의적이어서가 아니라 많은 사람이 원하고 필요했던 놀라운 제품을 소개하는 것이었기 때문이다. 각 사용자는 새로운 사용자를 끌어들였고, 각각의 이메일은 더욱 많은 이메일과 더 만족스러운 고객을 만들었다. 가장 중요한 것은 이 기능과 관련된 모든 것을 추적하고 최적화하여 많은 사용자를 이 서비스로 끌어들일 수 있다는 점이었다.

이 당시에 이것이 얼마나 혁신적인 일이었는지 이해해야 한다. 불과 몇 년 뒤를 보자. 페츠닷컴Pets.com[25]은 120만 달러에 달하는 슈퍼볼Super Bowl[26] 경기 광고와 메이시스Macy's[27] 추수감사절 퍼레이드 같은 여러 도시의 TV 광고 및 옥외 광고 캠페인을 시도했다. 코즈모닷컴Kozmo.com[28]은 〈육백만 달러의 사나이Six Million Dollar Man〉[29]를 내세운 광고 캠페인을 하는 데 문자 그대로 수억 달러를 써 버렸다. 그리고 이 두 회사 모두 닷컴 버블이 꺼지면서 무너졌다.

창업자들이 너무 간단해 보여서 처음 몇 달간은 실행하기 주저했던 드레이퍼 제안을 수용하고 난 후 회사는 급격하게 성장했다. 6개월 만에 사용자를 100만 명 확보한 것이다. 5주 후 사용자 수는 다시 두 배가 되었다. 1997년 12월, 거의 1000만 명에 가까운 사용자를 확보한 핫메일은 마이크로소프트Microsoft가 4억 달러에 인수했다. 사용자를 3000만 명 확보하는 데 걸린 시간은 핫메일이 출시된 시점에서 불과

30개월이었다. 지금은 비록 이름이 바뀌었지만 이 분야의 다른 수많은 경쟁 제품과 달리 핫메일은 여전히 존재한다.

이것이 바로 새로운 접근 방식이 지닌 위력이다. 제품 출시 후 불과 30만 달러 투자만으로 4억 달러 규모의 브랜드를 만든 것이다. 30만 달러라면 할리우드Hollywood 영화사나 〈포춘〉 500대 기업이 근사한 시사회 파티를 열거나 TV 광고 한 번을 집행할 때 쓰는 정도의 금액에 불과하다. 특히 마케팅 경험이 전혀 없던 사람이 고안하고 실행해 낸 결과라는 점이 더욱 놀랍다.

핫메일이 기술 버블로 운 좋게 성공한 경우라고 생각할지도 모르지만, 몇 년 후 구글이 현재 시장 1위 무료 이메일 서비스인 지메일Gmail을 출시했을 때도 근본적으로 같은 원리의 그로스 해킹 전략을 사용했다는 것에 주목할 필요가 있다.

일단 구글은 뛰어난 제품을 만들었다. 그런 다음 초대를 통해서만 사용할 수 있게 하여 사용자 흥미를 유발했다. 그리고 차츰차츰 기존 사용자가 초대할 수 있는 사람 수를 늘림으로써 지메일은 사람에서 사람으로 점점 퍼져 나갔다. 결국 가장 인기 있고 여러 의미에서 월등하게 뛰어난 무료 이메일 서비스로 자리 잡았다.

이처럼 위대하고 거대한 서비스는 작지만 놀랍도록 폭발적인 아이디어에서 시작된다.

이것이 바로 우리가 이 책에서 익히려는 것이다.

그로스 해커의 급부상

핫메일 사례 이후, 특히 기술 분야의 많은 회사가 마케팅 한계를 뛰어넘고자 노력하기 시작했다. 이들은 데이터를 중시하고 기존 관습들을 무시한 채 인터넷으로 가능하게 된 이메일, 데이터, 소셜미디어socialmedia, 부트스트래핑bootstrapping 같은 여러 새로운 기법을 활용하는 신규 마케팅 모델을 만들었다.

이런 부류는 실리콘 밸리에서 순식간에 떠오르는 스타가 되었다. 이제 이들을 테크런치TechCrunch, 패스트 컴퍼니Fast Company, 매셔블Mashable, Inc., 앙뜨레쁘레너Entrepreneur 등 이 분야의 유명 매체는 물론이고, 수없이 많은 다른 글에서 볼 수 있다. 링크드인LinkedIn[30]과 해커 뉴스Hacker News[31]에는 "그로스 해커를 구합니다(Growth Hacker Needed)."라는 구인 글이 넘쳐 난다.

그로스 해커의 일은 그동안 알고 있던 마케팅을 하는 것이 아니라, 회사를 정말로 빠르게 성장시키는 것이다. 무에서 유를 만들고 아주 촉박한 시간 내 거대한 무언가를 만드는 일이다. 이는 더 이상 마케팅을 기존 마케팅과 같은 업무로 여기지 않는다는 것을 보여 준다.

'그로스 해커'라는 용어는 사람마다 서로 다른 의미로 사용한다. 나는 지금까지 경험을 바탕으로 다음과 같이 정의했다.

> 그로스 해커는 기존 전통적인 마케팅 교본을 버리고, 검증과 추적, 확장 가능한 방법만으로 일하는 사람이다. 그들은 광고, 홍보, 돈 대신 이메일, 클릭당 지불 광고pay-per-click ads, 블로그, 플랫폼platform API[32]를 도구로 사용한다. 마케터는 브랜딩branding이나 마인드 공유mind share 같은 모호한 개념들을 추구하는 반면, 그로스 해커는 사용자와 함께 끊임없이 성장을 추구한다. 그들이 제대로만 한다면 사용자는 더 많은 사용자를 끌어들이고, 그렇게 해서 들어온 사용자는 더 많은 사용자로 이어진다. 그로스 해커는 스스로 생존하고 성장 가능한 그들만의 그로스 머신growth machine을 발명하고 운영하며 정비하는 사람이다. 그리고 이 그로스 머신은 스타트업을 아무것도 아닌 것에서 위대한 것으로 변화시킬 수 있다.

걱정하지 마라. 이 책에서 정의를 구구절절하게 늘어놓을 생각은 없다. 우리에게 중요한 점은 자신의 사업을 성장시키고, 웹 사이트를 출시하고, 이벤트 티켓을 팔며, 킥스타터Kickstarter[33] 프로젝트에서 투자를 받으려고 노력하는 것이다. 오늘날 우리가 이런 일을 하는 방식은 과거의 방식과는 완전히 다르다.

우리가 이 책에서 소개할 그로스 해커는 예산을 수백만 달러 들여 제품을 출시하는 것이 아니라, 쓸 수 있는 예산이나 자원이 거의 없거나 아예 없는 스타트업에서 시작한다. 혁신과 새로운 시도를 해야 한다는 동기를 부여받은 그로스 해커는 일부 스타트업을 수십억 달러 가치의 회사로 성장시켰다. 이들은 할리우드라는 거대한 산업 단지를 벗어났을 뿐만 아니라, 그 틀을 무시하고 할리우드식 전술을 거부했기 때문에 성공할 수 있었다. 사용자 관심을 끌려고 광고를 뿌리거나 신문 일면을 도배하는 식으로 불특정 다수의 대중을 마구잡이로 겨냥하는 대신, 외과용 메스처럼 정밀하면서도 목표가 명확한 도구를 구체적으로 지정한 타깃층에 사용했다.

새로운 사고방식

솔직히 이야기하자면, 전통적인 마케터는 항상 자신을 예술가로 여겼다. 나 역시 그중 한 사람이다. 이런 감정은 때때로 화려하고 감동적인 작품을 만드는 원동력이 되기도 한다. 하지만 그와 동시에 이것은 끔찍한 무지와 낭비의 원인이 되기도 한다. 〈하버드 비즈니스 리뷰 Harvard Business Review〉가 한 연구에 따르면, 마케터의 80%가 마케팅 투자 대비 수익률 Return On Investment, ROI을 측정하는 능력에 만족하지 못한다고 한다. 도구가 충분히 좋지 않아서가 아니라 오히려 도구가 너무 뛰어나서 마케터가 이런 도구를 실제로 사용한 순간, 처음으로 "자

신의 전략에는 결점이 있고 지출도 비효율적이다."라는 사실을 깨닫게 되기 때문이다.[34]

페이스북, 개인 금융 서비스인 민트닷컴(약 1억 7000만 달러에 Intuit[35]에 팔린 서비스), 데일리 딜[36] 앱수모에서 그로스 해커로 일한 노아 케이건Noah Kagan은 이에 대해 명쾌하게 "마케팅은 언제나 똑같은 것에 신경 썼다. 여러분 고객이 누구이며 어디에 있는지에 관한 것이다."라고 이야기한다.[37]

그로스 해커는 좀 더 과학적이고 측정 가능한 방식으로 '누구'와 '어디'에 집중한다. 과거에는 마케팅이 브랜드 중심이었다면 그로스 해킹은 지표와 ROI를 기반으로 한다. 고객을 찾고 제품에 관심을 이끌어 내는 일은 더 이상 막연한 추측에만 의존하는 게임이 아니다. 또 단순히 기존 마케팅 지표를 개선하거나 다이렉트 마케팅direct marketing이라는 새로운 이름으로 포장한 것도 아니다.

그로스 해커의 기원은 프로그래머이며, 그들 스스로도 그렇게 생각한다. 그들은 데이터 과학자data scientist이자 디자인 마니아이며 동시에 마케터다. 또 그들은 이런 데이터를 환영하고, 그것을 새롭게 해석하고 활용하며, 오랫동안 본능과 예술적 취향에 지배되었던 세상에서 가장 절실하게 필요했던 명확성으로 받아들인다. 그들 역시 전략적 통찰력, 큰 그림을 그려 내는 능력, 플랫폼과 진가를 발휘하지 못하는 자산을 효과적으로 활용하는 능력, 새로운 아이디어를 실현하는 능력까지 함께 갖추고 있다.

결국 이런 이유로 이 새로운 접근 방식이 미래에 더 적합하다. 일부 거대 산업이 흔들리거나 무너지고 스타트업이나 앱, 웹 사이트가 급격히 성장하는 시대에 마케팅은 더 작아야 하며, 우선순위도 달라야 한다. 오늘날 마케터에게 요구되는 진짜 역량은 거대하고 따분한 회사가 매년 1%씩 성장하는 것을 돕는 것이 아니라, 거의 자원이 없는 상태에서 완전히 새로운 브랜드를 창조하는 일이다. 투자를 받고자 하는 킥스타터 프로젝트든 새로운 앱이든 고려해야 할 것은 결국 똑같다. 어떻게 해야 확장 가능하고 효율적인 방법으로 관심을 얻고 유지하며 확대시킬 수 있을지 하는 것이다.

감사하게도 그로스 해킹은 베일에 싸여 있는 독점적인 기술이 아니다. 오히려 그로스 해킹은 매우 공개적인 논의 과정을 거쳐 성장하고 발전해 왔다. 지켜야 할 비밀스러운 영업 규칙 따위도 없다. 미트 롬니Mitt Romney의 대통령 선거 운동 캠프에서 기술 전략을 신속하게 업데이트하는 임무를 맡았던 그로스 해커이자 현재 스텀블어폰의 성장 담당이사director of growth인 아론 긴은 이를 다음과 같이 멋지게 정리했다.

"그로스 해킹은 도구라기보다는 사고방식이다."

좋은 소식은 그로스 해킹이 단지 여러분 사고방식을 전환하는 것만큼이나 심플하다는 것이다(이제 막 마케팅을 시작한 사람이라면 오히려 버려야 할 기존 관념이 훨씬 적을 것이다). 그로스 해킹은 1-2-3 이렇게 순차적으로 진행되지 않고 유동적인 절차 fluid process [38] 로 진행된다. 그로스 해킹의 핵심은 마케팅이 회사나 제품의 개발이 끝날 때 시작되는 독립적인 행동이라는 사고방식에서 벗어나는 것이다. 그로스 해킹의 핵심은 그런 것이 아니라, 사업을 생각하고 바라보는 방식이다.

이 책을 다 읽고 나면 그로스 해커가 어떤 식으로 생각하는지 완전히 파악할 수 있으리라 장담한다. 책에서 제시하는 도구는 업무마다 다르지만, 가장 중요한 것은 사고방식이다. 이 책의 각 장은 사용자 한 명에서 시작하여 수백만 명 혹은 수억 명을 확보하는 전체 과정을 안내하는 형태로 구성되어 있다. 더불어 내가 지난 2년간 세계 최고의 그로스 해커를 인터뷰하면서 연구하고 터득한 모든 것을 압축하여 담았다.

나는 그로스 해커의 방식과 그것이 미래인 이유를 보여주고 싶다. 그로스 해커가 다음 세대의 기업에 어떻게 스며들며 마케팅과 PR, 광고를 어떻게 재편하고 있는지, 심지어 작가들도 책을 출간할 때 이 원칙을 어떻게 활용하고 있는지 설명할 것이다.

이런 과정은 생각보다 꽤 빨리 시작된다. 새로운 마케팅 사고방식은 출시 몇 주 전이 아니라 개발과 디자인 단계에서 시작한다. 그래서 우리도 그 지점에서 출발할 것이다. 어쩌면 이 부분은 여러분이 내릴 마케팅 의사 결정 중에서 가장 중요할지도 모른다.

memo

STEP

1

GROWTH HACKING

GROWTH HACKING

그로스 해킹은 제품 시장 적합성에서 시작한다

사람들이 원하는 것을 만들어라.

: **폴 그레이엄** PAUL GRAHAM : 39

최악의 마케팅 의사 결정이 무엇인지 아는가? 아무도 원하지 않거나 필요하지 않은 제품으로 시작하는 것이다.

하지만 마케터는 수년간 이런 의사 결정을 업무 일부로 여기고 묵인해 왔다. 우리 모두 스스로에게 "원하는 제품이 아니라, 가지고 있는 제품을 들고 시장에 나가는 것이다."라고 말했다. 그러고 나서 왜 우리 전략이 실패했는지, 왜 실패로 그렇게 많은 돈이 들었는지 궁금해 하곤 했다.

그로스 해킹이 내게 처음부터 매력적으로 다가왔던 이유는 명백하게 결함이 있는 접근 방법을 철저하게 배제한다는 점 때문이다. 그로스 해커는 제품을 맨 처음 마주하는 사람에게서 폭발적인 반응을 이끌어 내지 못한다면 제품은 물론 더 넓게는 전체 사업이나 비즈니스 모델조차도 바꿀 수 있고 바꾸어야만 한다고 믿는다. 다시 말해 최고의 마케팅 의사 결정은 실존하는 특정 사용자 집단의 현실적이고 강력한 욕구를 충족시키는 제품이나 비즈니스를 만들어 내는 일이다. 이후에 아무리 많은 조정이나 개선이 뒤따르더라도 말이다.

현재 기업 가치가 100억 달러인 에어비앤비Airbnb 사례를 보자. 오늘날 우리는 공동 창업자인 브라이언 체스키Brian Chesky가 한 말처럼 에어비앤비를 "어떤 공간이든 예약할 수 있습니다. 텐트부터 성까지 무엇이든 가능합니다."[40]라고 알고 있다. 하지만 이 사업을 시작한 2007년에는 창업자들이 살던 로프트 아파트loft apartment[41]의 거실을 아침 식사를 제공하는 작은 규모의 숙박 시설로 바꾸는 것에서 출발했다. 창업자들은 이 서비스 이름을 Airbedandbreakfast.com으로 지은 후 거실에 에어 매트리스를 놓고 숙박하는 손님들에게 직접 만든 아침 식사를 무료로 제공했다. 하지만 그들이 달성하려는 목표는 거기에서 그치지 않았다.

그들은 다시 원점으로 돌아가 인기 있는 기술이나 디자인 콘퍼런스를 발판 삼아 매출을 내는 방향으로 서비스를 전면 재정비했다. 호텔이 모두 예약으로 꽉 차 방을 구할 수 없을 때 콘퍼런스 참석자들에게 네트워킹과 숙박을 동시에 제공하는 대안 서비스로 재포지셔닝한 것이다. 분명 더 나은 시장이었지만, 창업자들은 이 아이디어를 더 개선할 수 있다고 생각해서 약간의 피벗pivot[42]을 하여 호텔은 싫지만 그렇다고 호스텔에서 묵거나 비좁은 방에서 고생하는 것은 피하고 싶은 여행객 유형을 새로운 공략 대상 고객으로 설정했다. 이 전략은 대단히 잘 들어맞았다. 창업자들은 사용자가 보낸 피드백과 실제 이용 패턴을 토대로 이름을 Airbnb로 짧게 줄였고, 아침 식사 제공과 네트워킹 부분은 포기했다. 그 대신 서비스를 '상상 가능한 모든 종류의 숙박 시설(방에서 아파트, 기차, 보트, 성, 펜트하우스, 심지어 개인 섬까지)을 빌리거나 예약하려는 사람들을 위한 서비스'로 재정의했다. 전 세계 여러 지역에서 1년에 수백만 건이 예약될 정도로 반응은 가히 폭발적이었다.

2007년 에어비앤비는 좋은 아이디어로 시작했지만 당시의 실제 가치 제안value proposition은 솔직히 말해 다소 평범했다. 창업자들은 "사람들을 거실에서 지내게 하고 아침을 준다."라는 관점을 고수하면서 그와 관련된 작은 사업들을 만들려고 모든 시간과 에너지를 허비했을 수도 있었다. 하지만 그들은 제품과 서비스를 계속 개선할 수 있다고 여겼고, 결국 최적의 효율성을 찾을 때까지 변경하고 개선하는 과정을 반복했다. 어느 정도는 좋았을지 몰라도 꽤나 비실용적인 아이디어에서 출발했으나 이후 폭발적이고 실용적인 아이디어로 발전시켰으며, 그 결과 10억 달러의 가치를 인정받게 되었다. 이런 전환은 의심할 여지없이 그들이 할 수 있었던 최고의 마케팅 의사 결정이었다.

전통적인 마케터 입장에서 시장 반응이 별로 좋지 않을 때 원점으로 돌아간 적은 한 번도 없었던 것 같다. 그런 생각 자체가 허용되지 않았다. 우리가 할 수 있는 유일한 방법은 단지 잘못된 제품과 회사를 위해 더 많이 일하는 것이 전부였다.

그러다 나는 에어비앤비가 결코 특별한 사례가 아니라는 것을 알았고, 이것은 나에게 큰 경각심을 주었다. 인스타그램은 원래 버븐Burbn이라는 이름의 위치 기반 소셜네트워크에서 출발했다. 이 서비스에서 사진 기능은 다양한 옵션 중 하나였다. 이 서비스는 핵심 사용자 그룹을 모으는 데 성공했고, 그 결과 투자를 50만 달러 이상 유치할 수 있었다. 그러나 창업자들은 서비스를 면밀히 살펴보다가 사용자가 앱 기능 중 사진과 필터만 집중적으로 쓴다는 것을 발견했다. 창업자 중 한 명은 그때를 이렇게 회고했다. "우리는 다같이 앉아서 '이제 다음으로 무엇을 해야 할까? 어떻게 하면 이 제품을 수백만 명이 쓰고 싶어 할 만한 제품으로 개선할 수 있을까? 이

제품을 특별하고 흥미롭게 만드는 한 가지는 무엇일까?'라고 이야기를 나누었다."

그 결과 이 서비스는 곧바로 필터로 꾸민 사진을 올리는 모바일 앱인 인스타그램으로 재탄생했다. 성과는 놀라웠다. 출시 일주일 만에 사용자를 10만 명 확보했고, 18개월 후 창업자들은 인스타그램을 페이스북에 10억 달러에 팔았다.

인스타그램 사례에서 배울 수 있는 마케팅 교훈은 단순하다. 그들이 훌륭한 제품을 만들었다는 것이다. 뭔가 비밀스러운 비법이 필요한 것이 아니라 제품이 훌륭하기만 하면 비슷한 결과를 기대할 수도 있다는 의미다. 스냅챗을 보자. 이 서비스는 근본적으로 같은 교본을 따라서 모바일 사진 앱 시장에서 혁신을 만들었고, 젊은이들 사이에서 폭발적으로 인기를 끌었다. 그 결과 마케팅을 거의 하지 않고도 35억 달러의 기업 가치를 만들었다.

에어비앤비나 인스타그램처럼 그로스 해커들이 제품 시장 적합성 Product Market Fit, PMF을 달성하기까지 새로운 것을 반복하여 시도하는 데 오랜 시간이 걸리는 회사도 있고, 한번에 찾아내는 회사도 있다. 궁극적인 목표는 같다. 제품과 제품을 소비하는 사람이 서로 완벽하게 조화를 이루도록 만드는 것이다. 〈린 스타트업〉 저자인 에릭 리스 Eric Ries는 제품 시장 적합성에 도달하는 최고의 방법은 '최소 기능 제품 minimum viable product'43으로 시작해서 피드백을 통해 개선하는 것이라고 이야기했다. 이것은 우리 대다수가 해 오던 것, 즉 우리가 생각하기에 완벽한 최종 제품을 가지고 대중에게 출시하려고 노력했던 방법과는 정반대다.

오늘날 마케터의 역할은 그 누구보다도 분명하게 제품 시장 적합성을 확보하는 것이다. 평범한 제품에 마케팅 활동을 하는 것은 결국 노력의 낭비가 될 수 있으므로 제품이 그저 그런 수준에 머무는 것을 결코 용납하면 안 된다. 이해했는가?

더불어 이것을 다른 부서의 일로 여기거나 어느 날 갑자기 원하는 대로 되기를 기다리기보다는 마케터 자신이 이 흐름에 기여해야 한다. 누가 고객인지 예측하고, 그들에게 필요한 것을 파악하여 고객 마음을 사로잡을 만한 제품을 디자인하는 것은 개발이나 디자이너 선택만이 아니라 마케팅 의사 결정이기도 하다.

무엇을 해야 할지는 명백하다. 수수방관하는 것은 그만두고 바쁘게 움직여라. 제품을 최적화하여 소비자와 매체, 인플루언서에게 호평을 받고 확산될 수 있도록 하는 것은 마케터 또는 그로스 해커로서 여러분만이 할 수 있는 고유한 일이다. 요컨대 여러분은 생산자와 소비자를 연결하여 서로 의견이 일치하도록 돕는 번역가인 셈이다.

이것은 물리적인 장치를 만들든지 메뉴를 디자인하든지

앱을 개발하든지 상관없이 항상 적용된다. 누군가는 잠재적인 마켓(소비자)을 대변해야 하고, 제품 개발 절차에서 이런 영향력을 빨리 발휘할수록 결과는 더 좋아진다.

아마존Amazon은 실제로 이를 기본적인 절차의 한 부분으로 삼고 있다. 아마존 임원인 이안 맥알리스터Ian McAllister는 이런 접근법을 '소비자에서 출발하여 거꾸로 일하기(working backwards from the customer)'라고 부른다. 직원들은 새로운 계획을 세울 때 이 잠재적인 프로젝트를 마치 막 완료한 것처럼 발표하는 보도 자료를 작성하는 일부터 시작한다. 이것은 고객에게도 전달하여 새롭게 제공하는 기능이 고객이 갖고 있던 문제를 얼마나 흥미진진하고 설득력 있는 방법으로 해결하는지 설명한다.[44]

보도 자료에 담은 내용이 실현되지 못하면 실현할 수 있을 때까지 초기 계획을 계속해서 수정하고 또 수정한다. 맥알리스터의 말에 따르면, 아마존은 프로덕트 매니저들이 오프라 윈프리Oprah Winfrey[45]처럼 생각하도록 장려한다. 즉, 오프라가 이 제품에 열광적으로 환호해서 그녀의 팬에게 선물로 줄 정도의 물건을 만들어야 한다는 것이다.

이렇게 연습함으로써 팀은 잠재적인 신제품이 무엇인지, 제품의 특별한 장점이 무엇인지 정확하게 집중할 수 있다. 장담하건대 그로스 해킹 마인드에 가까운 사람이라면 이 정책을 실행에 옮길 것이라고 확신한다.

　진행되고 있는 개발 상황에 그저 만족하는 것으로 그치지 않고 적절한 의견과 규칙, 기준, 피드백으로 개발에 영향을 줄 수 있다. 그로스 해커는 비즈니스의 모든 측면에서 반복 작업을 돕고 조언하며 분석한다. 즉, 제품 시장 적합성은 데이터와 정보로 뒷받침되는 느낌인 것이다.

어떻게 PMF를 얻을 수 있는가?

제품 시장 적합성(이하 PMF)은 기술적인 비즈니스 개념으로 다소 어려울 수 있어 전문 용어를 떼어 내고 비유를 들어 설명하고자 한다. 사실 나는 앤드류 첸의 글을 읽기 전부터 PMF를 잘 알고 있었다.

　내가 지금까지 해 온 마케팅 상당수는 작가와 책을 대상으로 했다. 나는 지난 5년간 베스트셀러 10여 권과 관련된 일을 했다. 물론 그중에는 성공하지 못한 책들도 있다. 경험상 실패하는 대부분의 책은 작가가 1년 정도 어딘가에 칩거하여 글을 쓴 후 출판사에 원고를 건넨 경우다. 그들은 좀처럼 찾아오지 않는 히트만 바랄 뿐이다.

　반면에 출간하기 전에 블로그에서 글을 공개하는 작가도 있다. 그들은 자연스럽게 끌리면서도 독자들에게 가장 큰 반응을 얻을 수 있는 주제를 바탕으로 책 아이디어를 얻는다

(한 고객은 구글 검색 결과에 자신의 웹 사이트가 얼마나 많이 노출되는지 스크린샷으로 보여 줌으로써 출판사에 책을 제안하는 데 성공했다). 그들은 책에 쓸 이야기를 블로그에 올리거나 특정 집단 앞에서 발표해서 테스트한다. 독자들이 책에서 어떤 내용을 읽고 싶어 하는지 직접 묻기도 한다. 글에 얼마나 많은 댓글이 달렸는지, 페이스북에서 '공유'가 얼마나 많이 되었는지를 토대로 글감이 되는 아이디어를 판단한다. 그들은 잠정적인 제목과 표지 디자인을 온라인에 올려서 테스트하고 피드백을 받는다. 그 외에 영향력 있는 블로거들이 어떤 주제에 몰두하는지도 살펴본 후 책에서 그들을 언급할 수 있는 방법을 찾는다.[46]

후자는 PMF를 얻을 수 있지만, 전자는 절대로 그럴 수 없다. 하나는 그로스 해킹이고 다른 하나는 그저 추측하는 것일 뿐이다.

하나는 마케팅을 하기 쉽고, 다른 하나는 종종 인과 관계를 놓친다. 하나는 다음 단계로 나아갈 수 있도록 한 번씩 조금만 밀어 주면 되지만[47], 다른 하나는 앞으로 나가는 걸음마다 강한 맞바람을 이겨 내야 한다.

아마존은 '가상의 보도 자료를 적어 보라'는 조언이 상황에 잘 맞지 않을 경우 대체할 수 있는 몇 가지 다른 대안을 제시한다. 아마존 CTO인 워너 보겔스Werner Vogels는 개발하고 있는 제품의 FAQ를 작성해 보기를 권한다(잠재적인 사용자들의 이슈와 질문을 미리 짚어 볼 수 있다).[48] 또는 페이지의 목업mockup[49]을 만들어서 사용자 경험의 핵심적인 부분을 정의하거나 가상의 시나리오를 적으면서 제품이 어떤 형태가 될지, 누구에게 잘 맞고 그들이 어떻게 사용할지 좀 더 현실적으로 살펴볼 수 있다. 마지막으로 사용설명서를 작성해 보는 방법도 있다. 워너는 보통 사용설명서의 세 가지 요소로 개념, 이용 방법, 참고 사항을 언급한다. 이 세 가지를 정의한다는 의미는 여러분이 소비자 관점에서 아이디어를 이해하고 있다는 것이다. 또 터너는 고객 유형이 두 가지 이상이라면 그에 따라 사용설명서도 여러 개 작성해 보아야 한다고 덧붙였다.

나는 이런 아이디어들이 정말 좋다. 마치 숙제처럼 느낄 수도 있지만 이것들로 여러분 자신의 관점이 아닌 다른 사람 관점에서 제품을 상상해 볼 수 있기 때문이다. 이것은 PMF를 얻는 최고의 방법인데, 여러분 자신이 아니라 결국 고객으로 만들고자 하는 다른 사람에 대한 것이기 때문에 그렇다.

어쩌면 여러분은 인스타그램처럼 한순간에 "아하." 하고 PMF에 도달할 수 있을지도 모른다. 아니면 1%씩 점진적으로 전진하면서 도달할지도 모른다. 넷스케이프Netscape[50], 옵스웨어Opsware[51], 닝Ning[52]을 창립한 기업가이며 유명한 투자 기금을 운영하고 있고 페이스북, 이베이eBay, 휴렛팩커드HP의 이사회 멤버이기도 한 마크 앤드리슨Marc Andreessen이 말했듯이, 회사는 "PMF를 얻는 데 필요하면 어떤 일이라도 해야 한다. 사람들을 변화시키거나, 제품을 새로 만들거나, 다른 시장으로 진출하거나, 여러분이 원하지 않을 때 고객에게 'no' 혹은 'yes'라고 말하거나, 주당 가격을 낮추거나, 네 번째 단계4th round의 투자를 받아 오거나 아무튼 무엇이 되었든 필요한 모든 것을 해야 한다."라는 자세를 갖추어야 한다.[53]

즉, 이제 모든 것이 검토할 대상이다.

피드백과 친해지기

이 새로운 접근 방법의 핵심은 마케터가 가장 중요한 역할을 하지 않는다고 겸손하게 받아들이는 것이다. 사실 맞는 말이다. 때때로 마케터가 할 수 있는 최선의 일은 사람들이 잠시라도 '마케팅'에 현혹되지 않도록 하는 것이다. 겉으로 가장 먼저 드러나는 일이 사실은 가장 중요하지 않은 요소인 경우가 종종 있다.

생산성과 정보 조직화를 향상시키는 소프트웨어를 제공하는 에버노트 사례를 보자. 에버노트는 초창기 몇 년 동안 전사적으로 마케팅에는 한 푼도 쓰지 않기로 결정했다. 에버노트 창립자인 필 리빈Phil Libin은 창업자 모임에서 이제는 고

전이 된 다음 이야기를 했다. "최고의 제품을 만드는 것 외에 다른 생각을 하는 사람들은 결코 최고의 제품을 만들지 못한다." 이에 따라 에버노트는 마케팅을 고려 대상에서 제외하고, 그 예산을 모두 제품 개발에 쏟아부었다. 이 때문에 처음에는 브랜드가 확실히 느리게 형성되었지만, 결국 기대했던 성과를 만들었다. 어떻게 되었을까? 에버노트는 지구상에서 가장 뛰어난 생산성 향상을 가져오는 노트 작성 애플리케이션이기 때문이다. 지금은 사실상 에버노트 제품 자체가 마케팅 수단이다.

여러분이 해야 할 일이 바로 이것일 수도 있다. 여러분은 당장 실행에 옮길 수 있는 팁, 예산과 자원을 사용할 수 있는 적절한 지점을 찾고자 이 책을 읽고 있을 가능성이 크다. 하지만 예산 범위에서 벗어나 제품을 개선하는 것이 최고의 전략인지도 생각해 보기 바란다.

그렇다고 아무것도 하지 말라는 이야기는 아니다. 에버노트는 전략적으로 마케팅을 뒤로 미루었지만 사람들에게 제품을 보여 주려고 다양하고 재치 있는 방법들을 계속해서 시도했다. 고객들이 "회의 중에 노트북을 사용하는 모습을 보고 상시가 자꾸 의심해요."라는 불평을 듣자 에버노트 팀은 다음 문구가 새겨진 스티커를 만들어 배포했다. "무례하게 굴려는 게 아니에요. 에버노트로 회의록을 작성하고 있어요.(I'm not being rude. I'm taking notes in Evernote.)"
이것으로 충성도가 높은 고객들이 회의할 때마다 에버노트를 홍보하는 광고판이 되었다.

제품이 잘되도록 하고 개선시키기보다는 현재 제품을 가지고 일하는 것이 마케터 일이지만, 이런 생각을 그만두는 순간 상황은 완전히 바뀐다. 우리는 기자나 사용자에게 공감을 얻지 못하는 제품을 반복적으로 소개해야 하는 무기력한 존재가 아니다. 그 대신 우리가 가진 정보와 아이디어를 매우 정교하게 다듬어서 제품을 개선하고, 그 제품 자체로서 강력한 판촉 도구가 되도록 할 수 있다.

게임 법칙이 바뀌었다. 이제 성공과 실패는 마케팅을 먼저 하느냐가 아니라 제품 시장 적합성을 먼저 만드는 것에 좌우된다. 일단 PMF를 만들면 그 이후 마케팅은 기름을 듬뿍 적신 장작더미에 성냥불을 던진 것과 같다. 예전에는 어떻게 했냐고? 그냥 성냥을 마찰시켜 성냥불을 만들거나 어딘가에서 불이 번지기를 바랄 뿐이었다.

PMF 없이는 우리가 아는 어떤 마케팅도 시간 낭비라는 것이 핵심이다.

이런 활동을 돕는 도구도 많다. 구글부터 옵티마이즐리 Optimizely[54], 키스메트릭스 KISSmetrics[55] 같은 도구는 사용자가 여러분 서비스에서 실제로 어떻게 행동하고 반응하는지 볼 수 있도록 도와준다. 이런 분석에서 도출되는 인사이트를 잘 활용하면 직감보다 더 빨리 PMF를 찾을 수 있다.

하지만 가장 효과적인 방법은 다름 아닌 소크라테스식 문답법이다. 모든 가정에 간단명료하게 계속 의문을 제기해야 한다. 누구를 위한 제품인가? 그들은 이것을 왜 사용하는가? 나는 이것을 왜 쓰는가?

고객에게 질문하는 것 역시 필요하다. 어떻게 이 제품을 알게 되었는가? 이 제품을 다른 사람에게 추천하는 것을 주저하는 이유는? 가장 마음에 드는 점은? 무작위로 물어보거나 친구들에게 물어보지 마라. 물어보는 것도 과학적이어야 한다. 서베이몽키SurveyMonkey[56], 우푸Wufoo[57], 쿼럴루Qualaroo[58], 구글 문서 도구Google Docs 같은 도구를 이용하면 특정 고객 또는 모든 고객을 대상으로 쉽게 설문 조사를 할 수 있다.

처음에는 앞서 다룬 질문들을 하는 것이 좋다. 그래야만 우리는 그 질문에 따라 구체적인 행동을 취할 수 있기 때문이다. 이제는 더 이상 친구나 동료, 배우자에게 아무도 원하지 않는 제품을 붙들고 일해야 한다고 불평할 필요가 없다.

이런 활동에서 얻은 모든 데이터를 반드시 활용해야 하는 것은 아니지만, 최소한 이런 데이터들을 모두 확보는 해 두어야 한다. 중간 과정을 알 수 없는 통제 불가능한 형태의 접근 방식은 더 이상 가치가 없다. 상황은 언제든 변할 수 있다는 점을 잊지 말자. 모든 가능성을 받아들이고 열린 자세로 임할 필요가 있다.

제품 시장 적합성은 어느 날 갑자기 불쑥 튀어나오는 비현실적인 것이 아니다. 많은 회사가 이를 달성하려고 끊임없이 노력하고, 이 목표를 향해 한 걸음씩 나아간다. PMF는 의사 결정을 뒷받침하는 명확한 증거이므로 필요하다면 몇 주, 심지어 몇 개월을 한 작업도 버릴 준비가 되어 있어야 한다. 소비자들이 현재 알고 있는 서비스 모습은 그 서비스가 처음 출시되었을 때, 즉 제품 시장 적합성을 얻기 전과는 완전히 다르다.

하지만 이런 회사들은 PMF를 달성했다고 해서 마냥 자리에 앉아 성공이 찾아오기를 기다리지 않는다. 그다음 단계는 고객들을 끌어오는 것이다.

STEP

2

GROWTH HACKING

나만의 그로스 해킹 찾기

여러분 사업과 매출을 성장시키려면 잠재 고객이 제품을 알아보고
구매하는 방식에 맞추어 마케팅해야 한다.

: 브라이언 핼리건 BRIAN HALLIGAN, 허브스팟 HUBSPOT[59]의 창립자 :

그로스 해킹은 먼저 마케팅할 만한 가치가 있는 제품을 확보했다는 확신이 들 때까지 끊임없이 제품을 테스트하는 것에서 시작한다. 그런 과정을 거친 후에야 비로소 성장 엔진을 촉진하는 대변혁을 추구할 수 있다. 이런 도약이 없다면 아무리 잘 만들어진 제품이나 위대한 아이디어라고 할지라도 아무 소용없다.

예를 들어 보자. 레딧 reddit[60]의 천재적인 그로스 해커였던 에론 스워츠 Aaron Swartz가 두 가지 서비스를 만들었다는 사실을 아는 사람은 많지 않다. 1999년 위키피디아 Wikipedia 보

다 먼저 협력 기반의 백과사전 서비스를 시작했다. 그리고 당시 전 세계적으로 유명했던 Change.org[61]와 매우 유사한 Watchdog.net이라는 웹 사이트도 만들었다. 이 두 서비스 모두 팬의 지지를 받았던 매력적인 아이디어로, 오늘날 우리가 사용하는 다른 서비스보다 먼저 출시했다. 하지만 에론의 서비스는 초기에 사용자 그룹을 끌어들이지 못해 결국 실패했다.

라리사 맥파쿼아 Larissa MacFarquhar가 〈뉴요커 The New Yorker〉에 이에 대한 글을 쓴 적이 있다. "에론은 훌륭한 아이디어를 떠올린다면 사람들이 그것을 사용하리라고 믿었다. 하지만 그는 이제 사람들이 알아서 찾아올 것이라고 기대할 수 없고, 그들을 끌고 와야만 한다는 것을 깨달았다."[62]

그로스 해커가 하는 일은 우리 마케터가 항상 해 왔던 것처럼 고객을 끌어오는 것이다.

그러려면 어떻게 해야 하는가? 과거의 비싸고 비효율적인 방법으로는 확실히 안 된다. 이런 말을 하기는 좀 그렇지만 아메리칸 어패럴의 충성스러운 직원으로서 회사 로고가 새겨진 티셔츠를 사서 입고 다니는 것만으로는 성공할 수 없다. 재미있고 특별하다는 감정에 빠지게 할 수는 있지만 그것이 회사를 크게 성장시킬 수 있는 방법은 아니라는 의미다. 이해했는가?

제품 시장 적합성을 확보한 상태라면 〈뉴욕타임스〉 일면에 제품 출시 광고를 할 필요도 없다. 단지 〈뉴욕타임스〉에 우리 제품 기사를 게재하는 것만으로도 충분하다. 핵심 고객 수백만 명이 아니라 수백 명 혹은 수천 명만 대상으로 하기 때문이다. 너무 큰 숫자는 아니니 마음이 놓이지 않는가? 더 좋은 점은 기대 이상으로 효과가 있다는 것이다.

다시 말해 제품 출시는 초기 성장을 강하게 이끄는 거대한 캠페인이 될 필요도, 엄청난 규모의 행사로 치러질 필요도 없다. 중요한 것은 대대적인 출시 이벤트가 아니라 전략적인 출시나 핵심 고객의 관심을 끌 만한 연출이다.

즉, 구세대 방식과 마찬가지로 그로스 해킹 역시 고객을 끌어들이는 것이 목적이다. 단지 그 방식이 훨씬 저렴하고, 효과적이며, 대개는 독창적이면서 새로운 방식이라는 차이가 있을 뿐이다. 모든 전통적인 마케팅은 하나같이 새로운 뉴스 기사나 광고 캠페인으로 시작하는 반면, 스타트업은 그보다 훨씬 다양한 방식으로 시작할 수 있다.

드롭박스를 예로 들어 보겠다. 현재 3억 명 이상이 드롭박스를 사용하고 있지만, 파일 공유 서비스를 처음 시작했을 때는 대중에게 공개조차 되지 않았다. 초기에는 신규 사용자가 서비스에 가입하려면 초대를 받아야만 했다. 회원가입을 유도하려고 창업자들은 잠재적 사용자에게 서비스를 알려 주는 재미있는 데모 동영상을 만들었다.

그들은 많은 돈을 들여서 정교하고 세련된 영상을 만드는 제작사에 의뢰하거나, 광고를 여기저기 뿌려서 사람들에게 억지로 노출시키지도 않았다. 창업자들이 직접 영상을 만들었고, 적절한 장소에 노출했다. 딕Digg[63], 슬래시닷Slashdot[64], 레딧 등 영상을 주로 게시하는 매체를 파악하고, 이런 커뮤니티에서 좋아할 만한 온갖 종류의 농담과 암시, 언급 등을 있는 대로 채워 넣었다.

그 결과 창업자들이 직접 만든 이 영상은 잠재적인 사용자 사이에서 엄청난 인기를 끌었다. 업로드 즉시 메인 페이지를 장식했고, 조회 수를 수십만 건 기록했다. 그리고 그들을 회원가입할 수 있는 웹 페이지(https://www.dropbox.com)로 유도해서 원래 5000명 정도이던 대기자 수가 하룻밤 새에 7만 5000명이 될 정도로 폭발적으로 증가했다. 이 모든 과정은 추적 가능할 뿐 아니라 눈에 잘 띄며, 매우 효과적이었다.

이것이 바로 드롭박스에 필요했던 전부다. 정밀하게 타깃팅된 막대한 사용자 트래픽을 가입 사이트로 이끌어 낸 순간, 드롭박스 팀은 더 이상 "좋아, 오늘 밤 어떻게 뉴스에 실리도록 해 볼까?" 같은 고민을 할 필요가 없었다. 그렇게 할 이유 자체가 사라진 것이다. 처음에 7만 5000명이었던 사용자 수는 순식간에 400만 명에 육박했고, 현재는 3억 명이 넘는 사람들이 드롭박스를 사용한다.

몇 년 후 이메일 앱인 메일박스도 비슷한 전략을 기반으로 해서 출시했다. 좀 더 전문적인 느낌이 드는 이 앱의 매력적인 데모 영상은 불과 4시간 만에 조회 수를 10만 개 기록했다. 매우 멋진 인터페이스로 만들어진 이 1분짜리 영상은 앱을 설치하고자 대기하는 사용자가 얼마나 많은지 보여 줌으로써 수많은 소셜미디어에서 화제가 되었으며, 블로그상에서 관심을 끌어냈다. 6주 만에 100만 명이 메일박스에 가입했고, 이 서비스를 애타게 기다렸다.

그렇다면 이런 방식이 다른 회사에도 효과가 있을까? 가능성은 있다. 하지만 어쩌면 이 그로스 해킹은 이미 끝났을지도 모른다. 새롭고 흥미로운 무언가를 찾아야 하는 것이 중요하다. 그리고 그 에너지를 여러분 제품이 시장에서 폭발적으로 성장하는 데 집중시켜야 한다.

덧붙여서 가능성 있는 반론 한 가지를 이야기하자면, 이것은 최초 고객을 찾는 것에만 국한되지 않는다. 브랜드와 회사를 만들어 가는 것 역시 더 많은 고객을 확보하는 것과 같은 기법을 적용할 수 있다. 그로스growth가 곧 성장이다.

2012년 델타Delta와 버진 아메리카Virgin America 항공을 이용하는 고객들이 eBay.com에 무료로 접속할 수 있도록 하려고 고고Gogo(비행기 내 와이파이wifi 서비스 제공 회사)와 파트너십을 맺은 이베이 사례를 보자(이 와이파이 서비스는 유료이지만 노트북만 있으면 누구라도 이베이에 무료로 접속해서 이용할 수 있다). 이베이는 왜 이렇게 했을까? 이베이는 비행기 안에 꼼짝 못한 채 지루해 하는 잠재적인 사용자 수십만 명이 얻을 수 있는 기회를 다른 사업자의 플랫폼을 통해 만든 것이다. 이 사례는 기술 버블 시대에 태어난 1세대 회사들도 여전히 그로스 해킹을 할 수 있다는 것을 보여 준다.

이 사례에서 가장 중요한 교훈은 무엇일까? 이베이는 디지털 플랫폼 기반이기 때문에 고고 서비스에서 자신의 웹 사이트에 들어오는 트래픽과 그것으로 창출한 매출을 모두 손쉽게 추적할 수 있었다.[65] 이 계약을 계속해야 할지 말아야 할지, 또는 다른 기내 와이파이 제공 사업자까지 확장해야 할지 결정하기 위해 이베이에 필요한 것은 고고에 지불하는 비용과 이렇게 웹 사이트에 들어온 기내 사용자들이 만든 매출 수치뿐이다. 멋지지 않은가?

다른 많은 전자상거래e-commerce 기업이 이 선례를 따르는 일은 당연하다.

모든 사람이 아니다, 딱 맞는 사람

마케팅 업종에서 과거 사고방식은 가능한 모든 고객을 확보하는 것이었다. 이런 압박은 고객에서 시작하는 것이고, 많은 마케터가 이런 자기 파괴적인 야심 찬 목표를 가슴 깊이 품었다. 나도 그 기분을 안다. 모든 곳에 노출되고 싶고, 영상 조회 수를 수백만 개 원하고, 트위터에서도 화제가 되고 싶다. 이 모든 것을 하려고 노력하지만, 결국 어디에서도 목표를 달성하지 못하고 만다.

무엇이 문제일까? 이런 사람들 대부분은 결국 고객이 되지 못한다.

그로스 해커는 이런 유혹(이라기보다는 망상이라는 표현이 더 적절하다)에 흔들리지 않는다. 그들은 새로운 기술 서비스의 성패를 좌우하는 초기 수용자early adopter들을 되도록 최소한의 비용으로 끌어들이는 데 집중한다. 실제로 이 책에서 소개한 스타트업, 서비스, 앱들이 일상생활 속에서 언급될 정도로 대중적으로 알려지지 않았던 이유 중 하나는 창업자들이 오로지 성장을 목표로 자신의 에너지를 제품에 집중했기 때문이다. 그 결과 그들은 '입소문buzz' 없이 확보한 사용자 수백만 명이라는 강력한 무기를 지니고 있다. 즉, 초기 단계에서 매스 마케팅mass marketing[66]에 의존하려는 충동을 억제했기에 결국 대중 시장에 진출할 수 있었던 것이다.

처음에는 우리 제품에 관심이 많고, 충성도가 있으며, 열정적인 사용자 집단에 다가가 그들을 사로잡는 대외 마케팅과 홍보PR를 하려는 노력이 필요하다는 의미다. 그런 다음 그들과 함께, 그들 때문에 성장한다.

그들이 괴짜geek[67]라면 테크크런치[68]나 해커 뉴스, 레딧 같은 웹 사이트에 자주 방문하거나 매년 열리는 다양한 콘퍼런스에 참석할 것이다.

또는 패셔니스트fashionist라면 Lookbook.nu나 Hypebeast 같은 패션 블로그들을 주기적으로 체크할 것이다.

아니면 여러분이나 여러분 회사의 창립자 같은 _____라면, 여러분이 매일 읽는 것을 읽고 하는 일을 할 것이다.

그들의 관심을 캐치하여 서비스로 끌어들여라. 그것이 가장 쉬운 방법이다.

트래비스 캘러닉Travis Kalanick과 개릿 캠프Garrett Camp가 세운 차량 서비스 스타트업인 우버Uber는 오스틴Austin에서 열리는 SXSW[69] 콘퍼런스에서 수년간 무료 시승 서비스를 제공해 왔다. 일주일 동안 잠재적인 우버 사용자인 기술에 관심이 많고 택시를 잡기는 쉽지 않은 고소득층 청년들이 이 서비스를 체험하고 싶어 했다. 한 해는 무료 시승을 제공했고, 다른 해에는 BBQ 배달 서비스를 제공했다. 광고에 수백만 달러를 지출하거나 서비스를 제공하는 도시마다 잠재적인 사용자들을 찾는 데 엄청난 자원을 투자하는 대신 우버는 이런 잠재 고객에게 다가가려고 1년에 한 번, 한자리에 모두 모이는 일주일을 기다렸다가 특별한 무언가를 했다. 우버가 이렇게 하는 이유는 몇 년 전에 트위터가 SXSW에서 비슷한 형태의 콘퍼런스 협력 활동으로 엄청난 인기를 얻었던 것을 보았기 때문이다.

이는 그로스 해커가 생각하는 방식으로 투자 비용을 최대한 활용하고, 적절한 사람들에게서 도움을 얻을 수 있는 방법이다. (다음과 같이 매우 일반적인 질문이다. 적절한 인재는 어디에서 찾을 수 있을까? 이 질문에 답이 바로 떠오르지 않는다면 제품 출시를 고려할 만큼 자신이 속한 산업을 충분히 알고 있지 않다는 의미다.)

최초의 사용자 집단에 다가가려며 다음 여러 가지 방법을 사용해 볼 수 있다.

1. 잠재 고객이 종종 방문하는 웹 사이트에 "우리는 이런 사람이고, 이런 일을 합니다. 여러분이 우리에 대해 글을 써야 하는 이유는 이런 것입니다."라고 짧은 내용이 담긴 이메일을 보낼 수 있다.[70]
2. 해커 뉴스, 큐오라 Quora[71], 레딧에 직접 글을 올릴 수 있다.
3. 화제가 되는 주제로 블로그 포스팅을 시작해 보는 것도 좋다. 방문자를 늘릴 뿐만 아니라 여러분 제품을 간접적으로 소개하는 데도 효과적이다.

4. 킥스타터 플랫폼을 이용해서 최초의 사용자를 확보하고 멋진 보상을 제공함으로써 참여를 유도할 수 있다. 물론 이런 활동은 온라인상에서 화젯거리가 되고는 한다.
5. 헬프 어 리포터 아웃 Help a Reporter Out(https://www.helpareporter.com) 같은 서비스를 이용해서 여러분이 활약하는 분야에서 기삿거리를 찾는 기자들과 접촉해 볼 수 있다.
6. 잠재 고객을 한 명씩 찾아서 서비스를 무료로 제공하거나 약간의 특별한 보상(우리가 이야기하는 아주 작은 것)을 제공해서 서비스에 초대할 수 있다.

이런 수단들을 하나둘 해 보는 것은 이메일을 보내는 것만큼 쉽고 간단하다. 여러분 제품이 정말로 이런 사람들을 위해 특별하게 만들었다면 그들은 기꺼이 그 제품을 사용해 보기를 원할 것이다.

요점은 특정한 공간에서 소수의 불확실한 초기 사용자를 조금이라도 끌어올 수 있다면 무슨 일이든 해야 한다는 것이다.

때때로 '꼼수'를 부리는 것도 좋은 방법이다. 이것은 종종 다른 경쟁자들이 아직 충분히 이해하지 못하고 있는 환경이나 플랫폼을 제대로 활용하는 것을 의미한다.

그로스 해커라는 용어를 처음 만든 사람 중 한 명인 패트릭 블라스코비츠Patrick Vlaskovits는 이것을 다음과 같이 잘 정리했다. "여러분 제품이 혁신적일수록 고객에게 다가갈 수 있는 새롭고 독창적인 방법을 찾아야 할 가능성이 높아진다."[72]

예를 들어 보자.

1. 메일박스가 한 것처럼 초대를 통한 가입만 허용하는 기능은 독점적으로 소유한다는 분위기를 조성할 수 있다.
2. 가짜 프로필을 수백 개 만들어서 서비스를 실제보다 더 유명하고 활성화된 것처럼 보이게 만들 수 있다. 초창기에 레딧이 한 것처럼 사람들을 끌어모으는 데 이만한 것이 없다.
3. 하나의 서비스나 플랫폼을 선택해서 거기에만 독점적으로 서비스를 제공할 수 있다. 이렇게 함으로써 상대방 성장세에 올라타거나 심지어 그 성장세를 자기 것으로 가져오는 것도 가능하다(페이팔paypal이 이베이를 이용해서 취한 전략처럼).
4. 소수 사람을 대상으로 제품을 출시한 후 제품이 바이러스처럼 알아서 퍼질 때까지 여기저기 다른 집단으로 옮겨 다니는 것을 시도할 수 있다(이는 페이스북 성장 방식으로, 페이스북은 하버드Harvard대학교에서 먼저 시

작한 후 대학교를 옮겨 다니면서 성장했다).

5. 마이스페이스Myspace[73], 옐프Yelp[74], 유데미Udemy[75]가 한 것처럼 멋진 이벤트를 개최해서 초기 사용자들을 서비스 체계 안으로 하나하나 끌어들이는 방법도 가능하다.

6. 여러분 제품이 모든 사람이 갈망할 정도로 완전히 새로운 기능을 제공한다면 앱스토어에서 절대적인 우위를 점할 수도 있다(인스타그램은 출시 첫날 2만 5000건 내려받았으며, 스냅챗도 그랬다).

7. 영향력 있는 자문가나 투자자를 영입하여 돈보다는 그들의 잠재 고객과 명성을 확보할 수도 있다(어바웃미About.me[76]와 트리피Trippy[77]가 한 방법으로 이후 많은 스타트업에서 따라 했다).

8. 전자상거래 서비스를 하고 있다면 특별한 서브 도메인을 설정하여 사용자가 구매하는 모든 금액의 일부를 사용자가 선택한 자선 단체에 기부할 수도 있다. (아마존이 올해 https://www.amazon.com에서 실행한 방법으로, 크게 성공했다. 이미 성공한 대기업이라도 작은 그로스 해킹들을 시도해 볼 수 있음을 시사하는 대표적인 사례이기도 하다).

9. 고객 이름을 따서 가족 계획 클리닉 이름을 짓는다든가, SNS상에서 유명세를 얻은 인기인들에게 자신을 모

욕하는 말을 하도록 하여 책을 홍보하는 등 할 수 있는 모든 종류의 홍보를 할 수 있다(이것은 내가 사용한 꼼수다).[78]

이런 모든 종류의 활동은 매우 확고한 목표 아래에서 구체적인 사고방식으로 수행된다. 우리는 단순히 '소문을 퍼뜨리는 것'만 바라지 않는다. 타임스퀘어 Times Square[79]에 광고판을 내걸고 6개월 내 누군가 상점에서 우리 제품을 발견하고 구매하기를 바라는 것이 아니다. 지금 새로운 사용자 등록과 고객을 확보하는 데 집중하고 있다.

사람들이 여러분 제품을 어떻게 알고 있는지, 어떻게 찾았는지는 중요하지 않다. 얼마나 많은 사람이 가입하는지가 중요하다. 전단지를 길에서 나누어 주는 것으로 이 목표에 도달할 수 있다면 그것이 바로 그로스 해킹이다.

앞서 말한 각각의 전략은 트로이 목마처럼 그 나름의 사용법이 있다. 마케팅이라고는 생각되지 않는 것들을 하나씩 해보면서 회사는 잠재적인 사용자에게 다가갈 수 있고, 그다음에는 이것으로 그들을 소비자, 고객, 가입자로 전환시킬 수 있다. 그렇다면 여러분의 트로이 목마는 무엇이 될 것인가?

기술적으로 들어가 보자

영화 마케팅 패러다임에 따르면 막대한 비용을 들여 시사회를 연 후 개봉 첫 주말에 티켓 판매로 이어지기를 기대한다. 하지만 그로스 해커는 "지금은 21세기야. 우리가 어떻게 새로운 고객을 끌어들이고 사로잡았는지 훨씬 더 기술적으로 측정할 수 있단 말이야."라고 말한다.

실제로 스타트업 세계는 초기 사용자 집단을 제품 구매로 전환하는 똑똑한 그로스 해킹을 실행하는 회사로 가득 차 있다. 어떻든 고객을 확보해야 한다는 절박한 상황이 스타트업들을 매우 창의적으로 움직이게 한다.

에어비앤비를 다시 살펴보자. 이 회사의 가장 효과적인 (훌륭한 제품을 만든 것은 일단 제쳐 놓고) 마케팅 전략은 전통적인 마케팅 팀에서는 결코 떠올릴 수 없던 방식이었다. 개발자들은 사용자들이 에어비앤비에 매물을 올리면 자동으로 크레이그리스트craigslist[80]에도 동시에 매물이 올라가도록 하는 기능을 만들었다(크레이그리스트는 이런 기능을 기술적으로 '제공'하지 않았기 때문에 이것은 대단히 기발한 해결책이었다). 그 결과 작은 웹 사이트에 불과하던 에어비앤비는 갑자기 세계에서 가장 유명한 웹 사이트 중 하나에 자신의 매물을 무료로 퍼뜨릴 수 있게 되었다.

앤드류 첸은 이 전략 세미나에서 다음과 같이 이야기했다.

솔직히 전통적인 마케터는 이런 식의 결합을 생각할 수조차 없었을 것이다. 이를 실행하려면 기술적인 사항을 너무 많이 고려해야 하기 때문이다. 이는 크레이그리스트에서 더 많은 사용자를 확보해야 하는 문제를 안고 있는 개발자 머릿속에서만 나올 수 있는 아이디어였다.[81]

저렴한 광고나 이메일만 활용하는 다이렉트 마케터[82] 역시 이런 해결책을 찾을 수 없었을 것이다. 이것은 완전히 다른 접근법이다. 이 사례의 반은 전략이고 반은 개발이다. 이 조합의 적절한 형태는 상황에 따라 다르겠지만 한 가지 공통점은 언제나 새로운 사고에서 비롯되며, 예산의 제약을 받지 않는다는 것이다.

오늘날 마케터에게 주어진 임무는 '브랜드 구축'이나 존재하고 있는 브랜드를 유지하는 것에 머물지 않는다. 오히려 충성도가 매우 높고 열정적인 사용자로 구성된 강력한 공동체를 조직하는 것이 훨씬 더 가치 있다. 어느 것이 더 추적하고 정의하기 용이하며, 성장시키기 수월한가? 어느 것이 현실적이고, 또 어느 것은 그저 아이디어일 뿐인가? 답을 찾으면 브랜드는 자연스럽게 뒤따라올 것이다.

그로스 해커 1세대 중 한 명인 패트릭 블라스코비츠와 함께 그로스 해커라는 용어를 만든 션 엘리스Sean Ellis는 이렇게 말했다. "소비자의 '인식awareness'에 신경 쓰는 전통적인 방식에서 벗어나 소비자를 확보하는 것에 집중하라. 어느 정도 규모가 되면 인식이나 브랜드 구축은 의미가 있지만 처음 1~2년 동안은 이건 완전히 쓸데없는 돈 낭비일 뿐이다."[83]

전통적인 마케팅 모델에서 가장 교묘한 부분은 '대규모 출시 행사'라는 신화다. 여기에 더해 많은 사람이 웹 서비스에 갖고 있는 "만들면 올 거야."라는 가정 역시 너무 매혹적이다. 하지만 실제로 이 두 가지 모두 너무 단순하고 효과도 거의 없다.

애론 슈와츠가 깨달은 것을 되새겨 보자. 사용자는 저절로 찾아오는 존재가 아니라 직접 데려와야 하는 존재다. 좋은 아이디어만으로는 충분하지 않다. 여러분 고객을 '확보해야만' 하는 것이다. 무차별적인 융단 폭격 같은 방식은 적합하지 않다. 그 대신 적재적소에서 딱 맞는 사람들을 겨냥한 타깃 마케팅을 해야만 한다.

여러분의 스타트업에는 이미 그로스 엔진이 탑재되어 있다. 중요한 것은 어느 시점에 그 엔진에 시동을 걸어야 하느냐다. 다행히도 이 시동은 딱 한 번만 걸면 된다. 다음 단계는 더 많은 관심을 얻거나 홍보를 하는 것이 목표가 아니기 때문이다. 전통적인 마케팅처럼 반복되는 홍보 사이클은 우리가 추구하는 바가 아니다. 우리 진짜 목표는 최초의 고객을 끌어들이는 순간부터 그들을 충성스러운 고객 집단으로 전환시키는 것이기 때문이다.

memo

STEP

3

GROWTH HACKING

GROWTH HACKING

1을 2로 만들고, 2를 4로 만드는 입소문 효과

입소문은 운이 아니다. 마술도 아니다. 랜덤은 더더욱 아니다.
사람들이 어떤 것을 말하고 공유하는 이면에는 과학이 있다.
심지어 레시피와 공식도 있다.

조나 버거 JONAH BERGER

수많은 미팅 자리에서 고객들에게 이런 부탁을 받고는 한다. "입소문을 내서 온라인에서 사람들이 우리 제품을 공유하게 만들고 싶어요."

모든 사람이 이것을 원한다. 마치 입소문viral을 내는 것이 단순히 요청만 하면 이룰 수 있는 일인 양 쉽게 말하고는 한다. 나는 고객이 이런 말을 할 때마다 늘 움찔한다.

이런 요청에 그로스 해커라면 이렇게 되물을 것이다. "고객이 왜 그래야 하나요? 실제로 제품을 고객이 쉽게 퍼뜨릴 수 있도록 만들었나요? 정말 누군가에게 이야기할 만한 가치가 제품에 있나요?"

놀라울 정도로 많은 사람이 이 질문에 선뜻 대답하지 못한다. 그들은 '입소문을 내는 것going viral'이 마법처럼 어느 제품에서든지 일어날 수 있는 현상으로 착각한다. 하지만 입소문 효과virality는 결코 우연히 생기는 것이 아니다.

겉으로 보기에는 우연처럼 보이지만 사실은 그렇지 않다. 브루클린Brooklyn의 작은 의류 회사에서 시작된 홀스티 선언Holstee Manifesto을 예로 들어 보자. 홀스티 선언은 '자신의 꿈을 따르고 자신의 열정에 충실한 삶을 살라'는 메시지를 담은 자기 고양적 선언문이었다. 자기 홍보를 넘어선 이 짧은 영상은 6000만 회 이상 조회되었고, 여러 언어로 번역되었다.

그렇다면 이 선언문을 만든 사람들은 단순히 입소문을 타서 수많은 새로운 고객에게 회사를 알릴 수 있기를 기대했을까? 당연히 아니다. 하지만 이 영상은 영감을 주었고 감동적이었고 특정 고객을 겨냥했으며, 무엇보다 간결했기 때문에 다른 회사들이 매일 수십 개씩 쏟아 내는 따분하고 별 의미 없는 다른 선언문들보다 훨씬 더 큰 기회를 만들어 낼 수 있었다.

특정 유형의 제품이나 비즈니스, 콘텐츠만 입소문으로 확산된다. 이런 콘텐츠는 퍼뜨릴 만한 가치가 있어야 할 뿐만 아니라 사람들에게 스스로 이를 퍼뜨리고 싶다는 욕구를 불러 일으켜야 한다. 이런 조건을 갖추기 전까지는 또는 고객이 진정으로 놀랄 만한 제품을 만들기 전까지는 절대로 입소문 효과가 일어나지 않는다.

입소문 핵심은 누군가가 자신의 사회적 자산을 이용하여 여러분을 무료로 추천하거나 링크를 걸거나 글을 게시하도록 만드는 것이다. 이를테면 여러분은 이렇게 말하게 될 것이다. "페이스북에 저에 대한 글을 올려 주세요. 제가 만든 영상을 친구들에게 말해 주세요. 이 서비스를 이용하여 보라고 여러분 연락처에 있는 사람들을 초대해 주세요." 이런 엄청난 호의를 부탁하면서도 그것이 호의로 보이지 않게 하는 것이 가장 중요하다. 그러려면 제품이나 콘텐츠가 충분히 퍼뜨릴 만한 가치가 있고, 더 나아가서 공유 자체를 돕는 것들로 만들어야 한다.

그로스 해커의 접근 방법에서 입소문 확산이 중요한 이유는 두말할 필요도 없다. 모든 잠재 고객에게 돈을 쓰지 않겠다고(유료 광고나 홍보 등) 결심한 순간, 다른 방식으로 고객에게 다가가야 한다는 점을 받아들인 것이다. 즉, 사용자가 스스로 소문을 퍼뜨리는 데 더 많이 의존해야 한다는 의미다.

중요한 차이점은 그로스 해커는 이런 과정을 결코 운에 맡기지 않는다는 점이다. 홀스티의 사례처럼 막연히 기다렸다가 뜻밖의 행운을 기대하는 방식은 통하지 않는다는 것을 안다. 입소문은 저절로 생겨나지 않는다. 제품이 본질적으로 공유할 만한 가치가 있어야 하고, 무엇보다 소문을 퍼뜨릴 수 있게 돕는 도구와 캠페인을 함께 설계해야 한다. 그래야만 여러분이 원하는 확산을 촉진시키고 손쉽게 이끌어 낼 수 있다.

가장 단순하지만 직접적인 사례로 그루폰Groupon이나 리빙소셜LivingSocial[84] 같은 데일리 딜의 선구자들을 들 수 있다. 이 웹 사이트에서 하는 각각의 할인 판매(서비스가 출시되었을 당시에는 현재보다 훨씬 더 인기가 있었다)에는 추가적인 혜택이 뒤따른다. 그루폰은 '친구에게 추천(Refer a friend)'을 한 상태에서 친구가 첫 구매를 하면 10달러를 받았다. 리빙소셜은 '무료로 물건 받기(Get this deal for free)' 딜을 제시했는데 제품을 구매한 후 친구들에게 특별 링크를 공유하여 그 링크를 통해 친구 세 명이 구매하면 자신이 구매한 제품은 무료로 살 수 있었다. 가격에 상관없이 말이다.

공유를 권장하기만 해서는 안 되며, 공유하도록 만드는 강력한 동기를 만들어야만 한다는 점을 명확하게 인지해야 한다. 여러분 제품이 그렇지 않다면 대체 누가 그것을 공유하겠는가? 반면에 제대로 동기를 만들기만 하면 사람들은 그 제품을 앞장서서 광고할 것이다. 그리고 그렇게 해서 자신이 이득을 얻고 있다고 느낄 것이다!

이 자리에서 내가 가장 좋아하는 이야기인 '동기 부여' 내용을 여러분과 공유하고 싶다. 음악가들이 스포티파이 Spotify[85], 아이튠즈iTunes, 아마존에 자신의 음악을 올리는 것을 도와주는 디스트로키드DistroKid라는 서비스가 있다. 이 서비스는 사용자가 친구 다섯 명을 추천하면 무료로 서비스를 이용할 수 있는 기능을 만들어서 적용했다.

그런데 일부 사용자가 무료 이용권을 받고자 가짜 계정을 다섯 개 만드는 등 부정행위를 하는 것이 드러났다. 이 때문에 해당 기능을 없애거나 더 엄격한 기준을 적용했을 것이라고 생각했겠지만 그렇지 않았다. 실제로 창립자는 최근 한 가게에서 물건을 훔친 여자를 위해 생필품을 대신 사 준 경찰관 이야기에서 힌트를 얻어 장학금 제도를 만들어 이에 대응했다. 추천 가입 시스템을 부당하게 이용한 것이 발각되면 시스템은 '돈을 지불하거나 아니면 서비스 차원에서 제공하는 무료 사용권을 받는[86]' 두 가지 옵션을 제시한다.

얼마나 멋진가? 이 정책으로 회사는 온갖 종류의 관심을 받는 엄청난 홍보를 한 셈이 되었다. 계속해서 추천 프로그램을 유지했을 뿐만 아니라 원래는 불성실하고 부적절하게 혜택을 이용하려던 사용자들을 세상에 둘도 없는 열정적인 전도사로 바꾸어 버렸다.

이런 접근 방식이 블로그 게시물 아래에 '페이스북에서

좋아요 누르기' 또는 '트위터에 게시하기' 링크를 붙여 놓고 갑자기 게시물이 확산되기를 기대하는 것과 얼마나 확연하게 다른지 알 수 있기를 바란다. 그루폰, 리빙소셜, 디스트로키드의 모든 거래 자체가 광고이기 때문에 얼마나 많은 광고비를 절약할 수 있었을지 생각해 보라. 그들은 기존 사용자에게 비용을 지불하여 광고를 대신하도록 만들었을 뿐만 아니라 신규 사용자에게도 같은 일을 하도록 권장하고 있다.

선전

입소문 효과 연구로 잘 알려진 사회 과학자인 조나 버거Jonah Berger는 무언가가 확산되는 데 가장 핵심적인 요소가 공공성publicness[87]이라고 했다. 그는 〈컨테이저스 전략적 입소문 Contagious〉(문학동네, 2013)에서 "눈에 띄게 만들면 따라 하기 쉬워지고, 그만큼 대중화될 가능성이 높아진다. (생략) 우리는 이미 제품을 구입했거나 제품의 아이디어를 지지한 고객들이 이후에도 계속 머물며, 그 존재 자체만으로도 광고가 되는 제품과 동기 유발 요인을 디자인해야 한다."[88]라고 말한다.

이것이 바로 많은 스타트업이 대형 플랫폼과 정교하게 결합하여 현재의 거대한 사용자 기반을 확보할 수 있었던 이유다.

페이스북 사용자는 평균적으로 페이스북 친구가 150명

이상 있다. 따라서 트위터에 올린 글을 페이스북에 동시에 올리거나, 인스타그램에 올린 사진이 자동으로 페이스북에 올라가면 엄청나게 강력한 효과를 발휘하고는 한다.

2011년 미국에서 출시된 음악 스트리밍 서비스인 스포티파이가 페이스북과 결합하여 막대한 성장을 하고 확산된 것은 의심할 여지가 없는 사실이다. 우리 중 얼마나 많은 사람이 친구들이 이 음악 서비스를 이용하는 것을 보고 "나도 한번 써 볼까?"라고 생각했을까?

사실 스포티파이는 페이스북과 스포티파이 양쪽에 모두 투자한 션 파커라는 비밀 병기를 갖고 있었기에 이런 파격적인 계약을 맺을 수 있었지만, 대부분은 이런 영향력이 없다. 그렇다고 해서 우리가 제품을 널리 알리거나 무료로 광고할 수 있는 방법이 없다는 의미는 아니다. 우리는 다른 사람들의 네트워크를 이용할 수 있다.

예를 들어 드롭박스는 고객이 드롭박스 계정을 페이스북이나 트위터 계정에 연결하면 150메가바이트 용량을 보너스로 제공했다.

앞서 초창기에 그로스 해킹을 시도한 사례로 살펴보았던 핫메일을 생각해 보자. 핫메일은 사용자가 보내는 모든 이메일을 새로운 고객을 확보하는 판촉 홍보물로 사용했다. 애플Apple과 블랙베리BlackBerry는 "아이폰에서 보낸 메시지입니다

(Sent from my iPhone)." 또는 "블랙베리에서 보낸 메시지입니다(Sent from my BlackBerry)."라는 문구를 자사의 핸드폰에서 보내는 모든 이메일에 추가함으로써 기기 자체를 광고 엔진으로 전환시켜서 활용했다.

애플은 제품과 마케팅 전략을 공공성과 접목하는 데 특히 더 진보적이고 탁월했다. 우선 아이팟iPod을 출시하면서 그들이 내린 핵심적인 결정은 헤드폰을 검은색이 아니라 흰색으로 바꾼 것이다. 헤드폰을 살 때 그다지 중요하게 고려하지 않았던 심미적인 요소 하나 덕분에 애플은 이 헤드폰을 산 수많은 사람을 걸어 다니는 광고판으로 만들었다. 또 대부분 애플의 제품 포장 박스 안에 무엇이 들어 있는지 알고 있는가? 바로 애플 스티커다. 최근 수년간 애플이 이런 식으로 배포한 스티커는 어쩌면 현재 시점에서 수억 장일 수도 있다. 이 스티커 상당수는 현재 전 세계 벽이나 자동차 범퍼, 각종 기기(부끄러움을 느끼는 PC 사용자들의 기기도 포함해서) 등에 영구적으로 부착되어 있다.

이제 스타트업도 이 전례를 따른다. 이메일 수신함을 정리하는 서비스인 메일박스는 사용자 이메일 끝에 "메일박스에서 보냈습니다(Sent from Mailbox)."라는 문구를 추가한다. 올해 터보택스TurboTax로 세금 신고를 했을 때도 터보택스 서비스를 이용하여 세금을 환급받았다는 내용이 미리 적힌 트윗을 트위터에 올리기를 원하는지 물어보았다. 몇 달 전 Coinbase.com에서 처음으로 비트코인bitcoin을 구매했을 때도 정산 과정에서 "나는 방금 1비트코인을 코인베이스에서 구매했어요! https://coinbase.com"처럼 미리 준비된 메시지를 트윗할 것을 권유받았다. 이 메시지에 내가 비트코인을 산 가격을 추가하는 것은 기술적으로 어려워 보이지 않았는데, 그렇게 했다면 비트코인의 화폐 가치가 얼마나 오르고 있는지 광고하는 효과를 만들었을 것이다. 마지막으로 내 드롭캠Dropcam[89]은 카메라로 찍은 영상을 놀랍도록 쉽게 공유하는 기능을 제공하며, 적극적으로 공유하기를 제안한다. 이것을 감시 카메라로 이용하는 나 같은 소비자에게는 영상을 공유해서 얻을 수 있는 이점이 별로 없다고 생각할 수도 있다. 그러나 내가 집을 비운 어느 날 우리 집 닥스훈트가 늑대처럼 울부짖는 모습을 발견했을 때(지난 7년 동안 이런 행동을 단 한 번도 한 적 없었다), 이 영상을 바로 페이스북과 이메일에 공유한 것은 당연했다.

회사가 어떤 방식을 선택하든 모두 무료 브랜딩이며, 영향력이 엄청나다. (그에 반해 스냅챗은 본질적으로 사적이며 기록에 남지 않는 메시지를 주고받는 서비스이기 때문에 이에 반대되는 흥미로운 사례라고 생각한다. 이 서비스는 엄청나게 입소문이 났지만, 공개적이지는 않았다. 사실 이 서비스는 사적이고, 은밀하며, 일시적이기 때문에 더욱 멋진 것이다. 논란의 여지가 있는 그 특징이 바로 입소문을 불러일으키는 원동력이다.)

그로스 해커는 브랜드를 만드는 일이 가치 없다고 생각하는 것이 아니라 기존 마케터들이 신제품 발표에 돈을 쓰는 것과 같은 행동이 가치가 없다고 생각할 뿐이라는 점을 기억해라. 그로스 해커는 공중파 방송에 제품 광고를 하거나 유명인에게 돈을 주고 자신의 제품을 노출시켜 브랜드 인지도를 높이려고 하지 않는다. 그 대신에 그로스 해커는 무료로 획득할 수 있는 소셜 화폐를 확보할 수 있는 다양한 방법을 찾는다. 대중에게 제품 자체만 노출시키며, 작은 사용자 행동 수천 개를 통해 브랜드를 만드는 방법을 추구한다.

어쨌든 이런 방식이 더 의미 있는 것이 아닐까? 비싼 광고나 골프 토너먼트 스폰서를 이용하여 브랜드를 만드는 것이 아니라 소비자 이야기와 제품 그 자체로 브랜드를 쌓아가는 것 말이다.

입소문을 내는 그로스 해킹

드롭박스의 창립자들은 멋진 데모 동영상과 소셜미디어 전략으로 초기 사용자 집단을 끌어들인 이후에 선택의 기로에 섰다. 더 많은 영상과 더 많은 소셜미디어를 이용하여 똑같은 방법으로 지속적으로 성장을 시도해 볼 수도 있었고, 전형적인 마케팅 교훈을 따라 광고를 하여 브랜드를 강화할 수도 있었다. 그들은 후자를 선택했는데, 그 결과 유료 구독자 한 명을 유치할 때마다 233~388달러 정도의 광고비가 든다는 사실을 알게 되었다.[90] 드롭박스 팀은 그로스 엔진을 찾으려고 14개월 이상 사투를 거친 끝에 이른바 '깨달음'을 얻었다. 유명한 그로스 해커인 션 엘리스와 나눈 대화에서 얻은 아이디어를 토대로 드롭박스는 스타트업 세계에서 가장 효과적이면서 입소문 효과가 강한 추천 프로그램을 하나 만들었다.

그것은 아주 단순한 아이디어였다. 서비스의 첫 페이지에 "무료 공간을 받으세요(Get free space)."라는 작은 버튼 하나를 배치한 것이다. 사용자가 친구를 초대하고, 그 친구가 가입할 때마다 500메가바이트의 용량을 사용자에게 무료로 제공한다는 제안이었다. 이 기능을 도입하자마자 가입자가 대략 60% 증가했으며, 이 상태가 몇 개월간 지속되었다. 그 결과 직접 초대가 한 달에 무려 280만 건 발생했으니 더 이상 설명이 필요 없을 정도였다.

추천 가입 외에 다른 대안은 신규 고객 한 명을 확보할 때마다 광고비를 400달러 정도 지출하는 것이었다. 여러분이나 나나 학교에서 수학이나 컴퓨터 과학을 배우지는 않았지만 간단한 계산은 할 수 있다. 추천 가입과 유료 광고를 비교하는 것은 명백한 A/B 테스트이며, 당연히 추천 가입이 우위다. 실제로 오늘날 드롭박스 고객의 약 35%는 추천으로 가입하고 있다.

지금까지 이야기는 우리가 너무 자주 부정하려고 하는 간단한 진실을 말하려고 한 것이다. 입소문을 내고 싶다면 이것은 여러분 제품 자체에서 나와야 하며, 고객들이 이를 공유할 이유와 수단이 있어야 한다.

쉽지 않은 일이지만, 이런 식으로 세상을 보기 시작하면 기회를 잡을 수 있다. 원하는 것이 무엇이든 유튜브 영상 하나를 뚝딱 만들어 올렸다고 해서 조회 수를 1000만 번 이상 기대할 수는 없다는 사실을 곧 깨달을 것이다. 커뮤니티에서 이 영상을 보고 주위에 자발적으로 퍼뜨릴 만한 이유가 있어야 한다. 사용자가 여러분 제품의 열렬한 전도사가 되기를 바라기만 할 것이 아니라 그들이 그렇게 행동하도록 만드는 동기와 플랫폼을 제공해야 한다.

입소문 확산은 우연히 생겨나는 것이 아니라, 정교하게 설계된 결과다.

하지만 이런 입소문을 낳는 요소를 손쉽게 만들어 저절로 작동하리라고 기대해서는 안 된다. 여러분의 그로스 엔진을 꾸준히 가동하고 계속 진화시켜라. 가능한 모든 분석을 깊이 있게 파고들어 최대 결과를 얻을 때까지 끊임없이 개선해야 한다.

STEP

GROWTH HACKING

GROWTH HACKING

그로스 해킹 절차의 마무리: 유지와 최적화

여러분이 지금껏 들어 왔던 모든 것을 내려놓고,
그동안 쌓아 둔 것을 정리한 후 과학자처럼 사실에 근거한 연구를
수행할 수 있는 객관성을 갖추어야 한다.

스티브 워즈니악 STEVE WOZNIAK

그로스 해킹 절차가 예전에는 마케터 영역 밖으로 여기던 것(제품 개발)에서 시작했다면, 그 마무리 역시 다른 영역으로 결론이 나는 것은 당연한 일이라고 생각한다.

패션과 출판 산업에서 배운 경험에 비추어 볼 때 전통적으로 마케터가 하는 일은 잠재적인 고객을 유치하는 것이다. 그 잠재 고객을 어떻게 활용할지 고민하는 것은 다른 사람 몫이었다.

하지만 이것이 더 이상 의미가 있는 이야기일까?

우선 작은 회사에는 다른 사람 자체가 없다. 잠재적인 고

객을 데려오는 것만이 아니라 평생 고객으로 만드는 것도 여러분이 해야 할 일이다. 사실 충성도와 만족도가 높은 사용자는 그 자체로 마케팅 수단이 될 수 있다.

밑 빠진 독에 물을 붓는 것처럼 마케팅 채널로 확보한 신규 고객의 상당량이 다 빠져나가 버린다면 마케팅이 무슨 소용이 있을까? 미디어와 마케팅을 통해 제품에 좋은 인식을 만들었는데, 사람들이 그 제품을 사용해 보는 순간 그것이 과대광고였다는 것을 알아차린다면 그 인식이 무슨 소용일까?

마케팅은 더 이상 단순히 사람들을 어떤 문 앞이나 웹 사이트로 계속 보내는 일이 될 필요가 없다. 오늘날 우리는 분석 기법을 활용하여 마케팅으로 유입된 신규 사용자가 실제로 고객으로 남아 있는지 명확하게 파악할 수 있다. 이것을 '전환율 conversion rate'이라고 한다. 이 개념이 무엇인지 제대로 이해하고 반드시 활용하라!

초창기 트위터도 같은 문제를 겪었다. 트위터의 마케팅 팀은 현명하게도 최고 마케팅 활동이 더 많은 고객을 끌어들이는 것과는 상관없다는 사실을 알아차렸다. 그들은 광고를 구매하고, 이메일을 보내고, 더 많은 보도 기사를 내보내면서 마케팅 활동을 할 수 있었지만, 이 활동은 그들에게 필요하지 않았다. 그들에게 필요한 것은 신규 가입자들이 계속해서 서비스를 이용하고 사용자로 남아 주는 것이었다.

트위터는 각종 매체와 온라인에서 많은 화제를 불러일으켰기 때문에 신규 사용자들이 줄지어 트위터에 가입했다. 하지만 그들 대부분은 계정만 만들고 실제로는 전혀 사용하지 않았다. 그즈음 조시 엘먼Josh Elman이라는 그로스 해커가 등장했다. 엘먼과 그로스 해커 25명으로 구성된 팀은 수많은 통계를 분석하여 사용자가 가입한 첫날에 직접 '팔로우follow'나 '친구'를 5~10개 정도 골라 선택했을 때 계속 이용할 가능성이 높다는 것을 발견했다.

엘먼은 내게 이렇게 설명했다.

회사에 처음 입사했을 당시, 신규 가입자의 추천 사용자 목록에는 무작위로 선정된 20명이 기본 팔로우 대상자로 설정되어 있었다. 우리 팀은 이 데이터 인사이트를 바탕으로 신규 사용자 흐름을 재설정하여 사람들이 처음에 약 10명을 팔로우하도록 장려했고, 다양한 선택지를 제공하면서도 기본값은 설정하지 않았다. 이어 웹 사이트의 사이드바에 신규 사용자를 계속 팔로우하도록 제안하는 기능을 추가로 만들었다. 이 두 가지 변화는 사람들이 더 많은 사용자를 팔로우하도록 도왔을 뿐만 아니라, 팔로우가 곧 트위터를 제대로 활용하는 핵심 방법이라는 것을 이해하도록 만들었다. 시간이 흐르면서 더 많은 사용자가 이 흐름을 따랐고, 그 결과 트위터를 지속적으로 사용하는 비율 역시 점점 높아졌다.[91]

이런 혁신은 트위터뿐만 아니라 다른 소셜네트워크 서비스에서도 사용자 수백만 명을 만족시키고 있다. 예를 들어 디자인에 영감을 주는 유명한 커뮤니티인 핀터레스트는 신규 가입자에게 우수한 핀터레스트 사용자들을 자동으로 팔로우하도록 설정되어 있다. 따라서 신규 가입자는 처음부터 뛰어나고 매력적인 콘텐츠를 볼 수 있는 가능성이 높아진다.[92] 또 사용자들이 무엇을 해야 할지 스스로 알아내기를 바라는 대신 시작할 수 있는 좋은 출발점을 제시한다.

이것이 무슨 마케팅이냐고? 이것이 마케팅이 아니라는 것은 나도 잘 안다. 문자 그대로 제품, 기능 개발을 위한 의사 결정이다. 하지만 더 나은 신규 사용자 유입률을 만들었고 더 많은 사용자가 참여하게 한다면 마케팅에 해당한다(입소문 요소가 있다면 더 많은 사용자가 이용할수록 더 많이 퍼진다는 것을 기억하자). 이런 움직임은 트위터를 성장시켰고, 핀터레스트도 성장시켰다. 그렇다면 이런 일들을 누가 훌륭한 마케팅이 아니라고 주장할 수 있겠는가?

이제 모든 회사는 이에 대한 고유의 지표와 정의를 갖게 될 것이다. 페이스북의 그로스 해커들은 가입하고 나서 10일 이내에 친구 7명을 추가한 사용자가 가장 참여도가 높고 활동적이라는 사실을 발견하고 이를 유도하는 이벤트와 캠페인을 설계했다. 징가는 모든 활동이 D1인 사용자, 즉 신규 가입하고 나서 하루가 지난 후 재방문하는 사용자 중심으로 된다. 드롭박스에서는 계정을 생성하기만 한 것이 아니라 최소한 하나의 파일을 드롭박스 폴더에 옮겨 놓는 것을 목표로 삼았다.[93]

지표는 여러분이 이루고자 하는 것이 무엇이냐에 따라 다소 상대적일 수 있다는 것을 명심하자. 성장을 하는 데 가장 중요한 지표가 무엇인지 파악하고 거기에 집중해야 한다. 다른 사람이 한 말을 듣거나 여러분 자신이 독단적으로 판단하지 말라.

그렇게 하지 않은 대표적인 사례가 그루폰이다. 미디어 역사상 가장 빠르게 성장한 회사 중 하나로 선정된 후 그들은 성장에만 사로잡힌 것처럼 보였다. 성장이 가장 중요해서가 아니라 가장 단순한 기준이었기 때문이다.

그로스 해커는 이런 지표를 '허영 지표 vanity metrics'라고 한다. 예를 들어 디즈니랜드가 매일 유원지를 방문한 사람 숫자로만 스스로를 평가한다면 어떻게 될까? 그들은 곧 갈 길을 잃고 방황할 것이다. 유원지 내부에서 경험이 무시될 뿐만 아니라 '총 방문자 수'처럼 단순한 숫자는 할인, 판촉 활동, 기타 이벤트 등에 너무나 쉽게 영향을 받기 때문이다. 유원지 방문자 수가 증가하는 것은 좋지만, 다른 문제들을 제대로 보지 못할 수 있다. 중요한 것은 만족하는 고객들이다.

그루폰은 표면적으로는 인상적인 통계치를 보여 주었지만 실제로 고객들은 그들 제품에 점점 더 피로감을 느끼고 있었다. 그루폰이 고객 경험을 좀 더 총체적으로 체크했더라면 이런 성장이 엄청난 대가를 치르고 있음을 알았을 것이다. 그들은 핵심 사용자를 소외시켰고, 신규 사용자가 유입되는 동안 기존 사용자는 서비스를 떠나고 있었다. 이것을 이탈churn이라고 한다.

한편 에어비앤비는 처음에 많은 그로스 해커가 불안해 하던 고가의 프로그램에 대대적으로 투자했다. 2011년 에어비앤비는 웹 사이트의 미적인 매력을 개선하고, 고급 고객들을 끌어들이려고 숙소[94]를 등록할 때 필요한 숙소 사진 촬영 서비스를 무료로 제공하기 시작했다. 에어비앤비에 숙소를 등록하면 전문 사진작가가 방문하여 정말 멋진 집으로 보이도록 근사한 사진을 찍어 주었던 것이다. 왜 그랬을까? 에어비앤비는 다음과 같이 대답했다. "숙소 등록 과정에서 가장 어려운 부분은 공간의 모습과 분위기를 제대로 전달할 수 있도록 적절한 조명 아래 선명하고 잘 정돈된 사진을 찍는 것입니다. 그래서 우리는 바로 그 과정을 더 쉽게 만들어 주고자 했습니다."[95]

이 접근 방법은 일반적이지 않았지만, 수많은 그로스 해킹 목표들을 달성하는 데 도움이 되었다. 전환율을 높였고,

숙소 단가를 높였고, 사용자에게 더 나은 숙소 이용 방법을 알려 주고, 긍정적으로 숙소를 홍보하는 효과도 얻었다. 현재 거의 모든 대륙에 있는 에어비앤비 숙소 수만 개를 프리랜서 사진작가 팀이 검증하고 개선한다.

당시에는 이것이 마케팅적인 의사 결정처럼 보이지 않았을 것이다. 이 아이디어를 제안한 사람은 어쩌면 웹 사이트를 더 낫게 개선하는 방법을 생각했을 뿐인지도 모른다(또는 그들이 언급했듯이 어려운 절차를 좀 더 쉽게 만들고자 했던 것인지도). 물론 비용이 들기는 했지만 옥외 광고 게시판을 설치하는 것보다 훨씬 더 나은 선택이었으며, 그 이점은 앞으로도 계속 지속될 것이다. 이런 종류의 사고방식이야말로 바로 최고의 성장이다. 어떤 비즈니스를 하든 여러분이 하는 일에 이런 사고방식을 적용해 볼 수 있고 그것으로 성장도 할 수 있다.

항상 성능 개선하기

결국 우리 모두의 목표는 사업을 성장시키는 것이다. 그로스 해커들이 탁월하게 해낸 것은 새로운 고객을 일일이 쫓아다니지 않고도 사업을 성장시키고 확장할 수 있는 능력을 확보한 점이다. 시간이 지날수록 이런 방식은 훨씬 더 쉬워지고 비용도 줄어들지 않을까? 새로운 고객을 찾으려고 끊임없이 노력하는 대신 내부적으로 최적화를 해 보는 것은 어떨까? 이 두 가지 활동의 목적은 똑같다. 더 나은 고객을 확보하고, 더 많은 이익을 창출하는 것이다.

아론 긴이 내게 말하기를 최고의 그로스 해커라고 해도 '안 팔릴 제품을 성장시키는 것'은 불가능하다고 했다.[96] 제품 시장 적합성을 확보했다고 해서 여러분 아이디어에 전혀 결함이 없거나 조정하고 개선할 여지가 없다는 것은 아니다.

메일박스의 개발 리더를 맡고 있는 션 뷰솔레일Sean Beausoleil은 리드라이트ReadWrite와 인터뷰에서 좀 더 직설적으로 말했다. "현재 어떤 상태에 있든지 더 나아질 수 있다."[97] 그로스 해커는 이 사실을 잘 알고 있고, 이는 그들이 끊임없이 새로운 반복 작업을 시도하는 이유이기도 하다.

페이스북과 큐오라에서 그로스 해킹 경험이 있는 앤디 존스Andy Johns가 트위터에서 만든 간단한 그로스 해킹 사례를 하나 더 보자.[98] 그의 팀은 트위터가 고객들에게 이메일을 보낼 때 사용하는 구식 시스템 성능이 매우 나빠 종종 전체 고객에게 이메일을 한 번 보낼 때마다 3일 정도 걸리는 것을 발견했다. 이 때문에 트위터는 고객들에게 보통 한 달에 한 번 정도만 이메일을 보내야 했다. 그로스 해커 팀은 이 문제를 해결하려고 프로그래머를 투입했다. 그 결과 지금은 서비스 참여도와 사용자 추천을 높여 주는 다양한 알림(경고, 공지 등)을 자동화하여 제한 없이 발송할 수 있게 되었다. 이처럼 내부의 시스템과 절차를 개선하는 것만으로도 마케팅에 영향을 줄 수 있다.

어쩌면 여러분 웹 사이트 첫 페이지는 의도한 만큼 사용자를 끌어들이지 못하고 있을지도 모른다. 충분한 이메일 주소를 확보하지 못할 수도 있고, 쇼핑몰에서 장바구니까지는 갔지만 결제 직전에 많은 사용자가 이탈했을 수도 있다. 소셜미디어 담당 팀이 콘텐츠를 포스팅하는 데 시간이 너무 오래 걸리거나, 매장 진열대에 신상품이 전시되기까지 너무 오래 걸릴 수도 있다. 이 모든 것은 개선할 수 있는 문제다. 현실은 여러분 제품이 적어도 어느 한 가지 면에서는 반드시 개선의 여지가 있다는 것이다. 그로스 해커는 사용 가능한 모든 정보를 활용하여 그 문제가 어디에 있는지 파악하여 가능한 한 빨리 해결하려고 움직인다.

겉으로 보기에 이 개념은 논란의 여지가 없어 보이지만, 실제로는 그렇지 않다. 우리 모두 마이스페이스MySpace가 출시되었을 때 대단한 서비스였다는 것을 기억한다. 하지만 그 서비스는 더 이상 개선되지 않았다. 로그인하려면 여러 페이지를 거쳐야만 해서 악명이 높았는데, 이는 더 많은 광고를 노출하려는 욕심에서 비롯된 불편한 전략이었다. 그 결과 사용자가 이탈하기 시작했다. 그에 비해 페이스북은 끊임없이 완성도를 높이고 사용자 경험을 개선하면서 마이스페이스의 고객을 빼앗아 갔다. 마치 마이스페이스가 한때 프렌드스터Friendster에게서 고객을 빼앗아 왔던 것처럼 말이다. 마이스페이스처럼 되어서는 안 된다!

그로스 해커의 역할은 유입되는 트래픽을 성공적으로 전환시키려면 냉정하게 최적화하는 것이다. 에릭 리스는 〈린 스타트업〉(인사이트, 2012)에서 "고객 유지율을 높이는 데 집중해야 한다."라고 이야기했다. 회사 성장이 정체되었다면 영업과 마케팅에 더 많이 투자해야 한다는 통념은 잊어버려라. 그 대신 사용자가 서비스를 중단할 수 없을 정도로(그래서 그 친구들도 따라서 이용할 정도로) 서비스 자체를 개선하고 세밀하게 다듬는 데 집중해야만 한다.

이 사실은 마케터들에게 큰 위안이 된다. 나 역시 마찬가지다. 이는 마케터가 모든 일을 직접 다 해낼 필요가 없다는 것을 의미한다. 회사의 다른 부서와 서로 의지하고 협력하여 잠재 수요가 실제 구매로 이어지도록 만들면 된다.

내가 독베이케이DogVacay[99]라는 새로운 서비스에 가입했을 때 경험한 일이 좋은 예다. 놀랄 만한 수준의 기술이 아니더라도 이런 시도를 해 볼 수 있다는 것을 직접 체감했다. 독베이케이는 반려동물을 위한 에어비앤비로, 반려동물의 주인이 여행을 갈 때 자신의 반려동물을 동물 보호소에 맡기는 대신

돌보아 줄 수 있는 이웃이나 근처 동물 애호가를 찾아 맡길 수 있게 도와주는 서비스다.

여자 친구와 나는 어떤 블로그에서 독베이케이에 관한 글을 읽고 흥분해서 다음 날 바로 회원가입을 하고서는 까맣게 잊고 있었다. 그러던 중 3일쯤 지나 전혀 예상하지 못한 전화를 받았다. 독베이케이 팀에서 온 전화였는데 우리가 어떤 상황인지 궁금하고 자신들이 도울 수 있는 일이 있는지 확인하려고 연락을 준 것이었다. 전화를 건 직원은 서비스 사용법을 다시 한 번 설명해 주었고, 프로필 작성도 도와주었으며, 처음으로 강아지를 맡길 수 있는 사람까지 연결해 주었다. 물론 이 전략은 확실히 확장 가능한 방식은 아니다. 서비스 사용자가 100만 명이라면 한 명씩 일일이 전화를 걸 수 없을 테니 말이다. 하지만 최소한 내 경우에는 단순히 구경만 하던 사용자를 실제 사용자로 전환하는 데 성공했다. 그리고 이것은 다른 방법을 동원해서 확보해야 했을 신규 사용자가 한 명 줄었다는 의미이기도 하다(게다가 나는 이 특별한 고객 서비스 경험을 내가 아는 모든 사람에게 이야기했다).

비슷한 맥락에서 드롭박스의 기본 사용법을 쭉 둘러본 사용자에게 250메가바이트의 추가 용량을 제공해 주는 아이디어가 정말 마음에 든다. 이 아이디어는 회원들에게 서비스를 어떻게 이용하는지 알려 줄 뿐만 아니라 잠재적인 장벽을 뛰어넘을 수 있도록 동기를 부여해 준다. 마찬가지로 서비스에 대한 90글자 정도의 피드백을 보내면 125메가바이트 용량을 보너스로 제공해 주는 아이디어도 인상적이었다. (나는 625메가바이트의 무료 용량을 얻었는데 덕분에 만족스러운 사용자가 되어 친구들에게 더 많이 추천했을 뿐만 아니라 결국 이 서비스에 '안착'했다. 이는 불과 1년 전만 해도 마케팅이라고 생각해 본 적도 없는 일이었다.)

기존 마케팅 경력을 쌓아 오면서 광고 노출을 수백만 건 만들어 냈지만, 한 번도 전환된 사용자에 대해 추가로 무언가를 진행한 적이 없었다. 전환되지 않은 사용자들을 잠깐 생각해 보는 정도가 고작이었다. 나뿐만 아니라 마케팅 업계에 종사하는 많은 사람이 이미 만들어진 잠재 고객을 최대한 효과적으로 전환시키는 데 집중하기보다는 단순히 더 많은 성과 지표를 쌓는 데만 몰두해 왔다. 이런 잘못된 접근 방식으로 허비해 버린 시간과 노력을 생각하면 지금도 몸서리가 쳐진다.

유지와 최적화를 확장하기

물론 1차적으로 유입된 고객을 유지하고 그들 경험을 개선시키려고 잠재 고객에게 일일이 전화를 걸 필요는 없다.

사례를 하나 더 보자. 2011년인가 2012년 무렵, 나는 로스앤젤레스Los Angeles에서 우버의 초기 사용자로 초대를 받았다. 회원가입을 하기는 했지만 어떤 이유에서인지 실제로 우버를 이용해 본 적은 없었다. 전문 용어로 표현하자면 나는 서비스에서 '튕겨 나간bounced' 경우였다. 즉, 그 서비스를 알기는 하지만, 실제 사용자로 전환되지는 못한 상태였던 것이다.

1년 후 콘퍼런스에 참가하려고 해외로 출장을 갔을 때 주최 측에서 모든 연사에게 50달러짜리 우버 기프트 카드를 주었다(다른 말로 표현하면 입소문을 통한 추천 기능). 그곳에서 택시를 잡지 못해 결국 십여 개월 만에 처음으로 우버 앱에 로그인했고, 검은색 승용차를 호출했다. 나중에 안 일이지만 우버는 그 사이에 서비스가 엄청나게 향상되었다. 우버 이용은 매끄러우면서도 즐거웠다. 차에서 내리고 나서도 방금 운전한 기사님 평가를 요청하고 이메일로 쿠폰을 보내 주면서 지속적인 이용을 유도했다.

며칠 뒤 미국으로 돌아와 브루클린에서 발이 묶이자마자 가장 먼저 떠오른 생각은 "우버를 불러야겠다."였다. 나는 드디어 튕겨 나간 사용자에서 실제 사용자로 공식적으로 전환된 것이다.

이것이 바로 유지retention와 최적화optimization다. 바쁘고 별 관심 없는 사람에게 온라인 배너 광고를 노출시켜서 전환을 시도하기보다 훨씬 더 전환하기 쉬운 사람을 대상으로 마케팅하는 것이다.

우버가 새로운 고객을 확보하는 방법보다는 이미 가입한 고객들에게 매출을 극대화하는 방법을 더 많이 고민했다는 점도 중요하다고 생각한다. 규모를 키우는 성장 그 자체도 대단하지만 결국 우리는 사업을 운영하고 있다는 점을 명심하라. 우리는 숫자를 돈으로 바꾸고 싶어 한다.

지금까지 이야기한 것 중 마케터가 할 수 없는 일은 없다. 이제 이런 일들은 명확하게 마케터가 해야 할 일의 일부다. 모든 마케터는 이메일 목록과 고객 데이터베이스를 갖고 있다. 수년간 수많은 사람을 대상으로 마케팅을 펼쳤지만, 고객 문제가 아니라 우리 측 문제로 그들을 실제 사용자로 전환시키지 못했거나 최대한 활용하지 못한 고객이 많다. 물론 새로운 마케팅 계획을 세우는 것을 더 매력적으로 느낄 수도 있다. 아마 각종 매체에서 언급되고 주목받는 것이 더 재미있을 것이다. 하지만 사업적으로는 우리가 이미 갖고 있는 것을 유지하고 최적화하는 편이 더 낫다.

베인앤컴퍼니Bain & Company에 따르면 고객 유지율을 5% 상승시켰을 때 회사 수익성은 30% 증가할 수 있다고 한다. 마켓 메트릭스Market Metrics는 기존 구매 고객에게 상품을 판매할 확률은 60~70%이지만 신규 고객은 5~20%에 그친다고 발표했다.[100] 그로스 해커 TV의 브론슨 테일러Bronson Taylor는 이를

"유지율이 신규 고객 확보보다 중요하다(Retention trumps acquisition)."[101]는 한마디로 표현했다.

그로스 해킹은 투자 대비 수익률ROI을 극대화하는 것이다. 즉, 우리 에너지와 노력을 가장 효과적으로 쓸 수 있는 곳에 집중하는 것이다. 더 많은 잠재 고객을 찾겠다고 돌아다니기보다 고객 기반을 좀 더 활용하고 잠재 고객을 실제 고객으로 전환할 수 있는 새로운 기능을 도입하는 것이 더욱 효과적이다. 페이스북이나 아마존 같은 서비스처럼 사용자가 더 많은 개인 정보를 제공하게 하고, 더 많이 참여하도록 유도하는 것이 관심 없는 신규 고객을 쫓는 것보다 낫다.

이 논리가 익숙하게 들릴 것이다. 이 논리는 그로스 해킹 이전 아주 오래전부터 존재해 온 개념이다. 인간이 경험한 변치 않는 진리다. 기억하라. 손 안에 있는 새 한 마리가 숲속에 있는 두 마리보다 낫다.

GROWTH HACKING

나의 변화:
배운 것을 실행으로 옮기기

우리에게 마케팅 예산이나 엄청난 팬층이 없을 수도 있다. (중략)
(하지만) 우리는 사람들과 나눌 수 있는 책을 만들 수 있다.
대규모로 샘플링을 진행할 수도 있고,
독자들에게 배포 과정에 참여할 권한을 줄 수도 있다.
단순한 판매 거래를 넘어 아티스트와 팬 사이의 교류를 열 수도 있다.
그리고 이 과정에서 창의적인 방식으로 수익을 창출할 수도 있다.

: 매트 매이슨MATT MASON(최고 콘텐츠 담당자), 비토렌트BITTORENT :

그로스 해킹에 가진 내 관심은 경각심에서 시작되었다. 앤드류 첸의 기사를 읽은 후 내가 살고 있던 안락한 세계가 무너지는 느낌을 받았다. 내가 하는 일(사실상 모든 마케팅 임원이 하는 일)이 위협을 받고 있었다. 이 기사는 업계가 변화하고 있으며, 외부에서 온 사상가들과 기업가들이 내 분야를 침범하고 있다는 사실을 명확히 보여 주었고, 나는 이 상황을 면밀히 주시해야 할 필요성을 느꼈다.

나는 2012년 말이 되어서야 이런 깨달음을 얻게 되어 매우 다행이라고 느꼈다. 그 당시 나는 많은 스타트업과 비슷한 상황에 처해 있었기 때문이다. 내가 함께 일할 수 있어 영광이었던 베스트셀러 작가인 팀 페리스Tim Ferriss는 어느 날 갑자기 가장 효과적인 도서 마케팅 채널 중 상당수를 잃었다. 출간을 맡기로 한 아마존을 포함한 우리는 깜짝 놀랐다. 반스앤노블Barnes & Noble[102]에서 동네 서점까지 거의 모든 소매점이 팀의 세 번째 책인 〈나는 4시간만 일한다The 4-Hour Chef〉(다른상상, 2023) 및 아마존에서 출간하는 다른 책들을 취급하지 않기로 결정했기 때문이다. 우리는 해결 불가능해 보이는 과제에 직면한 셈이었다. 전통적인 모든 방법이 차단된 상태에서 책을 홍보해야 하는 상황이라니!(오, 게다가 이 모든 것을 준비할 수 있는 시간이 60일도 채 남지 않은 상황이었다.)

내 일은 그 책을 베스트셀러로 만드는 것이었다. 이것은 여러 의미에서 그동안 읽고 이해하는 정도에서 그쳤던 그로스 해킹에 대한 많은 것을 직접 실행해 볼 수 있는 완벽한 기회였다.

우리는 창의적이어야만 했다. 동시에 분석적이어야 했고, 기존 틀에서 벗어나 독창적으로 생각해야만 했다. 비교적 제한된 자원들을 매우 신중하게 활용해야 했기에 출간하는 책 자체를 스타트업으로 가정하고 그에 맞추어 그로스 해킹을 실행했다.

이 작업은 과거 방식과는 완전히 달랐다. 과거에는 〈뉴욕타임스〉에 서평 기사를 싣고, 반스앤노블이나 북스어밀리언 Books-A-Million[103]의 전면 가판대를 돈을 주고 산 후 성공하기를 기다렸다(물론 성공하지 못할 수도 있었다).

하지만 나는 새로운 사고방식을 받아들인 덕분에 침착할 수 있었다. 겉으로 보기에는 꽤 부정적인 상황이었지만, 결과적으로는 내가 지금까지 진행한 론칭 가운데 가장 성공적인 사례 중 하나가 되었다. 이 책은 출간되자마자 〈뉴욕타임스〉에서 〈USA 투데이〉까지 거의 모든 베스트셀러 목록에 올랐고 〈월스트리트저널〉에서는 1위를 차지했다. 전통적인 오프라인 매장에 입점하지 않았음에도 출간 첫 주에 6만 부 이상을 판매하며 엄청난 성공을 거두었다.

독서와 인터뷰를 통해 그로스 해킹의 잠재력을 이해하고 있었지만, 직접 실행하고 그 결과를 보는 것은 완전히 다른 경험이었다. 이제 우리가 했던 일들의 일부를 소개하고자 한다.

제품 시장 적합성(PMF)

〈나는 4시간만 일한다〉 저자인 팀은 누구에게도 매력적이지 않은 두껍고 평범한 책을 만들기보다 책의 각 챕터 자체만으로도 충분한 장점을 갖도록 구성했다. 특정 커뮤니티와 독자 그룹들에 딱 맞추어 집필함으로써 제품 시장 적합성을 한 단계 끌어올린 것이다. 그는 각 챕터 안에서도 독자들에게 즉각적인 가치를 전달할 수 있는 아주 작은 단위의 내용들을 담았다. 책을 집어 들고 무작위로 아무 페이지나 펼쳐도 그 페이지에서 무언가 값진 것을 독자가 얻을 수 있기를 바랐다.

심지어 팀은 편집 과정조차도 데이터를 기반으로 진행했다. 최종 원고는 약 600쪽 분량이었지만 초기 원고는 거의 800쪽에 가까웠다. 직감이 아니라 철저한 방법론을 토대로 버려야 할 내용들을 추려 냈다. 팀은 서베이몽키와 우푸 같은 도구를 활용해서 친구와 동료들에게 어떤 섹션이 가장 반응이 좋은지 물었다. 그리고 책의 표지와 부제도 계속해서 테스트했다. 잘라 내거나 추가해야 할 부분들은 초기 원고를 읽은 독자 의견을 토대로 결정했다.

그 결과 예비 독자에게 딱 맞는 완벽한 책을 만들었으며, 글 자체에 독자 의견이 반영되어 있었기에 우리는 이 책이 의도한 대로 퍼져 나가고 반응을 일으킬 것임을 확신했다. 제품과 시장이 완벽하게 일치한 것이다.

성장과 관심

우리는 책을 알리기 위해 TV나 라디오 같은 전통적인 매체에 의존하지 않는 대신 블로거들과 협력하는 전략을 택했다. 블로그는 효과를 빠르게 확인할 수 있고, 추적이 가능하기 때문이다. 먼저 우리에게 필요한 노출 대상의 유형을 파악한 후 다음 기준점을 세웠다. 월별 순방문자 수Unique Visitor[104]가 최소한 10만 명이 넘어야 했다. 컴피트Compete[105], 퀀트캐스트Quantcast[106], 알렉사Alexa[107] 등 도구를 사용하여 우리 기준에 맞는 웹 사이트를 쉽게 조사하고, 그들의 방문자 수와 노출 수를 교차 확인한 후 연락했다. 그리고 앞서 설명했듯이 제품 자체가 특정 사용자 집단과 관련이 깊고 그들을 대상으로 설계했기 때문에 블로거들은 이를 기꺼이 포스팅했다. 그도 그럴 것이 이런 제품에 대한 글은 결국 더 많은 페이지뷰와 그에 따른 광고 수익을 의미하기 때문이다.[108]

그 결과 우리는 대규모 온라인 미디어 노출을 확보했으며 라이프해커Lifehacker, 아트오브 맨리니스The Art of manliness, 애스크멘AskMen, 에픽밀타임Epic Meal Time 등 매체에서 책의 출간일에 맞추어 대대적으로 기사를 내보냈다. 이런 노출은 실제 판매로 이어졌으며, 제휴 링크를 통해 추적하여 확인할 수 있었다.

블로그는 전략의 한 부분일 뿐이었다. 우리는 여러 스타트업, 앱, 잠재 독자를 보유하고 있는 모두와 파트너십을 맺었다.

물론 이 책을 홍보하는 데 크게 도움이 된 것은 팀이 구축해 놓은 플랫폼이었다. 누군가 미리 시간을 들여 잠재 고객을 끌어들이고 확고하게 구축했다면 새로운 제품을 출시했을 때 고객 확보가 얼마나 쉬울지 생각해 보라. 팀은 지난

5년간 매주 블로그에 글을 쓰면서 그의 책을 살 법한 독자층을 탄탄하게 확보할 수 있었고, 이것은 우리에게 큰 자산이었다.

이것이 불공평하다고 생각하기 전에 스스로에게 물어보자. 무엇이 나만의 플랫폼을 만드는 데 방해가 되고 있는가? 수개월 혹은 수년 내에 여러분 사업을 시작할 계획이라면 지금 바로 여러분 플랫폼과 네트워크를 구축해야 한다. 팀이 그랬던 것처럼 여러분 제품 출시를 훨씬 더 쉽게 만들어 줄 것이다.

입소문 효과

입소문 효과는 출간 전략에서 가장 자랑스러워 하는 부분이다. 혁신의 필요성을 절감한 우리는 내 친구인 매트 메이슨 Matt Mason이 최근 입사한 비트토렌트BitTorrent[109]를 활용해 보자는 결론에 도달했다. 그 팀이 한 제안은 상당히 대담했다. 바로 비트토렌트의 1억 7000만 사용자에게 책 일부분을 엮어서 무료 콘텐츠로 제공하자는 것이었다.

우리는 250쪽 분량의 책 본문과 인터뷰, 부록, 동영상, 사진을 모두 합쳐 총 700메가바이트가 넘는 근사한 패키지를 만들었고, 누구나 무료로 내려받을 수 있도록 했다. 한마디로 "사기 전에 한번 체험해 보세요."라는 마케팅 메커니즘이었다. 그리고 구매를 유도하려고 아마존에서 40% 할인된 가격에 책을 구매할 수 있는 링크를 체험판에 걸어 두었다.

이 체험판 결과는 실로 놀라웠다.

- 내려받기 200만 번
- 페이지 방문 126만 1152번
- 아마존 구매 페이지 노출 88만 9번
- 팀 페리스의 웹 사이트 노출 32만 7555번
- 책 소개 영상 재생 29만 3936번

실제 판매 데이터를 공개할 수는 없지만 이 결과들은 결국 책 수천 권 판매로 이어졌다.

이 판촉 활동이 성공한 이유 중 하나는 읽을 만한 책을 발견하는 과정에서 중요한 문제를 해결했기 때문이다. 많은 책이 잘 홍보해 놓고도 끌어들인 잠재 고객들을 20달러라는 가격 장벽 때문에 놓치는 경우가 많다. 책이 입소문을 타는 것은 어려운 일이지만, 이 협업으로 상황이 바뀌었다. 사람들은 책을 미리 볼 수 있었고 친구들에게 무료 체험판을 내려받을 수 있는 링크를 퍼뜨렸다.

비트토렌트의 판촉 활동은 의심할 여지없이 이번 책 출시에서 가장 효과적인 부분이었다.

결국 팀은 더 많은 입소문을 내려고 이 기법을 다시 활용했다. 그는 실제로 다른 여러 보너스와 함께 〈나는 4시간만 일한다〉의 오디오북을 무료로 내려받을 수 있도록 비트토렌트에 올렸다.

오디오북 내려받기는 무료이면서도 공유가 쉬웠기 때문에 2500만 번 이상 노출되었다. 이 중 300만 명이 책의 체험판을 내려받았고, 11만 7000명이 이메일 주소를 제공해서 팀이 이들을 대상으로 추후 마케팅 활동을 할 수 있었다. 종합해 보면 팀의 책은 종이책과 전자책을 포함해서 전체적으로 5% 정도 매출이 상승했고, 아마존에서 순위도 394포인트로 대폭 상승했다.[110]

최적화와 유지

인쇄된 책은 '최적화'하기가 어렵다. 집필 중에는 어느 정도 여지가 있지만 일단 집필이 끝나고 인쇄가 시작되면 수정할 수 없다. 앱이나 웹 사이트와 달리 '완성된' 상태가 된다. 하지만 그렇다고 해도 그로스 해킹의 최적화와 유지 접근 방법은 이런 종류의 제품을 출시하는 데도 상당한 효과를 발휘했다.

기존에 제품을 출시할 때 내가 경험한 대부분의 접근 방법은 간단했다. 최대한 홍보를 많이 해서 있는 대로 관심을 끈 후 이 모든 것이 성공으로 이어지기를 희망하거나 가정하는 것이다. 하지만 팀의 데이터 기반 접근법은 효과가 있는 것과 없는 것을 실제로 구분해서 보게 해 주었다. 우리는 허황된 지표를 쫓아다니지 않았다. 비트토렌트의 홍보가 매출로 이어지지 않았다면 여러분에게도 소개하지 않았을 것이다.

사실 이 협업 성공을 바탕으로 또 다른 고객인 음악가 알렉스 데이Alex Day와 함께 다시 비트토렌트와 협업했다. 그 결과 내려받기 276만 5023번, 페이지 뷰 27만 6409번, 아이튠즈 노출 16만 6638번, 알렉스 데이 웹 사이트 노출 5만 2151번, 알렉스의 메일링 리스트에 새로운 이메일 주소 5000개를 확보했다.

우리는 분석 데이터를 꼼꼼하게 분석해서 무엇이 효과가 있었고, 무엇이 효과가 없었는지 파악했다. 어떤 블로그 글이 효과가 있었고 어떤 글이 효과가 없었는지, 어떤 글이 아마존 순위를 급상승시켰는지, 어떤 글이 그렇지 않았는지도 살펴볼 수 있었다. 물론 이 정보는 이후 다른 고객들에게 적용할 제품 출시 전략에서도 중요한 정보가 될 것이다.

마케팅의 미래

하나를 깊이 이해하면 세상의 모든 것에서 그 원리를 발견할 수 있다.

- 미야모토 무사시

출판처럼 오래된 분야에도 그로스 해커 접근법을 사용하여 활성화할 수 있다면 다른 분야도 가능하지 않을까? 책도 스타트업처럼 다룰 수 있었는데, 무엇이든 가능하다.

우리는 마케팅을 하려는 대상이 자동차, 영화, 작은 레스토랑 등 무엇이든 간에 이 전략을 실행할 수 있는 능력을 갖추고 있다. 더 이상 추측에 의존하지 않아도 된다. 자신의 제품을 홍보하려고 외부인에게 돈을 지불할 필요도 없고, 매체와 친밀한 관계를 맺으려고 돈을 낼 필요도 없다.

그 대신 우리는 반복하고, 성공 사례를 추적하고, 사람들을 판매 퍼널funnel로 끌어들이려고 할 수 있는 모든 일을 함으로써 사업을 성장시킬 수 있다. 그리고 이런 고객과 그들의 욕구를 중심으로 제품을 최적화하는 일은 결국 우리에게 달려 있다는 것을 이해해야 한다. 우리는 필요에 따라 유연하게 대응할 수 있어야 한다. 예를 들어 추가 광고를 집행하는 대신 제품을 개선하는 데 예산을 쓸 수 있다.

여러분도 내가 그랬던 것처럼 마케팅 정의를 확장해야 함을 알았을 것이다. 사실 사업을 성장시킬 수만 있다면 어떤 것이라도 마케팅으로 간주할 수 있다.

데이비드 오길비David Ogilvy는 광고 업계에서 가장 뛰어나고 유명한 사람이 되기 전에 오븐을 방문 판매하는 일을 했다. 이 경험 덕분에 그는 광고가 방문 판매보다 좀 더 확장 가능한 형태를 시도할 수 있는 수요 창출 방식이라는 사실을 절대 잊지 않았다.

하지만 마케팅 업계에 종사하는 많은 사람이 외판원과 통신 판매 카탈로그로 주문하던 시대에서 수십 년 지난 지금, 이런 근본적인 현실을 잊고 있다. 우리는 형식 뒤에 있는 기능을 잊고 우리 앞에 있는 것을 보지 못해 새로운 기회를 놓치고는 한다. 본질적으로 마케팅은 수익 창출이다. 광고는 인지도를 높여 판매를 촉진한다. 홍보와 PR은 관심을 유도하여 판매를 촉진한다. 소셜미디어는 소통을 유도한 후 판매를 촉진한다. 많은 사람이 잊고 있는 사실이지만, 마케팅은 그 자체로 끝나는 것이 아니다. 마케팅은 그저 고객을 확보하는 것이다. 그리고 삼단논법에 따라 고객을 확보하는 모든 것이 마케팅이다.

이것이 바로 그로스 해커들이 우리에게 가르쳐 준 것이다.

이 책에서 소개한 핫메일, 에어비앤비, 그루폰, 스포티파이 등 스타트업들을 되새겨 보면 예전에는 아무도 '마케팅'이라고 하지 않았던 방법들이 사업 성공의 원동력이 된 놀라운 사실을 발견할 수 있다. 핫메일은 이메일 아래에 홍보 서명을 집어넣어 사용자가 보내는 모든 이메일을 신규 사용자를 위한 홍보물로 전환했다. 에어비앤비는 크레이그리스트와 협업하여 에어비앤비 호스트가 이 웹 사이트를 새로운 판매 플랫폼으로 쓸 수 있게 했다. 그루폰과 리빙소셜은 유료 사용자가 친구들과 거래를 공유하면 보상을 제공했고, 스포티파이는 페이스북과 통합함으로써 무료로 '광고'를 진행했다.

이들 각각의 전략보다 중요한 것은 이들이 공통으로 지닌 사고방식이다. 그들은 모두 이 책에서 정리해서 소개한 절차를 따랐다. 마케팅을 제품 개발과 융합시켰고, 초기 사용자들을 성장 토대로 삼았고, 입소문 요소를 제품에 추가했고, 데이터를 기반으로 한 최적화를 목표로 이 사이클을 끊임없이 반복했다.

이런 혁신적인 성장 방식이 가능했던 이유는 자금과 경험 부족이라는 두 가지 이유로 전통적인 마케팅을 시도할 여력이 없는 스타트업에서 출발했기 때문이다. 이 회사들은 '사치에 가까울 정도로 풍부한' 광고 예산이나 형식적인 교육 부담에서 자유로웠기에 오히려 마케팅 정의를 확장하고 창의력을 발휘하여 엄청난 이익을 얻을 수 있었다. 반면에 1년(혹은 1개월)간 수백만 달러를 쓸 수 있는 회사들은 점점 더 나빠지는 성과와 더 낮은 투자 대비 수익률$_{ROI}$ 결과만 보여줄 뿐이다.

문제는 마케터뿐만 아니라 우리 모두 항상 틀릴 수 있다는 사실이다. 우리는 직감에 따라 좋은 결정을 내린다고 생각하지만 사실은 아니다. 기존 마케팅 방법은 틀릴 경우 엄청나게 비싼 대가를 치르게 된다. 캠페인을 계획하는 데 몇 달을 보낸 후 제품이 시장에서 반응이 없다는 것을 알게 된다면 누가 그 비용을 감당할 수 있을까? 그로스 해킹은 우리 직감을 개선해 주지는 않지만, 틀렸을 때 지불해야 하는 비용을 근본적으로 줄여 주어 새로운 것을 시도하고 실험해 볼 수 있는 자유를 얻는다.

더 이상 비용이 많이 드는 실수에서 변명은 통하지 않는다. 그 대안이 너무 쉽고 또 신뢰할 수 있기 때문이다.

이 책을 준비하며 수많은 인사이트를 제공해 준 그로스 해커 수십 명을 인터뷰하고, 그들의 글을 읽으면서 한 가지 흥미로운 사실을 깨달았다. 이들은 저마다 완전히 다른 전략을 사용한다. 몇몇은 입소문에 집중했고, 일부는 제품과 최적화에 더 많은 비중을 두었다. 어떤 이는 이메일 마케팅 전문가였고, 플랫폼과 API를 사용하여 똑같이 많은 사람에게 도달하는 방법을 알고 있는 사람들도 있었다.

방법론적으로는 제각각 달랐지만 이들이 추구한 전략적인 목표는 같았다. 효과적이고, 확장 가능하며, 데이터에 기반을 둔 방법으로 사람들에게 다가가는 것이다. 물론 이 방식은 크리에이티브 에이전시에 의뢰하거나 시내 곳곳에 광고판을 설치하거나 유명 인사의 추천을 받는 것처럼 화려해 보이지는 않는다. 하지만 중요한 것은 이것들이 더 이상 성공을 보장하지 않는다는 사실이다. 게다가 이 방식에는 50배에서 100배에 달하는 비용이 든다.

사실 그로스 해킹은 특정한 도구가 아니라 사고방식이다. 이 책에서 한 가지만 남길 수 있다면 바로 이 사고방식일 것이다.

어떤 것이 마케팅이고 어떤 것이 마케팅이 아닌지 오래된 고정 관념에서 벗어나면 모든 것이 저렴하고 쉬우며, 훨씬 더 확장하기 수월하다. 판도가 완전히 바뀐다.

그리고 기하급수적으로 좋아진다.

특별 보너스

이 책에서 소개한 세계 최고의 그로스 해커들과 함께 인터뷰 녹취록 원문과 집필에 필요해서 모은 각종 연구 결과와 자료를 보고 싶다면 기꺼이 제공하려고 한다. 다음 주소로 이메일 한 통만 보내면 된다.

growthhackermarketing@gmail.com

이 자료와 더불어 어떻게 하면 무료로 홍보와 기사를 낼 수 있는지 알려 주는 내 첫 번째 책인 〈나를 믿어라, 나는 거짓말쟁이다 Trust Me, I'm Lying〉를 함께 보내 주겠다. 한 달 동안 무료로 그로스 해커 TV에 가입하여 이용할 수 있는 쿠폰(29달러 상당)을 추가 보너스로 제공할 것이다. 이 서비스에서는 페이스북, 허핑턴포스트, 엣시 Etsy 등 많은 것을 이룬 사람을 인터뷰한 동영상을 수백 개 볼 수 있다.

후기

운 좋게도 이번 종이책 확장판에서는 기존 내용을 업데이트할 수 있었다. 이 기회를 그저 단순히 예전 내용을 되풀이하는 데 사용하는 대신 여러분이 방금 읽은 이 책을 그로스 해킹하면서 배운 몇 가지 교훈을 추가하면 좋겠다는 생각이 들었다.

결국 내가 직접 경험하고 검증하지 않았다면 모든 충고와 추천은 가치가 없었을 것이다. 이 책에서 다룬 방법들을 하나도 이용하지 않고 그로스 해킹을 소개하는 이 책을 홍보했다면 어땠을까? 팀 페리스가 쓴 책을 출간하면서 여러 가지 교훈을 배웠지만, 나에게 이 책은 시작부터 철저하게 조사하고 그동안 익힌 과학들을 적용할 수 있는 기회였다.

1단계

사실 처음부터 이 책을 출간하려고 했던 것은 아니다. 이 책은 최소 기능 제품minimum viable product, 다시 말해 〈패스트 컴퍼니〉에 기고할 1000단어 정도의 짧은 글에서 시작되었다. 이 기사 반응이 좋아서 펭귄Penguin출판사(내 책의 출판사)에서 관심을 보였지만, 책을 만드는 데 14개월 정도 걸리는 전통적인 출간 방식을 따르는 대신 디지털 싱글 버전을 먼저 출간했다. 〈Growth Hacker Marketing(이 책의 원서)〉을 간결한 전자책 형태로 먼저 출간해 봄으로써 비용을 대폭 절감하고 시장을 테스트할 수 있었으며, 더 중요한 점은 경쟁사보다 앞서 시장에 진출할 수 있었다. 지금 많은 사람이 인쇄본을 읽을 수 있는 것은 그 실험, 즉 최소 기능 제품 테스트를 통과했기 때문이다.

그러고 나서야 지금 읽고 있는 버전에 맞게 전자책 원고를 편집하고 개선하고 추가할 수 있었다. 최초 독자 수천 명의 피드백을 토대로 이 제품을 한 단계 더 발전시켜 더 나은 시장성 있는 제품을 만들 수 있었다. 이제 우리는 독자들이 있다는 것을 알기에 큰 규모로 출간할 수 있다.

이것이 기본 방법인 것 같지만, 전통적인 출판 업계에서는 설사 책을 한 권도 팔지 못했어도 계약 조건에 따라 여섯 자리나 일곱 자리 수의 선금을 지급한다. 이 방식으로 책을 출간하는 것은 큰 진전이었고, 모든 작가와 사업가가 여기에서 배울 점이 있다고 생각한다.

교훈 적은 비용으로 제품 콘셉트를 테스트하고 피드백을 바탕으로 개선한 후 출시하라.

2단계

이 책에서 사용한 최고의 그로스 해킹 전략은 사실 계약 협상 중에 제기한 아이디어다. 우리는 책 가격을 얼마로 책정할지 고민했다.

내 마지막 책은 하드커버 종이책이 26.95달러, 전자책은 12.99달러였다. 나 같은 신참 작가가 고객을 확보하는 데 적절한 수준은 아니라고 생각한다. 그래서 이 책의 디지털 싱글 버전은 2.99달러로 책정했다. 즉, 누구나 부담 없이 한 번쯤 읽어 볼 수 있는 가격이었다. 가격을 매우 낮게 책정하고 콘텐츠를 충분히 제공함으로써 이 책이 성공할 수 있는 발판을 마련했다.

또 몇 가지 유용한 방법도 사용했다. 책 출시 전에 출간할 책에서 다룬 내용과 교훈을 응용한 글을 십여 개 써서 영향력 있는 웹 사이트에 기고했다. 평상시 하던 것처럼 유료로 글을 기고하는 대신 무료로 제공했다.

그 결과 마켓왓치MarketWatch, 베타비트Betabeat, 패스트 컴퍼니, 쏘트 카탈로그Thought Catalog, 허핑턴포스트, 쇼피파이Shopify, 해커 뉴스, 슬라이드셰어Slideshare.com, 레딧, 미디엄Medium 및 몇몇 웹 사이트 등에서 인기 있는 기사가 되었다. 이런 콘텐츠 마케팅 전략은 비용이 적게 들고 그럴듯한 글을 쓸 수 있기만 하면 누구나 할 수 있기 때문에 스타트업 판에서 흔히 볼 수 있다.

또 지난 6년간 다른 작가들의 책을 열심히 추천하며 느리게 확보한 1만 명 정도의 이메일 목록 덕도 많이 보았다. 이 목록에는 여러분이 상상할 수 있는 가장 열정적인 독자들과 열렬한 애독자가 포함되어 있다(이 이메일 구독 목록에 회원가입을 하고 싶다면 https://www.ryanholiday.net/reading-newsletter에서 할 수 있다).

끝으로 나는 그로스 해커 커뮤니티에 연락했고, 이 커뮤니티는 자신들의 작업을 입증해 주고 지지할 책을 찾고 있었다. 션 엘리스, 앤드류 첸 등 이 분야에서 가장 영향력 있는 인물들이 트위터, 페이스북에서 자신의 청중에게 이 책을 홍보해 주었고, 이 프로젝트가 성공하는 데 많은 도움이 되었다.

교훈 진입 장벽을 낮추고, 타깃팅이 가능한 매체와 플랫폼을 이용하여 최초의 사용자들을 확보하라.

3단계

이 책이 입소문이 나면서 훨씬 더 쉽게 퍼질 수 있었던 것은 가격 외에도 책 자체로 입소문을 탈 수 있도록 디자인했기 때문이다. (다시 말하지만 가격과 실제로 받은 제품 사이에 긍정적인 격차를 만드는 것이 중요하다. 사람들이 "이게 고작 3달러밖에 안 한다니 믿을 수 없어."처럼 말한다는 의미다.)

아마존의 책 소개 웹 페이지만 봐도 우리가 성공적이었다는 것을 알 수 있다. 수백 명, 수천 명이 쓴 전자책과 굿리즈 Goodreads 독자가 북마크를 하고, 트위터에 올리고 공유했다. 이것은 우연이 아니다.

집필하는 내내 문장을 짧고 간결하게 하고, 드러나는 내용들은 크고 강렬하게 와닿게 만들려고 노력했다. 독자들이 중요하고 실행 가능한 한마디를 남겨 주기 원했던 것이다. 그리고 새 버전에서는 이런 부분들에 훨씬 더 많은 노력을 기울였다.

이 책에 쓰려고 만든 기사와 콘텐츠도 같은 효과를 냈다. 나는 기본적으로 분량이 더 긴 책을 위한 광고였기 때문에 블로그 게시물을 공유하는 것이 더 쉬웠다.

> **교훈** 고객 감탄을 자아내는 요소와 반응을 얻는 것을 목표로 하라.

4단계

대부분의 작가에게 안타까운 점은 팬들에게 다가갈 방법이 없다는 것이다. 그들은 모든 작업을 간단하게 끄적이는 것부터 시작하는데, 새 버전의 책은 그런 식으로 하기 싫었다. 그래서 디지털 싱글 버전에 작은 한 페이지를 추가하여 독자에게 제공할 보너스를 잔뜩 제공했다. 독자는 그저 growthhackermarketing@gmail.com으로 이메일을 보내기만 하면 되었다(여러분이 원한다면 이 보너스는 여전히 유효하다).

전체 독자의 10% 정도가 이메일을 보냈는데 이것은 매우 높은 전환율이다. 나는 그 독자들에게 무료로 자료를 보내 줌으로써 더 큰 행복과 만족감을 선사했다. 하지만 정말 중요한 점은 관심이 많은 독자의 이메일 목록을 확보한 것이다.

이제 그들에게 이 책의 새로운 확장 버전을 알릴 수 있고, 많은 사람이 궁금해 하던 종이책으로 출간되어 구매할 수 있다는 것도 알려 줄 수 있다. 심지어 내가 쓴 다른 책도 이야기할 수 있다.

나는 이 사람들을 돈을 지불하는 고객으로 전환하려고 많은 노력을 기울였다. 그들의 연락처를 얻는 최소한의 노력도 하지 않고 그냥 보냈다면 정말 바보짓을 한 셈이 되었을 것이다. 이는 어떤 프로젝트나 일을 할 때도 마찬가지다. 연락처 목록은 가장 쉬우면서도 효과적인 마케팅 도구이기 때문에 반드시 명단을 만들어야 한다. 무조건이다.

물론 4단계에서 나에게는 대부분의 다른 작가에게는 없는 또 다른 장점이 있었다. 바로 실제 독자들의 피드백을 프로젝트에 반영할 수 있다는 점이다. 짧은 디지털 버전을 먼저 출시했기 때문에 최초 독자들에게서 얻은 반응을 토대로 초기 버전을 최적화하고 개선할 수 있었다. 지금 막 읽은 이 책은 30% 정도 증가했을 뿐만 아니라 새로운 사례와 더 좋게 교정된 문구로 보강되었고, 오류도 줄어들었다(이상적으로는 없어야겠지만).

교훈 자신의 이메일 목록을 확보하라!

결론

강조해야 할 것을 계속 늘어놓을 생각은 없다. 모든 사람이 책을 마케팅하는 것도 아니고, 모든 사람이 가까운 시일 내에 출간하는 것도 아니다(가끔은 그렇게 느끼기도 하지만).

하지만 나는 어떤 프로젝트든 그로스 해커의 사고방식을

적용하는 것이 얼마나 간단한지 보여 주고 싶었다. 그리고 충분히 오랫동안 이 사고방식을 따르다 보면 기본적인 습관으로 정착된다는 것도 보여 주고 싶었다. 이 책의 첫 출시와 여러분이 지금 읽고 있는 이 버전의 출시는 내가 지금까지 경험한 모든 제품 출시 중 가장 스트레스가 적으면서도 효과적이었다고 할 수 있다.

판매한다는 느낌이 들지 않았다. 판매한 것이 아니기 때문이다. 그럴 필요가 없기 때문에 구매를 강요하지도 않았다. 나는 이런 요소들을 제품 안에 내장했다. 마케팅과 제품 개발, 판매를 한데 엮어 움직이는 기계로 만들었다. 내가 여기서 한 모든 것은 여러분 자신의 책, 스타트업, 현재 일하고 있는 회사에서 새로 시작하는 프로젝트 등 어디에나 적용할 수 있다. 무한히 유연하고 적용 가능하다.

물론 그렇게 할지는 여러분에게 달려 있다. 나는 다시는 옛날 방식으로 일하기 싫다고 확실하게 말할 수 있다. 새로운 방식이 아주 잘 작동하니 말이다.

그로스 해킹 용어 사전

그로스 해킹은 기술과 데이터 기반의 사고방식이므로 초보자는 어렵게 느낄 수도 있다. 그로스 해킹이 드롭박스, 에어비앤비, 페이스북의 성장에 기여했다는 것은 아무리 초보자라도 명백하게 받아들일 수 있는 사실이다. 하지만 이유와 방법론 등 구체적인 사항들을 파고들기 시작하면 여러분 눈은 게슴츠레해지면서 점점 감길 것이다. "코호트 분석cohort analysis이 뭐지?", "입소문 지수viral coefficient는 또 뭐야?" 나는 지난 1년간 이 책을 연구하는 동안 그로스 해킹의 핵심 개념을 정의해 보려고 노력했다(설사 나 혼자만 사용하고 참고하기 위해서라도 말이다).

이 단어들을 여러분 어휘 사전에 추가한다면 그로스 해킹의 개념과 원리를 더 명확하게 할 뿐만 아니라 블로그로 성공 비밀을 공유하는 그로스 해커의 뛰어나면서도 높은 수준의 조언을 제대로 해석하는 데 큰 도움이 될 것이다.

자, 시작해 보자.

A/B 테스팅(A/B testing): A/B 테스팅은 문자 그대로의 의미다. 웹 사이트나 제품의 서로 다른 두 버전을 만든 후 사람들에게 각각 보여 주고 A, B 중 어느 것이 더 나은지 확인하는 것이다. 구글에서 쿼럴루, 옵티마이즐리, 키스메트릭스까지 사용자가 웹 사이트에서 실제로 어떻게 행동하고 반응하는지 보여 주는 뛰어난 서비스가 있다. 여기에서 얻을 수 있는 객관적인 통찰을 활용하면 직감보다 더 정확하게 타깃팅할 수 있다.

부트스트래핑(bootstrapping): 부트스트래핑은 보통 기술 기반 스타트업이 사업 자금을 조달하는 방법인데, 외부에서 자금을 조달하지 않기 때문에 매우 빠듯한 예산을 토대로 운영하는 것을 의미힌다. 벤처 캐피털에서 막대한 자금을 조달하는 것을 칭송하는 오늘날 기술 문화에서 부트스트래핑은 자랑스러운 상징이 되어야만 한다. 부트스트래핑 상태에 있다는 것은 마케팅에 소요되는 비용을 경영자가 직접 지불하거나 자체적으로 비용을 충당해야 하는 상황이다. 즉, 고객 한 명이 지불하는 비용을 증가시키는 것을 전제로 사용자를 확보하는 그로스 해킹 전략을 사용해야 한다는 것을 의미한다. 깃허브GitHub, 37시그널37signals, 앱수모는 모두 벤처 캐피털 도움을 받지 않고 부트스트래핑으로 시작해서 엄청난 성공을 거둔 대표적인 회사다.

이탈률(bounce rate): 이탈률은 여러분 서비스가 사용자를 얼마나 붙잡아 놓는지에 대한 객관적인 측정값이다(구글 애널리틱스Google Analytics나 키스메트릭스 또는 유사한 서비스로 확인할 수 있다). 사용자들이 여러분 웹 사이트에 왔을 때 그들 중 즉시 떠나는 인원은 몇 %일까? 이 비중이 높으면, 다시 말해 그 비율이 너무 높다면 둘 중 하나의 문제에 부딪힌 것이다. A) 여러분 웹 사이트나 서비스가 엉망이다(제품 시장 적합성 부분을 읽어 보라). B) 값비싼 마케팅 기법을 사용하여 엉뚱한 유형의 사용자를 쫓고 있다. 이탈률을 개선하려면 A/B 테스팅을 이용하여 반복적으로 서비스로 끌어들이고자 하는 고객군을 조정해야 한다. 웹 사이트에 온 사람 중 아주 일부만 남는다면 절대로 트래픽을 많이 확보하려고 노력해서는 안 된다. (테크크런치에 다시 소개되려고 애쓰지 마라. 처음에만 약간 유리하게 보일 뿐이다.)[111] 이탈률을 개선하는 것이 훨씬 쉽고 효과적이다.

코호트 분석(cohort analysis): 코호트 분석은 웹 애플리케이션에서 얻은 데이터를 이용하여 고객 전체를 살펴보는 대신 관련성 있는 그룹으로 분리하여 분석하는 방법이다. 특정 고객 그룹의 전체 생애 주기life cycle를 살펴볼 수 있도록 도와주며, 특정 사용자 집단에 특화된 다른 가치를 제공하도록 할 수도 있다.

그로스 해커는 코호트 분석을 이용하여 서비스에 처음 진입했을 때부터 판매 퍼널을 거칠 때까지 특정 사용자 집단을 추적하여 그들에게 원하는 것을 제공한다.[112]

전환율(conversion rate): 여러분이 원하는 행동(회원가입, 구매, 이메일 주소 입력 등)을 실행한 사람의 수를 여러분 제품이나 웹 사이트를 본 사람의 수로 나눈 값이다. 그로스 해커는 전환율에 목숨을 건다.

그로스 해커는 '인지도'나 '관심노', '마인드 공유' 같은 것들을 더 이상 신경 쓰지 않는다. 그들은 사용자 확보에 집중한다. 이는 기본적으로 다른 모든 것에 앞서서 전환율에 신경 쓴다는 의미다. 이런 변화는 매우 중요하다. 여러분이 원하는 행동을 취하지 않는 방문자들을 여러분 웹사이트에 아무리 많이 끌어온다고 해서 무슨 소용이 있겠는가?

그로스 해커(growth hacker): 그로스 해커는 가능한 모든 수단을 써서 사업을 성장시키는 아주 단순한 일을 하는 직업이다. 앤드류 첸과 실리콘 밸리의 여러 개척자가 한 말에 따르면 이 역할은 기존의 전형적인 마케팅 임원을 대체한다. 그로스 해커의 주된 일은 전체 개발 과정에서 뛰어난 마케팅 아이디어를 제품에 녹여 내는 것이다. 종종 프로그래밍 경력이 있기도 하지만 반드시 필요한 것은 아니다. 그로스 해커는 회사에 하키 스틱 모양 같은 급격한 성장을 안겨 주려고 가설을 세우고 테스트하며 반복적으로 작업하는 데 전문가다. 페이스북과 민트닷컴에서 그로스 해커로 일한 노아 케이건Noah Kagan은 대표적인 그로스 해커 중 한 명인데, 그는 앱수모를 창립하여 투자금 60달러로 시작해서 수백만 달러 규모의 사업으로 키웠다. 드롭박스의 친구 추천 프로그램을 만든(덕분에 신규 사용자를 수백만 명 유치했다) 션 엘리스는 현재 퀄럴루의

CEO이며 다른 스타트업의 고문으로 활동하고 있다.

그로스 해킹(growth hacking): 그로스 해킹은 전통적인 마케팅 교본을 버리고, 그 자리를 테스트 가능하고 추적 가능하며 확장 가능한 고객 확보 기법들로 대체하는 사업 전략이다. 전통적인 마케팅 도구가 광고, 홍보, 돈이었다면 그로스 해킹 도구는 이메일, 클릭당 지불 광고, 블로그, 플랫폼 API다. 전통적인 마케팅에서는 '브랜딩'과 '마인드 공유' 같은 모호한 개념들을 추구하는 데 반해, 그로스 해커는 끊임없이 사용자와 성장을 추구한다. 그리고 그로스 해킹이 제대로 먹혔을 때 이 사용자는 더 많은 사용자를 만들며, 늘어난 사용자는 더욱더 많은 사용자를 끌어들인다. 그로스 해킹 기법은 스타트업을 아무것도 아닌 것에서 위대한 것으로 변화시키는 성장 머신으로 스스로 존속하고 자가 증식하는 창조적 존재이자 운영자이며 시스템이다.

최소 기능 제품(minimum viable product): 창업자가 적은 노력을 들여 (잠재) 고객에 대한 의미 있는 데이터를 빠르게 수집할 수 있도록 해 주는 초기 단계의 제품으로, 아주 기본적인 것만 갖춘 제품이다. 〈린 스타트업〉 저자인

에릭 리스는 'MVP'로 시작해서 그것에 대한 피드백을 토대로 제품을 개선하는 것이 제품 시장 적합성을 찾는 최고의 방법이라고 이야기했다. 이것은 전통적인 마케터가 하던 일과 배치된다. 지금까지는 최종적이라고 생각되는 '제품'을 먼저 출시하려고 했기 때문이다. 여러분 고객이 누구인지 파악하고, 그들에게 필요한 것이 무엇인지 찾고, 그들의 마음을 완전히 사로잡을 제품을 디자인해야 한다. 그런데 이것은 단순히 개발이나 디자인 측 의사 결정일 뿐만 아니라 마케팅 측 의사 결정이기도 하다. 예를 들어 아마존 제품 담당자들은 개발 팀이 작업을 시작하기도 전에 상사에게 보도 자료를 먼저 제출해야만 한다. 이 과정을 거쳐 팀은 신제품을 대상으로 하는 시장과 제품의 특성에 집중할 수 있다.

피벗(pivot): 에릭 리스는 피벗을 '제품, 전략, 성장 엔진에 대한 근본적인 가설을 새롭게 만들고 검증하려고 구조화된 경로 수정'이라고 정의했다. 달리 표현하면 고객이 여러분이 생각한 대로 반응하지 않기 때문에 제품을 조정하거나 변화시키는 것이다. 인스타그램은 버븐Burbn이라는 위치 기반 스타트업으로 시작했지만, 사용자가 반응하는 기능에 집중하여 앱을 새로 조정한 이후 우리가 아는 서비스인 필터를 적용한 사진을 올리는 인스타그램이 되었다. 결과는? 새롭게 출시하고 일주일 만에 사용자를 10만 명 확보했으며, 18개월 만에 창업자들은 인스타그램을 10억 달러에 팔 수 있었다. 이것이 피벗의 힘이다.

제품 시장 적합성(product market fit): 제품 시장 적합성은 제품과 그 소비자 사이에서 서로 완벽한 조화를 이루는 상태를 의미한다. 이것은 모든 그로스 해커에게 궁극의 염원이다. 그로스 해커는 제품을 처음 접하는 고객이 폭발적으로 반응할 때까지 제품 및 사업, 심지어는 사업 모델도 계속해서 변할 수 있고 변해야만 한다고 믿는다. 다르게 표현하면 최고의 마케팅 의사 결정은 아무리 많이 조정하고 개선해야 하더라도 실존하는 특정 사용자 집단의 강력한 욕구를 충족시켜 주는 제품이나 사업을 만드는 것이다. 이 관점에서는 제품이나 서비스가 실패할 수 있는 것으로 간주하고, 최적의 상태가 될 때까지 유연하게 바꿀 수 있고 변화시키며 개선할 수 있다.

(선전) 연출((publicity) stunt): 연출은 사람들이 신제품을 이야기하도록 만들고 사용해 보도록 하는 방법이다. 때때로 '연출'은 사용자를 확보하는 뛰어난 방법인데, 전체 그로

스 해킹 절차를 촉발시키는 그로스 해킹 기법의 핵심이라고 할 수 있다. 선전 연출은 사람들이 아직 완전히 이해하고 활용하지 못하는 시스템이나 플랫폼들을 활성화시키는 촉매가 될 때가 많다. 우버는 선전 연출을 활용하여 입소문을 내서 택시 산업 전체를 뒤흔들었다. 예를 들어 우버 팀은 밸런타인데이에 데이트 상대에게 깊은 인상을 남기고 싶은 고객을 대상으로 장미를 무료로 제공해서 호감을 샀다. 심지어 아이스크림 트럭과 제휴를 맺고 우버 앱에서 신청하면 공짜로 아이스크림을 배달해 주거나, 상습적으로 음주 운전을 하는 NFL 선수들과 계약을 맺어 저렴한 가격에 우버 서비스를 제공하는 등 선전 연출을 이용했다.

판매 퍼널(sales funnel): 잠재 고객을 찾아서 판매 절차로 끌어들인 후 최종적으로는 유료 고객으로 전환시키는 일련의 흐름이다. 예를 들어 민트닷컴은 그들의 앱에 잠재 고객을 직접적으로 끌어들였다. 그들의 판매 퍼널 맨 위쪽은 모두 무료 사용자며, 민트닷컴의 놀랍고 빠른 개인 자산 관리 애플리케이션에 이끌려서 기꺼이 가입한 사람들이다. 이후 민트닷컴은 금융 서비스 회사들과 제휴를 맺고 민트닷컴의 무료 서비스 사용자에게 제휴사들이 좋은 조건의 상품을 제안할 수 있는 창구를 마련했다.

앱수모의 노아 케이건 같은 다른 그로스 해커들은 고객이 구매한 후 관련 있는 제품들을 매우 할인된 가격에 제공하여 추가 판매를 극대화시키고, 사용자를 퍼널의 더 깊은 바닥으로 끌어당겼다.[113]

몰입도(stickiness): 서비스나 제품의 몰입도는 고객이 여러분 제품을 얼마나 반복해서 구매하고 싶어 하고 주위 사람들에게 추천하고 싶어 하는지 나타내는 것으로 생각하면 된다. 칩 히스Chip Heath와 댄 히스Dan Heath의 〈스틱!〉(웅진지식하우스, 2022)에서는 몰입도가 높은 아이디어나 제품은 단순하고, 예상 밖이고, 신뢰할 수 있고, 명확하면서도 구체적이고, 정서적 감동을 남기며 이야기 흐름을 기억하기 쉽다고 했다. 그로스 해킹은 이 정의를 서비스와 플랫폼으로 확장한 것이다. 누군가가 회원가입을 했다고 해서 바로 활성화 사용자가 될까? 누군가가 여러분 앱을 확인했다고 하면 호감을 갖게 될까, 아니면 "에이, 뭐야 이거?" 하며 따분해 할까? 트위터가 제공한 추천 사용자 목록 기능은 신규 사용자들이 서비스에 몰입할 수 있게 도와주었다. 이 기능을 이용하여 팔로우할 만한 호감이 가는 친구들을 찾을 수 있었기 때문이다. 사용자를 끌어들이고 계속 머무르게 만드는 서비스가 바로 몰입도가 강한 서비스다.

허영 지표(vanity metrics): 허영 지표는 중요한 것처럼 느껴지지만 궁극적으로는 추상적이고, 더 안 좋게는 사람을 속이고 현혹시키는 지표다. 예를 들어 전환율, 이탈률, 웹 사이트 체류 시간 등을 무시하면서 여러분 웹 사이트에 얼마나 많은 사람이 몰려드는지 살펴본다고 하면(그리고 그것이 증가하는 것을 보면서 자축하고), 그것이 바로 허영 지표의 희생양이 되는 경우다.
에릭 리스는 "허영 지표는 경쟁자들을 기분 나쁘게 만들고자 테크크런치에 게시하고 싶은 숫자다."라고 말했다. 하지만 허영 지표의 가치는 딱 거기까지다.
허영 지표는 스타트업에 장밋빛 그림을 그리지만 실행 가능하지 않은 측정치다. 허영 지표를 이용하여 회사를 측정하는 것은 얼마나 많은 사용자가 여러분 블로그에 방문하는지 자랑하는 데 사용할 수 있지만, 이런 사용자를 획득하는 데 필요한 비용에 주의를 기울이지 않는다면 결국 파산할 것이다. A/B 테스트 같은 기법들은 확인된 결과를 재현할 수 있기 때문에 실행 가능한 지표를 제시하는 데 도움이 된다.

입소문(viral loop): 입소문은 여러분 제품이나 서비스를 본 사람이 그것을 사용해 보고 다른 사람들과 공유하는 전체적인 과정이다. 예를 들어 여러분 친구가 가장 좋아하는 제품의 제작사에서 경연 대회에 참가하라는 권유 이메일을 받았다고 하자. 친구가 참가하면 다른 응모 기회가 생기기에 이를 트위터에 공유한다. 여러분은 친구가 올린 트윗을 보고 그 안의 링크를 클릭해서 경연 대회를 안내하는 웹 페이지에 도달하고, 다시 그것을 훨씬 더 많은 사람과 공유한다. 이것이 바로 자가 독립적이고 알아서 스스로 작동할 수 있는 입소문의 성장 메커니즘이다. 페이스북의 뉴스피드나 삽입 가능한 유튜브 동영상 등이 입소문의 가장 대표적이고 뛰어난 사례다.

입소문 확산(과 입소문 지수)(virality (and viral coefficient)): 입소문 확산은 제품이나 아이디어가 사람들을 거쳐 퍼지는 것을 의미한다. 그로스 해킹은 확산 가능성에 대한 것이기에(궁극적으로 여러분은 사용자를 데려오려고 마케팅에 힘을 쏟고, 그것으로 더 많은 사용자를 데려오기를 바란다) 성장을 하려고 종종 입소문 전략에 의존하고는 한다. 입소문 확산의 핵심은 다른 사람이 여러분을 무료로 추천하거나 링크를 걸거나 글을 올리는 것에 그들의 사회

적 자산을 소비하도록 하는 것이다. 하지만 입소문 확산은 갑자기 일어나지 않는다. 그것은 정교하게 의도된 것이다. 물론 그로스 해커의 접근 방법에서 입소문 확산이 왜 중요한지는 말할 필요도 없다.

이상적으로 그로스 해커는 1보다 큰 입소문 지수(또는 K 팩터라고 표현)를 추구한다. K 팩터factor는 의학계에서 질병 확산도를 설명할 때 전형적으로 사용하는 용어다. 스타트업 세상의 입소문 지수는 기존 사용자 한 명이 새로운 사용자 몇 명을 끌어올 수 있는지 측정한다. 평균적으로 기존 사용자 한 명이 다른 사용자 한 명 이상을 새로 데려올 수 있다면, K 팩터는 1보다 크고 여러분 스타트업은 입소문 확산 효과를 톡톡히 볼 수 있는 것이다.

제품이든 사업이든 심지어 하나의 작은 콘텐츠든 퍼뜨리고 싶어 하는 사람의 욕구를 불러일으키기만 하면 입소문으로 퍼질 수 있다. 무엇보다 먼저 그로스 해커는 입소문 확산을 가능하게 하는 도구나 캠페인을 추가함으로써 입소문 확산을 촉진하고 장려해야만 한다. 여기에서 한 가지 우리가 너무나 부정하기 쉬운 간단한 진리를 우선적으로 말하고 싶다. 입소문 효과로 성공하려면 제품 자체에 입소문 확산 요소를 녹여 내라.

자주 묻는 질문과 답변

다음은 이 책을 출간하고 나서 이메일, 트위터, 레딧에 올린 "무엇이든 물어보세요."를 통해 받은 자주 묻는 질문과 답변이다. 대다수 질문이 내가 이 책을 쓰려고 조사하고 인터뷰하면서 처음에 느꼈던 그로스 해커에 가진 의문점들을 정확하게 반영하고 있어 기쁘게 답변할 수 있었다.

1. 스타트업을 시작하거나 신제품을 출시한다면 출시 전에 어떤 질문을 스스로에게 하겠는가?

   나 자신에게 이런 질문을 하고는 했다.

- 이상적인 초기 사용자는 누구인가?
- 지금 당장 내 플랫폼을 그들에게 특히 매력적으로 만들 수 있는 방법은?
- 이 서비스는 왜 반드시 필요한가? 또는 그들에게 없어서는 안 될 존재가 되려면 어떻게 해야 하는가?
- 사용자가 일단 서비스에 가입하면 더 많은 사용자를 초청하거나, 데리고 오도록 할 수 있는 장치가 있거나, 그렇게 하도록 격려하거나 촉진시키고 있는가?
- 초기 사용자들의 행동이나 피드백을 토대로 개선할 준비와 자세가 얼마나 되어 있는가?
- 관심을 끌려고 다른 사람들이 예전에 시도하지 않은 정말 참신하고 멋진 도구를 갖고 있는가? 그렇다면 무엇인가?

2. 그로스 해커 마케팅은 단지 전통적인 마케팅이 진화한 것에 불과하지 않을까?

다음 사항에 해당하는 것들은 마케팅 산업의 DNA는 아니지만 그로스 해킹에서는 정말 중요한 것이다.

- 사내에서 직접 구축
- 군더더기 없고 효율적

- 추적 가능
- 외부 요소(대중과 만남, 관심 확보)보다는 내부 요소 (제품 개발)

페이스북, 에어비앤비, 트위터 같은 회사를 만들 때 전통적인 마케팅 전략들을 사용하지는 않았지만, 이 회사들은 전 세계에서 가장 빠르게 성장하고 있다. 이 회사들은 이메일이나 우편 같은 다이렉트 마케팅 전략만으로 성장한 것도 아니다. 이 모든 방법이 결합되었지만, 새로운 방식으로 사용하고 배치되었다.

이는 잠재적인 그로스 해커들에게 좋은 기회다. 거대 기업들이 점점 더 비효율적으로 성장함에 따라 그들은 앞으로 마케팅 산업을 지배할 수 있다.

3. 마케팅 예산이 하나도 없는 상황에서 최초 사용자 10만 명을 확보하는 핵심 전략은?

여러분이 할 수 있는 최고의 전략적 마케팅 의사 결정은 제품이나 사업을 수없이 수정하고 개선하더라도 현존하는 특정 사용자 집단의 사람들이 갖고 있는 욕구를 충족시키는 제품을 만드는 것이다. 실제적이고 강력한 욕구를 충족시키는 놀라운 제품이 없다면 마케팅 예산 없이 사용자를 10만 명 모으는 것은 불가능하다. 스냅챗, 인스타그램, 자포스Zappos 같은 사례를 생각해 보자. 이 회사들은 서로 다른 일들을 하지만, 공통적으로 사람들에게 '와우!'라는 감탄사를 불러일으킨다. 이 반응이 바로 통하는 마케팅을 만들고 입소문을 유도한다.

마법처럼 갑자기 이런 일이 일어나기를 기다리지 말고, 이 과정을 스스로 만들어 가야 한다.

여러분 자신에게 질문을 던져 보자. 왜 사람들은 신제품의 체험판 사용 기회에 이름을 올리거나 실제로 제품이 출시된 바로 그 주에 가입할까? 제시하는 가치가 압도적이어야 한다. 드롭박스나 메일박스, 지메일이 그랬던 것처럼 말이다. 이들이 이끌어 낸 반응이 "대단해!"였기 때문에 이 서비스들이 폭발적인 인기를 끌었던 것이다. 킥스타터에서 보는 대부분의 멋진 프로젝트도 마찬가지다(이 경우 사람들은 지금까지 보지 못했고 실제로 존재하지 않을 수도 있는 제품을 사전에 주문하는 셈이다).

여러분 제품이 이렇지 않다면, 심지어 훨씬 작은 특정 집단에서도 이런 반응을 끌어내지 못한다면 다시 원점으로 돌아가서 될 때까지 반복해야 한다. 언론 홍보나 영향력 있는 사람에게 관심을 얻는 것 같은 일은 이런 성과를 얻기 전에는 불가능하다.

대외 마케팅과 홍보 활동은 단순히 초기에 관심이 많고 충성도가 높은 사용자들을 확보하는 것이다. 그 후 이들과 함께 성장하고, 이들 덕분에 성장하게 된다. 제품 시장 적합성은 우연히 일어나는 신비로운 일이 아니다. 기업들은 이것을 만들고자 끊임없이 노력하며 그 방향으로 천천히 나아간다. 때로는 증거가 명백하다면 몇 주 혹은 몇 달 동안 한 작업을 포기할 각오도 되어 있다.

4. 스타트업으로서 혹은 이 산업의 관계자로서 시장 조사를 할 때 활용할 만한 좋은 자료로는 어떤 것이 있는가?

경쟁사 연구, 블로그 읽기, 여러분이 속한 분야 전문가들의 지식 학습 외에 다른 것을 말하는가? 나는 다음 비결을 즐겨 이용한다.

서브레딧(여러분이 제품을 출시하고자 하는 시장이나 분야를 설명하는 레딧 사이트에서 주제별 틈새 시장)을 찾아서 가입하고, 몇 주간 올라오는 글(그리고 이 글에 달린 댓글)을 읽어라.[114] 사람들이 어떤 이야기를 하는지 눈여겨보고, 그들이 어떻게 반응하고 무엇을 좋아하고 싫어하는지 관찰한다.

불행하게도 시장 조사는 도구보다는 노력이 더 중요하다고 생각한다. 시장 조사에 얼마나 많은 시간을 투자하는가? 실제로 주변의 피드백들을 얼마나 적극적으로 귀담아듣는가? 선입견과 편견에 빠져들고 있지는 않은가? 이 모든 것은 사용자에게 몇 가지 질문을 하는 데 우푸 포럼 Wufoo forum을 사용하는지 여부보다 더 중요하게 작용할 것이다.

5. **제품에 입소문 요소를 집어넣는 것은 제품 시장 적합성을 찾은 후 해야 한다고 생각하는가?**

   이 두 가지가 완전히 다른 것이라고 생각하지 않는다. 제품 시장 적합성은 그 자체가 입소문 요소다. 여러분은 사람들이 원하고 필요한 무언가를 만들고 있기 때문이다. 드롭박스 사례를 보면 알 수 있듯이 제품 시장 적합성을 미리 준비하지 않았더라면 "무료 공간을 얻으세요."라는 추천 프로그램은 결코 성공하지 못했을 것이다. 이것은 닭이 먼저냐 달걀이 먼저냐 하는 문제와 같다. 따라서 순서에 얽매이지 말고 이 두 가지 체계를 동시에 갖추도록 해야 한다.

6. **전통적인 마케팅 전략이 그로스 해킹에 비해 효과가 떨어진다는 글을 보았다. 나는 전통적인 마케팅 경험이 있지만 그로스 해커로 일하고 싶은데, 어떻게 전환할 수 있을까?**

여러분 기술을 활용할 수도 있고, 이런 새로운 전략을 테스트할 수 있는 기회를 제공하는 스타트업을 찾을 수도 있다. 더 좋은 방법은 자신이 열정을 쏟을 수 있는 분야를 찾고, 그 분야에서 가장 멋진 일을 하는 사람들을 찾아서 그들이 원하는 바를 제공할 수 있는 방법을 찾는 것이다. 독서로 그로스 해킹의 사고방식을 배울 수 있고, 직접 실행해 보면서 기술을 배우면 된다.

7. **내가 작업하고 있는 실제 제품을 입소문 내고자 한다. 또 타깃 고객층을 대상으로 할 광고 콘텐츠도 제작하려고 한다. 무엇을 고려해야 할까?**

광고를 보는 사람 관점에서 생각해 보자. 그들이 왜 여러분 콘텐츠를 보아야 하는가? 다음 방식으로 제시했다고 하자. "여러분이 전혀 들어 본 적 없는 제품 동영상을 보려면 이 광고를 클릭하라." 별로 흥미롭지 않다. 그렇지 않은가? 방식을 조금 바꾸어 보자. 그러면 더 나은 결과를 얻을 수 있을 것이다. 어떻게 하면 광고에 의존하지 않아도 될 만큼 조회 수가 높은 훌륭하고 가치 있는 콘텐츠를 만들 수 있을까? 솔직히 실제 제품을 입소문 내는 최고의 방법은 제품의 물리적 특성을 실제로 체험할 수 있도록 사람들에게 직접 보여 주는 것이다. 하지만 콘텐츠를 만들고 성공시키기를 원한다면 콘텐츠는 반드시 매력적이어야 하며, 여러분 제품이 다른 제품들과 차별화되는 특성을 강조해야 한다.

8. 전통적인 광고와 홍보 대행사를 어떻게 생각하는가?

내가 홍보 대행사에서 일했다면 정말 짜증 나서 그만두었을 것이다. 더 이상 그다지 중요하지 않은 사람들(예를 들어 기존 언론사 기자)과 관계가 많기 때문이다.

나는 광고 대행사의 사업 모델을 좋아하지 않는다. 여러분의 잠재 고객과 직접 대화할 때 사용하는 콘텐츠를 생산하는 데 왜 다른 사람에게 돈을 지불하고 제작해야 하는가? 나한테는 말도 안 되는 이야기다. 그렇다고 해도 그들이 하는 일을 배우고, 그것을 실제로 일하거나 컨트롤하는 회사에 스스로 적용할 수 있다면 많은 가치가 있다고 생각한다. 대안으로 정말 멋지고 흥미로운 일을 하는 사람들을 돕는 데 집중하면 매체 관심은 자연히 따라올 뿐만 아니라 적극적으로 여러분을 찾아올 것이다.

9. 그로스 해킹 전략을 사용하려면 기술 기반 스타트업을 운영해야만 할까? 아니면 다른 유형의 직업이나 사업에도 적용할 수 있을까? 예를 들어 회계사, 변호사, 토스터 같은 물리적인 제품에도 가능한가? B2B 사업 모델에는 어떠한가?

그로스 해커의 사고방식은 어떤 종류의 사업이든 상관없이 적용 가능하다. 여러분 서비스를 필수적인 것으로 만들고, 어떤 허점이나 충분히 활용되지 않는 틈새 시장을 찾아내고, 입소문 효과를 활성화시켜 결국에는 데이터와 피드백을 기반으로 엄청나게 최적화하면 된다.

사용자 수백만 명을 보유한 소셜네트워크를 그로스 해킹하는 것은 인상적이지만, 고객과 클라이언트를 확보하기보다 무료 제품의 사용자를 확보하는 것이 좀 더 쉬운 일일 것이다. 이런 전술은 궁극적으로 규모가 더 작은 실제 제품이나 식당 등 모든 종류의 사업에 적용할 수 있다.

이것이 바로 내가 책을 그로스 해킹하는 예시로 마무리한 이유다. 나는 제품이 아니라 그로스 해킹의 절차를 적용하는 것 자체가 중요하다는 점을 보여 주고 싶었다. 실제로 아론 긴은 2012년 대통령 선거 운동 캠프에서 그로스 해커로 일했다. 그로스 해커라면 그 기법을 인디고고 캠페인이나 심지어 자선 활동에도 적용할 수 있어야 한다고 말해도 큰 무리는 없을 것이다. 알코올 중독자 회복 프로그램에서 말하는 것처럼 여러분이 그 단계들을 실행하면 각 단계들은 실제로 효과가 있다.

10. 예비 창업가에게 추천할 만한 책이 있다면?

나는 일단 다음 책을 읽기를 추천한다.

- 〈마케팅 불변의 법칙〉(알 리스·잭 트라우트 지음, 한올엠앤씨, 2024)
- 〈권력의 법칙〉(로버트 그린·주스트 엘퍼스 지음, 웅진지식하우스, 2009)
- 〈전쟁의 기술〉(로버트 그린 지음, 웅진지식하우스, 2007)
- 〈안티프래질〉(나심 니콜라스 탈레브 지음, 와이즈베리, 2013)
- 〈고래를 삼킨 물고기: 미국 바나나 왕의 삶과 시간 (The Fish That Ate the Whale: The Life and Times of America's Banana King)〉(리치 코헨 지음, Picador USA, 2013)
- 〈위키노믹스〉(돈 탭스코트 지음, 21세기북스, 2009)
- 〈컨테이저스 전략적 입소문〉(조나 버거 지음, 문학동네, 2013)
- 〈디지털 해적들의 상상력이 돈을 만든다〉(매트 메이슨 지음, 살림Biz, 2009)
- 〈급진주의자를 위한 규칙〉(사울 D. 알린스키 지음, 아르케, 2008)

- 〈새로운 것: 실리콘 밸리 이야기(The New Thing: A Silicon Valley Story)〉(마이클 루이스 지음, W. W. Norton & Company, 2014)
- 〈끌리고 쏠리고 들끓다〉(클레이 서키 지음, 갤리온, 2008)
- 〈보랏빛 소가 온다〉(세스 고딘 지음, 재인, 2004)
- 〈필 잭슨의 일레븐 링즈〉(필 잭슨·휴 델레한티 지음, 한스미디어, 2014)
- 〈위험한 전략〉(춘카 무이·폴 캐롤 지음, 흐름출판, 2009)
- 〈독단적 마케팅: 최악의 사례에서 배우는 승리(Gonzo Marketing: Winning Through Worst Practices)〉(크리스토퍼 로크 지음, Basic Books, 2002)

더 많은 목록을 원하면 이메일로 매월 보내 주는 추천 리스트를 체크하라. https://ryanholiday.net/reading-list/에서 뉴스레터를 등록할 수 있다.

그로스 해커 되기: 다음 단계

이 책은 세부적인 전술을 세세하게 가르치기보다는 새로운 사고방식과 접근 방법을 전달하는 입문서로 기획되었다. 다음 단계로 나아가는 최고의 방법은 직접 해 보는 것이다. 즉, 진짜 그로스 해커 밑에서 연습하라는 이야기다. 전통적이든 그렇지 않든 어떤 마케터도 그들이 실제 업무를 수행하는 방법을 배운 적이 없다. 그들도 일하면서 배웠다. 다행히 지금 이 순간에도 그로스 해킹 팀을 만들고자 하는 스타트업 수천 개와 성장하는 회사들이 있다. 게다가 그런 곳에서 여러분은 월급을 받으면서 배우고 연구할 수 있다.

시간이 없거나 그런 기회가 닿지 않는다면 다음에 언급하는 자료들을 잘 활용하기를 바란다. 이 책에서 다루지 못한 부분을 보충할 수 있는 놀랄 만한 자료들이다.

블로그 및 개인 웹 사이트

- 앤드류 첸의 에세이
  https://andrewchen.com
- 노아 케이건의 블로그
  https://okdork.com
- 패트릭 블라스코비츠
  https://www.twitter.com/pv
- 제시 파머
  http://20bits.com
- 션 엘리스
  https://www.startup-marketing.com
  https://growthhackers.com
- 폴 그레이엄의 에세이
  https://www.paulgraham.com/articles.html
- 아론 긴
  https://www.aginnt.com

- 조시 엘먼
  https://medium.com/@joshelman
- 또는 이들 대부분이 참여하여 질문과 답변이 오고 가는 다음 링크를 일단 팔로우하라.
  https://www.quora.com/Growth-Hacking

책

- 〈린 스타트업〉(에릭 리스 지음, 인사이트, 2012)
- 〈린 기업가: 비전으로 제품을 창조하고, 새로운 벤처를 혁신하고, 시장을 개혁하는 방법(The Lean Entrepreneur: How Visionaries Create Products, Innovate with New Ventures, and Disrupt Markets)〉(브랜드 쿠퍼·패트릭 블라스코비츠 지음, John Wiley & Sons Inc, 2016)
- 〈세상을 바꾼 32개의 통찰〉(제시카 리빙스턴 지음, 크리에디트, 2007)
- 〈바이럴 루프〉(아담 페넨버그 지음, 틔움, 2010)
- 〈린 스타트업 마케팅: 애자일 제품 개발, 비즈니스 모델 디자인, 웹 분석 및 고속 성장을 위한 다른 핵심 요소(Lean Startup Marketing: Agile Product Development, Business Model Design, Web Analytics, and other Keys to Rapid Growth)〉(션 엘리스 지음, Hyperink, 2012)

프레젠테이션, 쇼, 수업

- https://www.creativelive.com/courses/smart-pr-artists-entrepreneurs-and-small-business-ryan-holiday(마케팅, 관심, 무료 홍보에 대해 CREATIVELIVE와 함께 만든 10시간 분량의 코스)
- https://www.slideshare.net/mattangriffel/growth-hacking
- https://www.slideshare.net/yongfook/growth-hacking-101-your-first-500000-users
- https://www.slideshare.net/gueste94e4c/dropbox-startup-lessons-learned-3836587
- https://www.growthhacker.tv
- https://growthhackers.com
- https://www.slideshare.net/yongfook/actionable-growth-hacking-tactics
- https://www.forbes.com/sites/markfidelman/2013/10/15/meet-the-growth-hacking-wizard-behind-facebook-twitter-and-quoras-astonishing-success
- https://www.slideshare.net/vlaskovits/growth-hacker-live-preso-by-patrick-vlaskovits-pv

- https://www.slideshare.net/timhomuth/think-like-a-growth-hacker
- https://www.slideshare.net/ryanholiday/19-growth-hacker-quotes
- https://www.slideshare.net/ryanholiday/the-growth-hacker-wake-up-call
- https://www.slideshare.net/ryanholiday/10-classic-growth-hacks
- https://fourhourworkweek.com/2011/09/24/how-to-create-a-million-dollar-business-this-weekend-examples-appsumo-mint-chihuahuas

그로스 해커 콘퍼런스

- https://growthhackers.com/conference/

한국 우수 스타트업 그로스 해킹 모범 사례

GROWTH HACKING

편역자 이야기

이 책 〈그로스 해킹〉 원서에서는 페이스북, 트위터, 인스타그램, 에어비앤비, 드롭박스, 아마존, 우버, 핫메일 같은 글로벌에서 유명한 스타트업의 그로스 해킹 사례가 잘 담겨 있다. 하지만 입문서로서 여러 사례를 소개하고 동시에 핵심이 되는 기본 원리를 제시하는 것에 집중하다 보니, 좀 더 깊이 있고 상세한 그로스 해킹 사례 아쉬움이 있었다.

앞서 소개한 사례들이 글로벌 서비스고, 이 중에서 상당수는 국내에서도 많이 사용하기 때문에 공감대 형성에 큰 무리는 없다. 하지만 국내의 우수한 스타트업들은 그로스 해킹이라는 새로운 흐름을 어떤 식으로 직접 만들어 가고 있는지 살펴봄으로써 좀 더 그로스 해킹을 잘 이해하고 실천에 옮길 수 있는 동기 부여를 할 수 있다고 생각했다.

그래서 국내 우수 스타트업들이 어떻게 그로스 해킹을 잘 활용해서 실질적인 성장을 이루는지 그 내용을 번역된 원문 뒤에 추가하기로 결정했다. (공동)창업자 또는 대표이사와 인터뷰로 생생한 경험담과 노하우를 전달하고, 허영 지표가 아닌 이 스타트업들이 핵심으로 여기는 실질 지표는 무엇이며, 이런 사례들을 종합했을 때 절대로 놓치지 말아야 할 통찰은 무엇인지 전달하는 것이 이 추가분이 목표하는 바다.

나 역시 2010년부터 스타트업 생태계에서 여러 활동을 하다가 2012년부터는 직접 미국과 한국을 오가며 스타트업을 꾸려 나가고 있다. 그러다 보니 2014년 현재 지난 5년간 각 분야에서 정말 우수한 국내 스타트업과 이 바닥의 선수들을 많이 알았다. 하지만 알고 있는 것과 이런 인터뷰를 진행하는 것은 별개의 이슈다. 자신들이 고생해서 얻은 노하우를 공개하고 공유한다는 것 자체를 부담스러워 하는 것이 국내 분위기다. 심지어 그런 부담감을 이겨 내고 노하우를 공유했으나 기본적인 상도마저도 지키지 않고 악용하는 사례들을 겪으면서 이제는 보수적으로 행동할 수밖에 없는 상황도 인터뷰 섭외 과정에서 접했다. 그럼에도 선뜻 인터뷰에 응할 뿐 아니라 본인도 놀랄 정도로 정말 세세한 경험담과 노하우를 공유해 주신 네 분께 깊은 감사와 존경의 마음을 표한다.

사실 앞으로 소개할 국내 모범 사례 중 일부는 편역자가 진행하는 그로스 해킹 강연에서 몇 번 소개했었는데 엄청나게 반응이 좋았었다. 그로스 해킹식으로 표현하면 MVP(최소 기능 제품)를 이용하여 PMF(제품 시장 적합성)를 테스트하고 만든 후 책 형태로 집어넣는 의사 결정을 한 셈이다. 이 사례들이 앞서 다룬 그로스 해킹의 기본 토대와 시너지를 내어 스타트업은 물론이고 린 스타트업과 더불어 그로스 해킹을 적용할 수 있는 모든 크고 작은 기업들에 동기를 부여하며, 그로스 해킹 '사고방식'으로 변화와 실질적인 성장 기회를 제공하기를 바란다.

❊ ❊ ❊

1판이 출간된 시점에 다룬 사례이지만, 아직도 충분히 도움이 되는 내용이라서 이번 10주년 기념 증보판에도 이 내용을 그대로 담았으며, 이어지는 장chapter에서 'AI 시대, 그로스 해킹 재정의'와 토모큐브처럼 기술 기반의 첨단 스타트업 사례뿐만 아니라, LG전자처럼 누구나 다 아는 분야를 선도하는 대기업이 어떻게 지속적이면서도 혁신적인 패러다임 시프트를 이루어 냈는지도 추가로 이야기할 예정이다.

GROWTH HACKING

시장과 서비스, 조직을 성장시키는 그로스 해킹

: 젤리버스 김세중 대표 :

젤리버스Jellybus(https://www.jellybus.com)는 국내 스타트업이지만 한국보다 세계 무대에서 훨씬 유명하고, 서비스 이용 및 매출 측면 모두에서 글로벌 수준의 규모와 성장세를 보이는 스타트업이다. 젤리버스는 2009년 12월 창업부터 2014년까지 사진 편집 스마트폰 앱 하나에 무섭도록 집중하여 픽스플레이 프로PicsPlay Pro, 몰디브Moldiv, 루키Rookie 등 세계 최고 수준의 제품들을 선보였다. 그 결과 창업 6년 차임에도 부트스트래핑을 거쳐 외부 투자 없이 스스로 성장할 수 있는 자체 성장 엔진을 확보했다. 젤리버스 김세중 대표는 비교적 창업 초창기부터 실험과 정교한 트래킹 및 그에 따른 데이터 분석에 기반을 둔 의사 결정을 계속했는데, 이 자체가 결국 그로스 해킹이었고 현재 성공을 만든 중요한 원동력이다.

그로스 해킹을 이용한 고객과 시장의 발굴

"5년 전 스타트업 창업 초창기 때는 개념이 없었어요."

젤리버스 김세중 대표가 인터뷰를 시작한 첫마디였다. 김 대표는 스마트폰 시대가 오는 것을 보면서 기존 포토샵Photoshop으로 사진 편집을 하던 사람들이 스마트폰에서도 같은 필요를 느낄 것이라고 생각했다. 그 당시 '스마트폰의 포토샵'을 만든 곳은 없었고, 먼저 깃발을 꽂기 위해 1년 6개월간 기술을 개발하여 전문적인 용도의 사진 편집 앱을 만들었는데, 이것이 바로 픽스플레이 프로였다.

김 대표는 제품을 출시하고 고객 반응을 보면서 생각하지 못했던 부분을 알게 되었다. 많은 여성 사용자가 제품 사용이 어렵다며 쓰지 않겠다는 리뷰를 남기는 것을 보았고, 실제 사용자 분포를 보아도 삼십 대 이상의 남성이 많았던 것이다. 일단 삼십 대 이상에서는 호응도가 높았고 매출도 좋았기 때문에 이 타깃 고객 집단에서 최대한 매출을 많이 내는 것에 집중했지만, 곧 커다란 문제에 부딪혔다. 사진 편집 스마트폰 앱 시장이 점점 커지면서 여러 경쟁자가 들어온 것이다. 그러나 그가 봤을 때는 '기능도 빈약하고 우리보다 나을 게 없는데 왜 이런 걸 만들지?' 싶었던 앱들이었다. 문제는 그런 앱들이 엄청나게 인기를 끌었다는 것이다. 김세중 대표는 뒤통수를 맞은 느낌이었다. 그 당시 다수의 사용자가 원하던 것은 뛰어나고 다양한 기능의 '모바일 포토샵'이 아니라 쉽고 간단하게 사용할 수 있는 사진 편집 앱이었다. 당장의 고객은 발굴했지만 대세가 되는 흐름을 읽어서 미래 고객을 발굴하는 데는 실패했다. 그는 이를 계기로 시장이 커질 때는 그 흐름에 맞는 고객을 발굴해야 한다는 것을 배웠다. 결국 제품 시장 적합성은 고정되지 않고 변하기 때문에 지속적으로 체크해야 한다는 점에 주목해야 한다.

이 경험으로 일단 사람들이 제일 좋아하는 기능을 먼저 찾는 쪽으로 젤리버스의 기본 전략이 변경되었다. 이때부터 젤리버스와 김세중 대표의 본격적인 그로스 해킹이 시작된 셈이다. 픽스플레이 프로의 무료 버전인 픽스플레이에 플러리Flurry[115]를 적용하여 앱에서 어떤 기능을 가장 많이 사용하는지 체크했다. 사람들이 가장 많이 쓰는 기능은 사진 여러 장을 하나로 합치는 기능이었다. 이것으로 준비하기 시작한 새로운 제품이 바로 몰디브다.

픽스플레이 프로의 앱스토어 소개 화면

몰디브는 사진을 합쳐서 손쉽게 잡지 같은 이미지를 만드는 기능을 전면적으로 내세웠지만, 픽스플레이 프로에서 선보였던 편집 기능들을 원하는 사용자를 고려하여 옵션으로 넣어 두었다. 이렇게 제품을 출시하니 3주 만에 다운로드를 300만 돌파했고, 출시한 지 1년 반 정도가 지난 시점에는 다운로드가 2000만이 된 히트 제품이 되었다. 몰디브의 이용 계층은 삼십 대 이상의 포토샵에 익숙한 일부 사용자가 타깃이었던 픽스플레이와는 달리 이십 대 초반부터 삼십 대 이상까지 광범위하다. 앱의 핵심 이용 기능을 트래킹과 데이터 분석으로 파악하여 세대를 관통하는 진정한 '제너레이션 앱'을 만든 것이다.

몰디브의 앱스토어 소개 화면

 몰디브를 성장시키는 과정에서 또 하나의 값진 통찰을 데이터에서 얻을 수 있었다. 몰디브 출시 한 달 뒤에 미국에서 스냅챗이라는 메신저가 등장했는데, 출시한 지 3개월 만에 다운로드를 600만 돌파한 괴력을 보여 주었다(이 앱은 현재 전 세계 메신저 시장에서 사진 전송으로는 압도적인 1등을 고수하고 있다). 스냅챗을 조사하다 보니 주된 사용자 계층은 십 대이며 전송하는 메시지 대부분은 놀랍게도 사진이었다. 몰디브의 고객은 이십 대 이상이었기 때문에 십 대가 주 고객층이며 더군다나 젤리버스의 핵심인 사진이 주된 이용 행태인 스냅챗에 관심이 갈 수밖에 없었다. 이때부터 김세중 대표의 관심은 '십 대들의 사진에 대한 욕구와 이용 행태는 무엇일까?'에 온통 쏠렸다. 애스크에프엠Ask.fm[116], 텀블러Tumblr[117], 인스타그램, 페이스북, 트위터 등을 직접 사용하면서 십 대들의 욕구와 행태를 조사했다. 중요한 점은 미국 시장을 지배하는 서비스들을 조사해야 한다는 것이다. 글로벌 서비스라도 한국 시장을 조사하면 미국 시장을 대비한 전략을 도출할 수 없다.

해외 자료들을 조사하고, 나이가 어린 몰디브 사용자들의 서비스 이용 행태를 트래킹하고 분석하면서 굉장히 주목할 만한 사실을 알게 되었다. 십 대들은 사진 편집 자체를 많이 하지 않는다. 다른 연령대 사용자들의 88%는 사진을 편집할 때 다른 앱이나 스마트폰의 기본 사진 촬영 앱으로 찍은 사진을 불러와서 편집하는데, 십 대들은 카메라(촬영)에서 바로 사진 편집을 한다는 점이었다. 즉, 사진 편집 앱의 전체 이용 흐름 자체를 이에 맞게 개선하지 않으면 십 대들에게는 잘 먹히지 않는다는 것을 알게 되었다.

이렇게 해서 젤리버스가 준비한 십 대 타깃의 새로운 제품이 바로 루키다. 루키는 철저한 시장 조사와 서비스 이용 행태 분석으로 얻은 통찰을 최대한 반영하여 십 대들에게 별로 매력적이지 않을 기능들은 과감하게 다 생략하고 그들이 좋아하는 기능들에 집중하여 쉽게 사용할 수 있도록 구성했다. 불러오기 대신 촬영을 앞세운 것은 물론이다. 편집이 아닌 스티커와 텍스트를 이용한 디자인이 핵심 콘셉트이며 서비스 이름도 십 대에게 어필할 수 있게 루키로 지었고, 홍보 화면의 포스터도 이런 부분들을 신경 썼다. 그 결실은 앱스토어에서만 다운로드 1000만이라는 숫자로 맺어졌다.

루키의 앱스토어 소개 화면

젤리버스 김세중 대표에게 그로스 해킹은 고객을 이해하고 그런 고객들로 구성된 시장에서 새로운 기회를 발굴하여 실제 수익으로 만드는 핵심 도구다. 대표 제품 세 개로 몸으로 터득한 그로스 해킹의 참모습이라고 할 수 있다.

그로스 해킹의 답은 고객의 서비스 이용 관찰에 있다

젤리버스의 서비스는 사진 편집이 핵심이다 보니 전 세계적으로 거대한 사진 기반 소셜미디어를 구축한 페이스북과 인스타그램을 활용했다. 처음에는 페이스북을 이용했었는데 고객들의 상호 작용을 보고 점점 인스타그램으로 옮겼더니 훨씬 효과가 좋았다. 인스타그램을 이용하여 자사의 서비스들을 노출하는 전략도 일찌감치 적용했는데, 몰디브에서 편집한 사진을 인스타그램에 포스팅할 때 사진을 설명하는 본문에 자동으로 몰디브에서 편집된 것임을 표시하는 태그$_{tag}$가 추가되도록 했다. 이렇게 하면 해당 태그를 클릭했을 때 그 태그가 붙은 사진들을 손쉽게 봄으로써 몰디브를 노출하고 신규 잠재 사용자를 확보할 수 있는 기회를 만들 수 있기 때문이다. 사실 이것은 서비스 성장에 어느 정도 신경을 쓰는 스타트업이라면 쉽게 볼 수 있는 기법이다. 그런데 김세중 대표는 얼마 후 몰디브에서 이 기능을 없앴다. 왜 그랬을까?

"사용자들이 좋아하지 않고 오히려 불편함을 끼치는 기능은 제공하면 안 됩니다."

김세중 대표의 대답이었다. 그렇다면 그는 이 기능이 사용자에게 외면받는 것을 어떻게 알 수 있었을까? 약간 기술적인 이야기이지만 편집된 사진을 인스타그램에 포스팅할 때 자동으로 추가되는 태그를 수작업으로 삭제하는 일은 간단하지 않았다. 그래서 김 대표는 복잡한 기술로 이를 해결하기보다는 이미 있는 자원을 활용하기로 했다. 몰디브를 통해 인스타그램에 업로드된 사진 개수는 내부적으로 확인이 가능한데, 몰디브 태그가 붙어 있는 전체 인스타그램 사진 개수를 인스타그램 관련 오픈 웹 서비스를 이용하여 확인한 후 그 비율을 살펴본 것이다. 사용자들이 태그를 좋아했다면 이 두 숫자가 거의 같아야겠지만, 사용자들이 좋아하지 않았기 때문에 비율이 낮았다. 그래서 이 기능을 없앤 것이다. 이후 그는 다시 이 기능을 추가했다. 이번에는 왜 그랬을까?

"사람들이 태그를 좋아하기 시작했거든요."

다시 말해 인스타그램에서 태그를 써서 소통하는 것이 점점 인스타그램만의 문화로 정착하고 몰디브 사용자 충성도가 높아지면서 몰디브 태그가 자동으로 추가되는 기능을 오히려 선호하게 되었다는 것이다. 그로스 해킹은 정적인 것이 아니라 이렇게 동적이어야 하는데, 그 이유는 사용자는 항상 변할 수 있기 때문이다.

뉴욕을 방문한 젤리버스 임직원

한편 인스타그램에 몰디브 태그가 붙어 올라오는 사진들을 유심히 보다 어느 날 어떤 옷 사진에 달린 댓글을 읽었는데 마치 쇼핑몰에서 상품을 문의하는 것 같아서 흥미를 갖게 되었다. 제대로 확인하려고 동남아시아의 자카르타까지 직접 갔다. 해당 사진을 올린 사용자와 만나서 이야기해 보니 동남아시아는 인스타그램을 이용해서 간단하게 쇼핑몰을 운영하는 경우가 종종 있다는 사실을 구체적으로 알게 되었다. 이들이 원하는 사진 편집 템플릿을 몰디브에 추가해서 고객 만족도와 함께 매출을 높일 수 있었다.

고객은 최고로 강력한 우리 편

김세중 대표는 한 달에 최소한 이틀은 하루 종일 키워드 검색을 하여 젤리버스의 서비스를 다룬 국내외 블로그를 전부 찾아다니면서 댓글을 단다. 불만을 표시한 글이라도 정중히 사과하며 개선책을 제시하는 형태로 댓글을 달다 보니 정작 좋지 않게 말했던 사용자도 머쓱해 하면서 오히려 나중에는 적극적인 팬이 되는 경우도 종종 있다고 한다. 특히 앱스토어의 앱 다운로드 페이지에 있는 댓글 리뷰는 전 직원이 항상 챙겨 보면서 성실하게 답변한다. 이렇게 로열티가 쌓인 고객들은 누가 시키지도 않았는데 프로그램 오류 같은 정보들을 알려 줄 뿐만 아니라, 심지어 경쟁 제품의 업데이트 사항 같은 요긴한 정보를 댓글 또는 이메일로 알려 준다.

인스타그램 사진이 많이 올라오는 트위터에서도 고객들과 꾸준히 소통한다. 한 번은 팔로워가 5000명 정도 되는 미모의 일본 여성이 멘션을 걸었길래 바로 RT를 하면서 서로 인사를 나누었다. 알고 보니 이 여성은 일본에서 모델로 활동하고 있었다. 나중에 공식 모델로 섭외했는데 무료로 자기 사진을 마음껏 쓰라며 무려 20장을 보내왔다. 물론 그 사진은 일본판 서비스의 홍보 포스터에 이용했고, 이를 본 그 고객은 더욱 신나서 주위에 열성적으로 홍보하고 다녔다.

"미녀들은 무조건 우리 팬으로 만듭니다."

비단 김세중 대표가 총각이라서 이렇게 말하지는 않았을 것이다. 미녀는 분명 마케팅에 강력한 도움이 된다.

현재 젤리버스 서비스 전체 사용자 수는 5000만 명 가까이 된다. 이렇게 사용자층이 넓다 보니 고객들에게서 오는 이메일도 하루에 100에서 150통 정도 되는데, 이 이메일에 하나도 빠짐없이 개별 답변을 한다. 글로벌 서비스를 하기 때문에 다양한 언어로 이메일이 오는데, 젤리버스에는 그렇게 다양한 외국어를 소화할 수 있는 직원들이 없다. 이 문제는 구글 번역기로 해결한다. 다소 어색한 표현이 나올 수는 있지만 고객에게 솔직하게 구글 번역기로 이야기하고 있음을 알려 주면, 고객 반응은 '감동'일 수밖에 없는 것이다. 전 직원이 고객 서비스에 가담하고 주 단위로 고객들의 반응을 정리해서 논의하며 의사 결정에 참여한다. 그리고 이것을 굉장히 효과적으로 외부 홍보와 선전에 활용한다. 즉, 고객들이 어떤 것을 많이 원했기 때문에 빠르게 최선을 다해 반영해서 어떤 결과물을 내놓았다고 효과적으로 어필하는 것이다. 이런 홍보는 고객의 로열티 상승 및 자발적인 구전 효과로 이어져서 새로운 고객을 더욱더 많이 확보할 수 있었다고 한다. 특히 일본 고객들이 이런 전략에 크게 감동을 하는데, 젤리버스 전체 매출 2위를 차지하는 나라가 바로 일본이다.

"애플 디바이스 사용자 중 17%만이 매달 앱스토어에 방문합니다. 그것도 그냥 기존에 설치된 앱을 업데이트하거나 다른 곳에서 링크를 타고 들어와서 설치만 하고 나가는 경우가 대부분입니다. 즉, 앱을 살펴보기 위해 앱스토어에 방문하는 사람은 더 적을 거예요. 앱스토어의 랭킹을 올려서 고객을 확보하려는 것은 이 흐름에는 완전히 뒤처진 전략입니다. 이제 고객을 확보하는 활동을 앱스토어 안에서만 집중할 것이 아니라 고객의 라이프사이클에 맞게 다른 모든 채널에서 전방위적으로 해야만 합니다."

젤리버스의 그로스 해킹은 철저하게 고객의, 고객에 의한, 고객을 위한 방법론이다. 고객에서 시작해서 고객으로 끝난다고 해도 과언이 아니다. 그 결과물은 거대하고 젤리버스의 젤리처럼 달콤하다.

독일 IFA 전시회에 참석한 김세중 대표(오른쪽)와 박준원 부대표(왼쪽)

글로벌라이제이션의 시작은 로컬라이제이션

글로벌이라고 하면 뭔가 한 지역에서 하던 것과는 다른 거창한 것을 생각하기가 쉬운데, 글로벌에서 승승장구하고 있는 젤리버스의 비결은 바로 철저하게 각 지역에 맞추어 로컬라이징을 함으로써 지역별로 성공을 이끈 것이었다.

젤리버스는 2014년 현재 언어를 최대 17개국 지원하는 라인LINE의 뒤를 이어 15개국을 지원하고 있다. 그런데 해당 지역의 언어로 기계적으로 번역하는 것이 아니라 그 지역에 특화된 번역을 적용했다. 예를 들어 사진 앱에서 많이 사용되는 기능인 브러시brush는 한국에서는 붓질로 표현했는데, 현지에서는 어떤 용어로 가장 많이 쓰는지 알아야만 했다. 즉, 여러 유사 용어 중에서 가장 많이 쓰는 용어를 그 나라에서 쓰는 구글 검색 엔진의 도움을 받아 적용했다. 이런 식으로 로컬라이징하여 자연스럽게 검색 엔진 최적화를 하고, 서비스가 검색 결과에 보다 잘 노출되게 했다.

한편 앱으로 사업하다 보면 할인 전략을 잘 세우는 것이 굉장히 중요한데, 그 전략 못지 않게 중요한 것이 할인을 표현하는 방법이다. 미국은 '30% off'라고 표현하지만, 프랑스는 '-30%'라고 표현하는 것이 일반적이다. 어떤 나라에서는 할인이 된 가격을 기준으로 '70%'라고 표현한다. 국가별로 다 다른데 이것을 알아내려고 해당 국가의 대형 백화점 등을 직접 돌아다녔다. 로컬라이징 작업을 시작하면 보통 한 달은 훌쩍 지나가기 때문에 담당 PM은 죽어난다고 한다. 하지만 성과는 엄청났다. 할인 문구를 최적화한 것만으로도 매출이 무려 50% 성장했고, 앞서 언급한 검색 엔진 최적화를 잘했더니 30%가 성장했다. 이렇게 하나하나 구체적인 그로스 해킹 과정이 서로 시너지 효과를 얻어 200~300% 매출 성장을 이루었다.

"고객이 할인에 보이는 반응은 굉장히 문화 심리적입니다. 그래서 그 나라의 백화점 세일 문구와 할인 정책의 변화 흐름을 많이 연구했어요. 글로벌 그로스 해킹보다는 내가 원하는 곳의 그로스 해킹에 최근 집중하고 있습니다. 그래서 현지에 자주 가려 하고 있어요."

세부 타깃 실험과 그에 따른 구체적인 반응의 측정 및 분석을 토대로 한 의사 결정, 젤리버스의 그로스 해킹은 이런 기본에 충실했기 때문에 각 로컬 시장들이 모인 글로벌 시장에서도 성공하고 인정받고 있다 말할 수 있다.

조직에 대한 그로스 해킹

회사의 성장은 창업을 한 기업가의 성장과 연결되면서도 별개의 의미를 지닌다. 그리고 이상적인 회사 성장에는 임직원들의 성장이 동반될 필요가 있다. 김세중 대표는 이 부분을 계속 고민하며 여러 가지 방법을 시도했으나 딱히 마음에 드는 성과가 나오지 않았다. 임직원들 사기를 고양시키고 애사심을 기르고자 주기적으로 해외 여행도 다녀왔지만 해외에 나갔을 때만 잠깐 효과가 있을 뿐 돌아오면 다시 제자리인 모습을 보니 안타까웠다.

하지만 김 대표는 포기하지 않고 계속 노력했다. 여러 스타트업이 모이는 밋업meetup도 같이 가고, 현지 사용자들을 찾아서 함께 인터뷰도 하며 현지 관광과 엮어서 하니 자연스럽게 조직원이 서비스와 서비스 사용자에게 애정을 갖게 되었다. 나아가 조직에 애정도 갖기 시작했다고 한다. 덤으로 영어 실력도 늘고.

생각해 보면 당연하다. 자신이 기여해서 만든 제품을 쓰는 사람, 그것도 한국인이 아닌 외국인이 그 제품을 어떻게 여기는지 직접 보고 경험하는 것만큼 동기 부여가 되는 것도 드물다. 싱가포르에서는 루키를 이용하는 사람이 많은데, 젤리버스 직원들은 싱가포르 여행 기간 동안 루키 고객들을 만나면 무조건 "우리가 만들었다."라고 하면서 같이 어울려 놀았다고 한다.

싱가포르 고객들과 만남의 시간

이런 멋진 조직을 꾸린 젤리버스는 2014년 11월 29일자로 제공 서비스 누적 다운로드 5000만을 돌파하는 위업을 세웠다. 직원 10명의 작은 스타트업에서 사진 편집 앱 하나를 파고들어 5000만 다운로드를 달성한 것은 세계적으로 대단한 기록이다. 그로스 해킹은 제품에서만 할 수 있는 것이 아니다. 그로스 해킹은 사고방식이자 절차이기 때문에 사실상 모든 것에 적용해 볼 수 있으며, 적용해야 할 중요한 대상이 바로 조직이다.

젤리버스가 집중해서 보는 그로스 해킹 핵심 지표

- 월간 사용자 수
- 월간 앱 사용 횟수
- 앱 설치 비율 대비 앱 삭제 비율
- 구매 전환율
- 제품 시작부터 종료까지 이용 흐름
- 각 기능 사용률 비교(인기 없는 기능의 업그레이드 혹은 개편을 위해)
- 인기 필터군 선호도(젤리버스에는 사진 필터가 제일 중요한 킬러 콘텐츠이기 때문에 기술뿐만 아니라 트렌드도 분석하기 위함)
- 제품별 사용자 연령층/성별 분포도

젤리버스 김세중 대표가 추천하는 그로스 해킹 도구

□ 플러리

김세중 대표는 구글 애널리틱스도 써 봤지만 젤리버스 앱에서는 플러리가 더 잘 맞는다고 판단했다. 플러리 단점은 유실되는 데이터가 약간 있다는 것인데 원하는 구조의 이용 행태 분석을 하기에는 플러리면 충분하다고 했다. 특히 이벤트 체크 기능과 이용 흐름 체크 기능을 많이 사용하고 있다.

□ 앱스태틱스

앱스파이어Appsfire라는 모바일 광고 회사에서 인수한 앱으로, 애플 앱스토어에서 매주 가장 인기 있는 앱을 정리하여 보여주는 유료 앱이다. 한 주의 인기 있는 앱들을 살펴본 후 다음 주와 다다음 주에도 계속 랭킹에 올라와 있는지 체크해서 지속적으로 눈여겨보아야 할 잠재 경쟁자 및 시장의 주요 제품들을 확인한다. 스냅챗도 이 앱에서 발견했다.

성과가 있는 마케팅을 효율적으로

: 박지희 부사장 :

요기요YOGIYO(https://www.yogiyo.co.kr)는 한국의 대표적인 온라인 배달 음식 주문 서비스다. 또 다른 대표적 배달 음식 주문 서비스인 '배달의 민족'이 한국에서 태어난 스타트업이라면 요기요는 20개국 이상에서 성공적으로 자리를 잡은 딜리버리 히어로Delivery Hero의 11번째 글로벌 서비스다. 한국에 최적화된 서비스를 제공하려고 브랜드 자체를 요기요로 변경하여 시작했다. 브랜드만 변경한 것이 아니라 여러 측면에서 딜리버리 히어로와는 차별화해서 독창적으로 시도하여 성공으로 이끌었는데, 그 이면에 깔린 강력한 그로스 해킹을 지금부터 소개한다.

배달 음식점 광고가 아닌 배달 주문 처리 서비스

요기요가 2012년 6월에 서비스를 시작할 때는 '배달의 민족', '배달통' 등 모바일 앱 형태의 배달 음식 서비스가 있었다. 단 이 서비스들은 배달 음식점이 광고비를 지불하면 앱에서 해당 음식점을 소개하는 디렉터리 광고 서비스가 본질이었으며, 주문을 받아 처리해서 배달하는 서비스는 요기요가 최초였다. 요기요는 딜리버리 히어로의 한국 로컬라이징 브랜드로 KPI Key Performance Indicator[118] 관리 방법이나 참고할 만한 우수 사례 등을 차용했지만, 제품 개발이나 마케팅 의사 결정 등 기업의 핵심 활동들은 모두 자체적으로 진행했다.

> "굳이 딜리버리 히어로와 같은 비전(맛있는 최고의 음식을 편리하게 먹게 해 준다)을 지켜야 한다고 생각했던 건 아닌데 먹을 것 가지고 장난치지 말고, 약속한 부분은 지키자고 생각하며 운영하다 보니 결국 같은 그림을 그리고 있더라고요."

요기요의 마케팅을 총괄하고 있는 CMO Chief Marketing Officer 박지희 부사장이 한 이야기다. 이같이 자연스럽게 공유된 비전을 토대로 제품 개발을 포함한 실제 액션은 한국 시장에 맞게 독자적으로 진행할 수 있는 상황에서 디렉터리 광고 서비스가 아닌 배달 주문 처리 서비스에 집중하다 보니 자연스럽게 다음 사항을 반영한 초기 제품을 개발했다.

- 터치를 최소화한다.
- 연락처와 배달 주소만 있으면 된다.
- 회원 베이스로 무언가 데이터를 쌓아서 하기보다는 간편하고 빠르게 하는 것이 우선이다. 따라서 회원가입도 주문 마무리 이후 추가 혜택을 제공하는 옵션으로 뺀다.

"이렇게 해서 나온 앱에 대한 고객 피드백 중 많았던 것은 '공대생이 만든 앱 같아요'였습니다.[119] 군더더기 없이 최대한 간편하고 빠르게 처리하는 것에 최우선순위를 둔 결과라고 생각합니다."

이 원칙대로 만든 요기요의 서비스 이용 절차는 '홈 → 음식점 목록 → 음식점 상세&메뉴 → 장바구니(주문표) → 결제 및 주문완료'의 명확한 단계로 구성되었다. 요기요를 높게 평가하는 사람들 모두 리뷰에서 주문 단계가 간단하고 편리하다고 말한다. 이런 명확한 단계는 자연스럽게 그로스 해킹에서 중요한 개념인 퍼널을 만들었다.

"보통은 퍼널에서 뒤로 갈수록 많이 걸러지지만, 뒤로 가도 넓은 깔때기 모양이 나오도록 최대한 집중했습니다. 서비스를 출시하고 몇 개월은 매일매일 이 퍼널 데이터만 보고 있었어요. 홈에서 음식점 목록으로 넘어가는 첫 번째 퍼널 전환율이 80~90%였습니다."

이 정도면 첫 번째 퍼널 전환율로는 상당히 좋은 결과다. 박지희 부사장의 말에 따르면, 퍼널 시작인 홈에서 제시하는 핵심 메시지는 "어디로 배달해 드릴까요?"였다. 이런 메시지의 선정과 자리 매김은 다음 퍼널로 전환에 상당한 영향을 미친다. 하지만 가장 중요한 요인은 마케팅을 통해 홈으로 끌고 온 트래픽의 질과 성격이라고 그녀는 이야기한다. 고객을 끌고 온 채널에서는 CTR Click Through Rate[120]이 높고 CPC Cost Per Click[121]가 좋게 나와도 전환율이 낮으면 좋은 트래픽이라고 할 수 없다. 해당 채널에서 노출이 클릭으로 이어져서 최종적으로는 전환되어야만 의미 있는 고객 확보라는 결과로 이어지기 때문이다. 요기요에서는 고객에게 접근하는 채널별로 CAC Customer Acquisition Cost: 고객 확보 비용가 적당하느냐 아니냐를 기준으로 항상 의사 결정을 했다. 고객 한 명을 전환시켜 확보하는 데 들어가는 모든 비용을 고려하는 것이다.

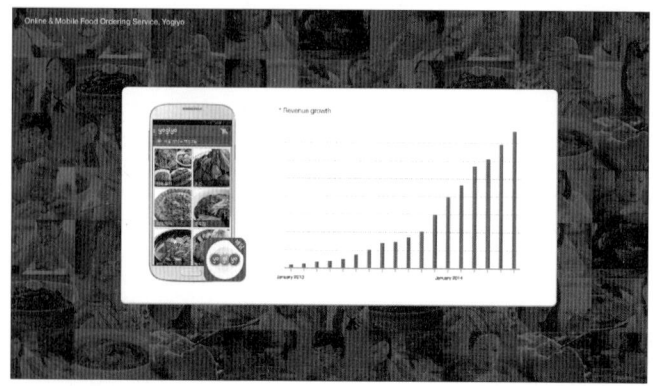

요기요의 매출 성장 추이

2012년 말까지는 CAC 기준으로 운영했는데, 좀 더 정교하게 성과를 측정해야겠다는 생각이 들도록 하는 계기가 있었다. 할인 쿠폰 캠페인을 진행해서 고객 확보 비용은 꽤 낮았지만, 이렇게 확보한 고객들을 코호트 분석해 보니 확보한 다음 달부터 실제 매출 기여도가 매우 낮았다. 즉, 캠페인을 한 채널에서 할인 쿠폰만 사용하고 서비스에서 빠지는 체리피커가 많이 유입되었던 것이다. 일반적인 키워드 광고로 유입된 고객들의 CLTV Customer Life Time Value[122]가 상승 곡선 형태라면 이 고객들의 CLTV는 바닥을 기고 있었다. 이 일을 계기로 CAC와 CLTV가 만나는 지점에 도달하는 기간을 팀의 KPI로 잡았다. 즉, 고객이 회사에 제공하는 매출이 최소한 그 고객을 확보하는 데 들어간 비용을 만회하는 수준에 도달하는 기간을 어떻게 해서든 줄이는 것이 팀 목표였다. 어떤 회사나 해당 목표에만 집중할 수 있을 때는 이것이 가장 과학적이면서 현실적이고 상식적인 기준이라고 말할 수 있다.

> "다른 경쟁사들은 주로 코리안 클릭[123]의 데이터를 기준으로 보도 자료를 많이 내는 편입니다. 체크하고 참고는 하지만 그에 따라 우리 행동이 좌지우지되지는 않습니다. 내부에서 나온 온전한 데이터를 가장 신뢰합니다."

방문자 수나 페이지 뷰는 앞서 다루었듯이 허영 지표가 될 가능성이 높다. 실제 성과에 직접적으로 이어지는 지표가 바로 그로스 해커가 추구하는 지표다. 박지희 부사장은 그런 의미에서 언급한 것이며, 이 지표로 마케팅하는 것에는 큰 의의를 두고 있지 않다. 이와 같이 요기요는 제품의 개발과 운영에 직결된 마케팅 모두에서 그로스 해킹에 굉장히 충실한 절차 및 접근 방법을 이용하여 엄청난 매출 성장을 거쳐 시장 선두로 올라섰다.

IPTV 광고의 신기원을 이룩한 요기요

한국 시장에서 사업을 시작한 후 어느 정도 성공의 가능성이 보이자, 딜리버리 히어로에서 먼저 본격적으로 TV 광고를 하면 어떻겠냐는 제안을 했다. 딜리버리 히어로는 TV 광고가 굉장히 효과가 있었기 때문이다. 박지희 부사장은 이 제안을 받았을 때 솔직히 부담스러웠다. 유럽과 달리 우리나라는 TV 광고 방송 단가도 비싸고 제작 단가도 많이 비쌌기 때문이다. 지상파 광고를 하려면 광고비 몇 억 정도로는 턱없이 부족할 것이고, 한국 TV 광고 시장은 패키지라는 관습이 있어 잘 안 팔리는 광고 상품과 패키지로 묶어서 구매해야 했기 때문에 선뜻 손이 가지 않았다. TV 광고와 비슷한 속성을 지닌 모든 채널을 열심히 조사해서 내린 결론이 바로 IPTV였다. 박지희 부사장은 왜 IPTV를 선택했을까?

"그때가 2012년 9월, 서비스를 출시한 지 3~4개월이 되던 때였어요. 그 당시 IPTV는 광고주에게 인기가 없는 채널이었습니다. 당연히 광고 단가도 저렴했는데 가격은 둘째치고 CPM_{Cost Per Mille}[124] 기반이라서 너무 좋았습니다. 일반적인 TV 광고가 GRP_{Gross Rating Points}[125] 같은 지표들로 패키지가 구성되는 것에 반해, IPTV 광고 상품은 거의 온라인 마케팅과 유사한 형태로 되어 있었습니다. 제 입장에서 더욱 매력적이었던 것은 타깃팅이었어요. 지역별, 시간대별, 프로그램 카테고리별(스포츠 중계, 미국 드라마 등)로 구분하여 광고를 내보낼 수 있었고, IPTV에 가입한 가정의 기본 프로필로 대략적인 인구 통계의 특성도 파악하여 타깃팅에 활용할 수 있었습니다. 그래서 적은 금액으로 IPTV에서 TV 광고를 시작해 보았습니다."

처음에는 효과가 미미했는데 2~3주간 적은 금액으로 광고를 집행해 보았더니 왠지 될 것 같은 느낌이 왔다고 한다. 비슷한 페이스로 1개월을 해 보니 매출로 이어지는 실질적인 효과가 확실히 발생했다. 각 시간대에 발생하는 매출을 뽑아서 히트맵을 그려 보니 광고를 통한 매출 상승의 선후 관계가 꽤 명확했다. 이런 데이터들을 보면서 시간대도 더욱 세밀하게 타깃팅하여 효율을 높였다. 그다음에는 지역별, 프로그램 카테고리별 등 다른 요소들을 모두 대비해 보면서 그 효율을 측정했다. 이런 종합적인 데이터를 바탕으로 IPTV 사용자와 요기요 사용자의 매칭이 가장 높을 시간대로 정밀 타깃팅해서 운영했다.

요기요가 IPTV에 광고를 집행한 시기를 회상해 보면, 마치 IPTV만 틀면 무조건 요기요 광고가 나오는 것처럼 보였었다. "대체 광고를 얼마나 하는 거야?"라는 생각이 들 정도로 말이다.

요기요 IPTV 광고 영상 모습

"이렇게 1년을 했더니 요기요가 마케팅 예산에 월 20억을 쓴다는 기사가 나왔더라고요. '역시 돈 많은 외국계 회사가 뒤에 있는 스타트업이니까 저렇게 돈을 펑펑 쓴다'는 곱지 않은 시선도 있었고요. 사실 저희가 쓴 돈은 2억도 안 됩니다. 광고 집행 결과 리포트를 워낙 많이 달라고 하니 대행한 랩사에서 싫어했어요. IPTV에서도 이런 리포트가 나오는지 요기요 때문에 알게 되었다는 랩사도 있었죠."

이렇게 1년 동안 IPTV를 계속 파고들다 보니 박지희 부사장은 자연스럽게 IPTV 광고 전문가가 되었다. 워낙 성과가 좋았기 때문에 독일에서도 깜짝 놀라서 대체 TV에서 어떻게 이런 CAC가 나올 수 있느냐고 하면서 유럽에서 우수 사례로 발표해 달라는 요청도 받았다고 한다. 이렇게 요기요가 성공하고 나니까 지금은 IPTV에 광고를 싣는 단가가 3배 가까이 올랐고, 심지어 시간대를 맞추려면 할증 요금을 내야 하는 정책도 생겼다. 현재는 자동차, 아웃도어, 카드사가 많이 활용하고 있는데, 요기요만큼 통찰과 성과를 얻으려면 예전 대비 광고비를 최소 10배 써야 할 것이라고 박 부사장은 이야기했다. 인상된 광고 단가로 효율이 감소해서 요기요 역시 예전처럼 집중하지는 않는다고 한다.

요기요는 고도로 체계적인 IPTV 광고로 성장 기반을 마련했고, IPTV 광고 시장은 요기요 덕분에 새로운 매출 아이템을 만들었다. 2013년 기준 전월 대비 매출 성장률은 월평균 30~35%로 급성장했고, 본격적으로 감을 잡았다 싶었을 때는 성장률이 월 90%였다. 이 모든 지표는 허영 지표가 아닌 실질 매출 기준이며, 앱이나 웹 사이트 방문 트래픽 기준으로는 훨씬 더 컸다. 반면에 이런 성공 뒤에는 시장의 카피가 필연적으로 뒤따를 수밖에 없었다.

"버스 옆구리에 몇 가지 최적화 기법을 적용해서 매핑 광고를 했는데 처음에 예상했던 것보다는 꽤 효과가 좋았습니다. 이렇게 하고 나서 3개월이 지나니까 경쟁사에서 바로 똑같이 하더라고요. 그렇게 되자 단가가 많이 올라가서 그만두었습니다. 네이버 키워드 광고 결과를 토대로 구글 플레이 앱스토어에서도 ASO App Store Optimization[126]를 적용하여 테스트했습니다. 그 결과를 갖고 다시 앱 설명을 최적화했고요. 그렇게 한 지 얼마 되지 않아서 경쟁사 앱 설명이 토시 하나 틀리지 않고 똑같아졌습니다."

시장을 선도하는 업체 활동은 항상 경쟁자 및 후발 주자가 고스란히 따라 할 수 있다는 위험을 감수해야 한다. 하지만 그로스 해킹의 근본은 실험하고, 그 결과를 분석하여 창조적인 수단으로 성과를 만드는 끊임없는 혁신에 있다. 이런 과정이 쌓이다 보면 겉으로 드러나는 것을 복제해서는 절대로 같은 성과를 낼 수 없는 경지에 도달하게 된다. 그로스 해커가 두려워해야 할 것은 경쟁자 카피가 아니라 스스로의 나태함이다. 요기요는 이런 관점에서 훌륭한 그로스 해킹을 하고 있다고 볼 수 있다.

서비스 본질을 혁신한 요기요의 그로스 해킹

"사실 요기요에서 진짜 데이터쟁이에 그로스 해커는 제가 아니라 COO Chief Operation Officer를 맡아 콜센터 운영, 인력 구성 등 전체 서비스 오퍼레이션을 총괄하고 있는 독일인 부사장입니다. 별명이 엑신(엑셀의 신)이에요."

그는 전략 컨설턴트 출신으로 원래 딜리버리 히어로 독일에서 현지 시장을 조사하려고 파견된 직원이었다고 한다. 그런데 한국 시장을 조사해 보니 성장 가능성이 엄청난 곳이라는 판단을 내려 독일에서 자리를 자발적으로 사직하고 요기요 부사장으로 참여했다.

요기요는 배달 음식 주문자와 배달 음식점 점주를 연결하는 서비스이기 때문에 양쪽 모두 상당히 신경을 써야 하는 사업 구조다. 독일이나 유럽은 웹 사이트를 이용한 주문이 전체 매출의 50% 이상을 차지하지만, 한국은 매출의 90% 정도가 모바일에서 발생할 정도로 스마트폰 앱 이용이 높다. 하지만 점주는 IT 기술에 익숙하지 않은 사람들도 있다 보니 간혹 매장에 설치된 요기요 단말기를 끄고 켜는 것을 사람이 직접 통제할 필요도 있다. 현실적으로 서비스가 높은 품질을 유지하려면 콜센터에서 중간에 전화로 챙겨야 할 부분도 여전히 있다. 즉, 서비스를 잘 운영하려면 투자해야 하는 자원이 정말 많은 것이다. 독일인 부사장은 이런 부분을 모두 고려하여 방대한 데이터를 분석하여 의사 결정하고, 최대한 효율적이면서 최적 상태의 자원을 투입하여 서비스를 운영한다. 이와 관련하여 마케팅과 기술, 서비스가 모두 결합된 상당히 모범이 될 만한 그로스 해킹 사례가 하나 있다.

"요기요로 주문을 하면 실제로 그 음식이 눈앞에 배달되는 확률이 예전에는 몇 %였다고 생각하세요?"

박지희 부사장이 뜬금 없이 질문했다. 왠지 100%는 아닐 것 같다는 생각에 대략 92%라고 넘겨 짚었는데 정답이었다. 왜 돈 내고 주문하겠다는데 5~10% 실패가 발생할까? 배달하고 오는 중에 사고가 났을까? 서비스 데이터를 분석하여 나온 결론은 주문이 들어와도 처리할 수 없는 상황일 때 대부분 실패가 발생한 것이다. 그리고 처리할 수 없는 상황의 구체적인 원인은 바로 배달 가능 지역 설정 자체에 있었다. 예를 들어 강남구 역삼동에 있는 어떤 아파트에서 역시 강남구 역삼동에 있는 배달 음식점에 주문을 한다고 하자. 언뜻 보아서는 아무 문제없어 보이지만 사실은 그 동의 면적이 크거나 배달하는 음식점의 여러 사정으로 음식점마다 실제 배달 가능한 구역은 그 동의 일부분일 수도 있고, 혹은 다른 동까지 가능할 수도 있다.

"회사 내에 '성공률 향상 팀'이 있습니다. 팀의 리더가 COO죠. 요기요 서비스의 모든 절차를 추적하고 분석하고 개선해서 매출을 만드는 최종 성공률을 높이는 일에 몰두하는 팀입니다. 이 팀에서 배달 실패가 발생하는 모든 음식점의 데이터를 다 파고들었고 그 결과 행정 구역 기반의 음식 배달은 처리가 불가능한 구멍이 많다는 것을 발견했습니다. 그래서 이를 해결하기 위해 폴리곤 지도 시스템을 개발했습니다. 개발 자체는 그렇게 많이 어렵지 않았지만 점주들을 찾아가서 실제 배달 가능 지역을 지도상에 선을 그어 입력하게 하는 작업을 하는 등 운영과 실행이 어려웠습니다. 이렇게 구축한 폴리곤 지도로 주문 고객의 스마트폰 GPS를 판별하여 그 지점에 실제로 배달이 가능한 배달 음식점을 보여 주었고, 그 결과 배달 실패율을 거의 0%에 가깝게 줄였습니다. 이렇게까지 하는 곳이 이 업계에는 거의 없었습니다."

요기요가 새로 만든 폴리곤 배달 지도 시스템

기술과 마케팅을 결합하여 제품 자체를 개선하여 만드는 성장이다. 그로스 해킹의 근본 정신이자 추구하는 이상향에 딱 맞는 훌륭한 사례라고 할 수 있다. 창업부터 지금까지 그로스 해킹 마인드로 똘똘 뭉쳐 있는 요기요이기에 가능한 결과가 아닐까?

박지희 부사장, 그리고 팀

박지희 부사장은 요기요에 합류하기 전에 인터컨티넨탈 호텔 그룹InterContinental Hotel Group에서 퍼포먼스 마케팅performance marketing을 성공적으로 이끈 뛰어난 디지털 마케터다. 마케팅 기반의 그로스 해커라고도 할 수 있다. 하지만 그녀가 이끄는 팀 멤버 상당수는 다른 분야의 경력이 있거나 숫자 기반 마케팅에 전혀 경험이 없는 사람, 심지어 요기요가 첫 회사인 사람도 있었다. 그럴 수밖에 없는 것이 스타트업이기 때문이다. 박 부사장은 어떻게 성과를 내는 우수한 팀을 만들었을까?

"입사하고 첫 6개월은 일과 교육을 동시에 할 수밖에 없었습니다."

일주일에 두 번씩 정기 미팅을 하면서 업무에 사용되는 여러 데이터가 각각 왜 의미 있는 데이터인지 반복해서 매번 설명했다고 한다. 그리고 '테스트 → 실행 → 최적화'의 주기를 항상 강조하며 KPI도 습관적으로 공유했다. 특히 조직원 각자가 맡아서 운영하는 채널을 월요일에 보고 하는데(배달 음식은 주로 주말에 많이 시켜 먹기 때문), 이 보고서를 받을 때마다 매번 피드백을 주었다. "의미 있는 데이터인지 재차 고민해 보고, 보고서를 받는 상대방 관점에서 정말 필요하고 보고 싶어 하는 데이터인지 생각해 봐라."가 피드백 핵심이었다. 채널마다 보아야 하는 특성이 달라 처음에는 아예 포맷 자체를 주지 않고 어떤 식으로 다르게 들고 오는지 관찰하기도 했다.

"포맷이 갈수록 진화하는 것을 보면서 보람을 느꼈어요. 광고 대행사에서 1년 정도 경력이 있는 사람들은 업무 보고를 할 때 주로 클릭 수나 CPC 같은 허영 지표를 내세웠는데, 이런 거 필요 없으니 실제로 도움이 되는 전환율과 CAC를 보여 달라고 닥달했죠. 잘못된 습관입니다. 한편 요기요에 입사하기 전 디자인을 담당하던 친구를 웹 디자이너로 뽑았는데, 어느 날 캠페인 아이디어를 들고 왔어요. '예상 트래픽 및 다른 캠페인의 기존 데이터를 봤을 때 어느 정도 CAC가 예상되고 어떤 사용자 유지율이 가능하기 때문에 이렇게 하면 좋겠다'는 안을 엑셀 그래프와 함께 들고 온 거예요. 감동이었습니다."

웹 디자이너로 뽑았지만 감각이 있었고 그 감각이 박 부사장의 교육으로 제대로 발현되고 계발된 것이다. 그 디자이너 출신 직원은 현재 요기요 오프라인 마케팅 전담 팀장이다. 그로스 해커에 어울리는 자질은 분명히 존재한다. 하지만 타고난 자질을 발견하고 부족한 부분을 계발하기 위해서라도 데이터 및 지표를 끊임없이 추구하고 반복적으로 현상을 고민하며, 지속적인 교육과 자기 학습과 연습은 꼭 필요하다. 이런 과정을 조직 차원에서 진행하면 우수한 그로스 해킹 팀을 만들 수 있다.

요기요를 이끄는 핵심 멤버들. 오른쪽 세 번째가 박지희 부사장

요기요가 집중해서 보는 그로스 해킹 핵심 지표

☐ CAC(고객 확보 비용)
☐ CLV(또는 CLTV, 고객 생애 가치)
☐ 제품의 퍼널별 전환율
☐ 주문 처리 성공률
☐ 고객만족센터 콜 서비스율

요기요 박지희 부사장이 추천하는 그로스 해킹 도구

□ **엑셀**

가장 훌륭한 도구는 엑셀이라는 답변이었다. 구글 애널리틱스는 제대로 알고 깊게 사용할 때 뛰어난 가치를 낼 수 있다고 평가했다.

□ **옵티마이즐리(optimizely)**

마케팅 팀에서 사용하는 것은 아니지만 제품 개발 팀에서 A/B 테스팅을 할 때 즐겨 쓰는 도구다.

GROWTH HACKING

고객을 위한 막노동에서 답을 찾은 그로스 해킹 초보

: 헬로마켓 한상협 공동창업자 :

헬로마켓(https://www.hellomarket.com)은 한국을 대표하는 모바일 중고 거래 장터 서비스다. 국내 온라인 중고 거래는 전통적으로 네이버 카페 '중고나라'가 시장을 대부분 점유하고 있었다. 카페라고 하니 동호회를 떠올리기 쉽지만 중고나라에서는 거의 거대한 기업에 버금갈 정도로 많은 중고 거래를 하고 있다. 중고 거래에 대한 시장 수요가 확실히 크다는 의미다. 시장 수요가 크지만 중고 거래는 태생적으로 사기라는 위험을 안고 있기 때문에 이 문제가 해결되지 않으면 성장 속도가 느릴 수밖에 없는 영역이기도 하다. 헬로마켓은 이런 문제들을 해결하면서 중고 거래를 하고 싶은 개인의 욕구를 충족시키고, 궁극적으로 개인과 개인 사이의 거래를 활성화시키는 데 기여하겠다는 비전을 갖고 출발했다.

헬로마켓 모바일 앱 소개 화면

앞으로 모든 상거래의 글로벌 화두는 O2O_{Online to Offline}와 개인 간 거래, 공유 경제다. 이 흐름에서 중요한 역할을 하고 있는 헬로마켓은 특이하게도 수익 모델이 없다. 즉, 중개 형태의 거의 모든 전자상거래 서비스가 취하고 있는 상품 등록 수수료, 거래가 완료되면 부과하는 중개 수수료가 0이다. 회사를 운영하는 최소한의 비용은 이 비전과 팀에 공감한 투자자들의 적지 않은 투자금으로 충당된다. 굉장히 특이한 회사이지만 초기 사업에서 가장 중요한 '잘 버티기'를 성공적으로 하고 있고, 헬로마켓을 통한 거래 규모가 커지면서 실질적으로 알차게 성장하고 있다. 헬로마켓은 어떻게 시장을 성장시키고 있을까?

모바일이 답이라는 것을 알려 준 제품 시장 적합성

"진짜 아무것도 몰랐습니다."

한상협 공동창업자의 이 짧은 한마디에서 인터뷰가 시작되었다. 헬로마켓의 창립 멤버들은 전략 컨설턴트 및 대기업 미국 지점장, 국제 변호사, 예일대학교와 하버드대학교 졸업생에 나이도 30대 후반 이상이다. 이미 양과 질 차원에서 상당한 수준의 사회 경험을 한 사람들이다. 저런 이야기가 나오면 당연히 의아할 수밖에 없다.

"비전, 비전에 대한 믿음, 열정 그리고 약간의 아이디어만 있었습니다. 스타트업의 실체가 어떤 것인지도 전혀 몰랐고, 심지어 개발이 얼마나 중요한지도 처음에는 하나도 몰랐습니다. IT 제품을 만들어야 하는 회사인데 초기 창립 멤버에 개발자가 한 명도 없었으니 말 다했죠. 정말 운 좋게 훌륭한 CTO Chief Technology Officer를 동업자로 모시게 되어 시작할 수 있었습니다. 헬로마켓이 잘

되고 있는 95% 이유는 개발 팀에 있다고 생각합니다. 정말 맨땅에 헤딩하며 계속 실수하면서 배우며 여기까지 왔습니다."

헬로마켓의 초기 모토는 '모바일 앱 퍼스트Mobile App First'였다고 한다. 역시 선견지명이 있었다고 생각하며 그 구체적인 이유를 물어보니 엉뚱한 대답이 나왔다.

"처음에 모바일 앱 퍼스트라고 한 이유는 시장 예측과는 달리 앞으로 어느 정도는 여전히 모바일보다 웹이 더 클 것이라고 생각해서였습니다. 앱 시장이 성장하더라도 사용자 행동은 그에 비해 더 천천히 진행될 것이라고 창립 멤버들은 판단했습니다. 그런데 왜 저렇게 모토를 잡았냐 하면 웹을 제대로 만들려면 시간이 많이 필요한데 모바일 앱은 화면도 작아 아무래도 개발을 빨리 할 수 있을 것이고, 웹 서비스는 네이버에 유료 광고를 집행하지 않으면 쉽게 노출되기 어려운데 앱은 초창기다 보니 이슈가 되어 상대적으로 잘 노출될 수 있겠다고 생각했죠. 즉, 메인은 웹 서비스이지만 앱을 일종의 마케팅적인 매력 요소로 잡아서 웹으로 끌고 오는 전략이었습니다. 그래서 저 모토가 나온 것입니다."

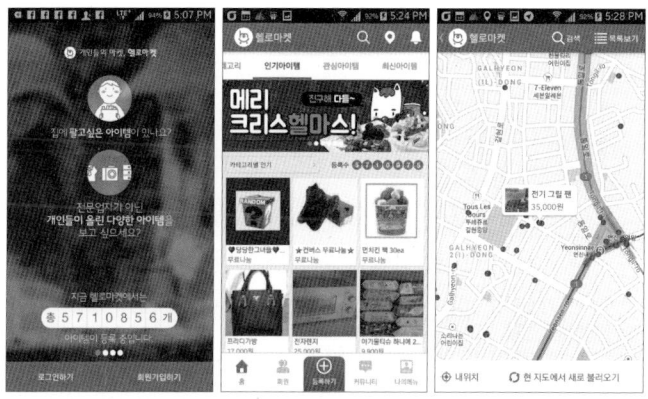

헬로마켓 앱 실행 화면. 2014년 12월 2일 기준 571만 개가 넘는 거래 물건이 등록되었다

    한마디로 소 뒷걸음질을 치다 쥐 잡은 격이었다. 모바일은 단지 마케팅 구실로 먼저 시작한 것이었는데, 정작 시장은 이들의 예상을 완전히 뒤엎고 모바일이 기존 웹을 잡아먹어 버렸다. 사실 모바일 앱을 개발하면서 웹 사이트도 같이 개발했었다. 이 웹 서비스를 만들면서 여러 가지 기능과 기술을 정말 많이 고민했는데 대표적인 것이 실시간 채팅이었다. 너무 쉽게 생각하기도 했고 빠른 시간 안에 개발하다 보니 테스트가 충분하지 않아 이런 기능들에 결함이 있었던 것도 사실이다. 하지만 체크해 보니 고생해서 준비한 기능을 결과적으로 사용자는 거의 사용하지 않았고, 웹 사이트 자체의 접속과 이용률이 모바일 앱에 비해 현저하게 낮았다. 이 흐름은 지금도 마찬가지다. 어찌 보면 헬로마켓은 전형적인 린 스타트업이나 그로스 해킹의 방법론과는 정반대로 시작된 것이다.

"그때 만약 고집을 부렸다면 우리는 백발백중 망했을 겁니다. 다행히 우리는 고집을 세우지 않고 현재 상황을 있는 그대로 받아들였어요. 고민해서 수립한 방향과 고생해서 만든 제품이지만 시장에 맞지 않고 사용자가 사용하지 않는 것을 고집하면 안 된다고 생각했고, 마케팅을 위한 가짜 모바일 앱 퍼스트가 아니라 진짜 모바일 앱 퍼스트로 바로 전환했습니다."

여기부터 헬로마켓의 그로스 해킹이 시작되었다고 볼 수 있다. 최소 기능 제품을 이용하여 시장 반응을 살피면서 계속해서 제품 시장 적합성을 찾는 작업이 시작되었다.

사용자 입장이 되는 것이 그로스 해킹의 정답

"사용자 한 명은 완전 소중한 금덩어리입니다. 그 고객의 모든 행동과 편의에 집중하게 됩니다. 고객이 너무나 소중하기에 고객의 일거수일투족을 다 배려해야 합니다. 고객을 단순히 집단으로 묶어 숫자로 생각하고 분석하기 시작하면 그때부터는 소중하다는 느낌이 떨어지고 결국 망하는 지름길로 가게 됩니다."

당연히 맞는 이야기이지만, 이 이야기를 하는 한상협 공동창업자의 표정에는 거의 비장함마저 느껴졌다. 대체 무엇이 이런 자세를 만들었을까? 답은 제품 자체에 있었다. 사용자 사이의 거래이다 보니 서비스 흐름의 상당 부분에 사용자가 깊게 관여하며 활동하고 있었다. 게다가 앞서 언급한 사기 문제 등 태생적인 어려움까지 있어 중고 거래 시장을 활성화시키는 서비스는 건강하게 살아남는 것 자체가 굉장히 어려운 분야라는 점에 주목해야 한다. 헬로마켓에서 중고 물품 거래를 완료한 사용자 한 명은 한상협 공동창업자를 포함한 헬로마켓 식구들에게는 아마 척박한 토양에서 용하게 살아남아 대견하게 싹을 틔우고 자라 열매까지 맺은 과일 나무 느낌으로 다가왔을 것임에 틀림없다. 그렇다면 저런 비장미가 충분히 이해된다. 그리고 이런 일도 있었다고 한다.

"서비스를 시작하고 3개월이 지나면서 사용자가 1000명 정도 되니 시장이 좀 돌아간다는 느낌이 들었습니다. 그런데 전사적으로 비상이 걸린 일이 하나 터졌습니다. 저희 고객 한 분이 중고 거래 사기를 당한 거예요. 중고 거래 시장에서 사기라는 것은 일어날 수 있는 일로 생각할지 모르지만, 그런 일이 없어야 된다는 신념으로 일하고 있는 우리 모두에게는 정말 엄청난 충격이었습니다. 그래서 그 즉시 비상 대책반을 만들어서 이 고객 한 분의 문제를 해결하려고 노력했습니다. 경찰서도 가고, 범인을 잡으려고 직접 수소문하기도 하고, 사기를 당한 입장에서 경험해 볼 수 있는 모든 것을 같이 경험하며 문제를 해결하려고 했습니다. 나중에 돌이켜 보니 결과적으로 정말 엄청난 시간과 인력을 투입했더라고요. 하지만 그 과정에서 무엇과도 바꿀 수 없는 소중한 것을 얻었습니다. 안 좋은 일을 겪게 된 사용자가 어떤 느낌을 갖게 되고 어떤 상황에 처하게 되고, 이런 일을 해결하거나 예방하려면 어떻게 해야 하는지 구체적으로 몸소 터득했습니다."

이 이슈는 헬로마켓의 핵심 기능으로도 연결되었다. 헬로마켓은 고객의 서비스 이용 만족도를 높이려고 필터링, 소위 물 관리를 철저히 한다. 중고 거래 장터에서 문제가 되는 활동을 하는 사용자들을 최대한 걸러 내어 믿을 수 있고 편리한 중고 거개를 건강하게 할 수 있는 환경을 만드는 것이다. 그런 측면에서 도입한 기능이 바로 더치트The Cheat(https://www.thecheat.co.kr)와 제휴를 이용한 필터링이다. 더치트의 김화랑 대표는 네이버 중고나라에서 중고 거래 사기를 당한 이후 그런 피해가 줄어들기를 바라는 마음에 더치트를 만들었다. 이 웹 사이트는 한마디로 각종 거래 장터에서 나쁜 짓을 한 사기꾼이나 악성 사용자들의 블랙리스트를 사용자들이 직접 올려 공유하는 공간이다. 결과적으로 더치트는 한국 최대의 사기 범죄자 블랙리스트 데이터베이스가 되어 대한민국 사이버 치안 대상도 받았다. 헬로마켓에는 정말 강력한 파트너일 수밖에 없었고, 제휴로 더치트의 데이터베이스를 헬로마켓과 연동함으로써 문제가 있는 사용자들을 사전에 필터링하는 데 활용하여 서비스 환경을 개선했다.

이후 단순한 데이터 이용에 그치지 않고 헬로마켓은 내부 데이터와 결합해서 자체적으로 분석하여 문제없이 사용자들이 중고 거래를 할 수 있는 환경으로 계속 진화시켜 나갔다. 나중에는 이와 관련된 분석과 운영 시스템을 만들었지만 처음에는 운영자가 일일이 직접 보고 손으로 작업하는 막노동을 할 수밖에 없었다. 하지만 잘 정돈된 시스템을 만들 수 있었던 것은 이런 '노가다' 덕분이었다. 결국 일만 시간의 법칙이 통한다는 것을 한 이사는 절감했다고 한다.

헬로마켓의 중요한 이정표가 된 안드로이드용 앱을 마켓에 등록한 순간

"그 사건이 있었을 때 서비스 운영자 입장에서 적당히 피하고 무마하려고 했다면 할 수 있었을 겁니다. 하지만 우리는 그렇게 하지 않았어요. 정면으로 부딪쳐서 돌파하지 않으면 안 되는 일들이 있습니다. 스타트업에는 특히 많아요. 그리고 그것을 계기로 헬로마켓의 운영 정체성이 확고해졌습니다. 문제를 만나면 피하거나 적당히 넘어가지 말고 무조건 부딪쳐서 해결한다는 것입니다."

고객과 소통을 하는 공간과 시간을 만들어야 한다

고객을 최우선으로 하는 사업이라면 고객 지원도 최우선으로 생각했을 것이다. 그런데 헬로마켓은 처음에는 고객 지원을 그렇게 중요하지 않게 여겼다고 한다. 개인 사이의 거래를 중개하는 서비스이기 때문에 사실상 커뮤니케이션이나 이슈는 고객 사이에서 알아서 처리해야지 중개하는 입장에서는 딱히 건드리지 않아도 된다고 막연하게 생각했던 것이다. 하지만 막상 해 보니 전혀 아니었고, 오히려 고객 지원이 정말로 중요한 서비스였다. 개발을 제외한 나머지 모든 업무는 고객 지원이라고 할 정도로 몰입하면서 깨달은 것도 많고 얻은 노하우도 많았다.

"고객 지원은 사실은 결국 마케팅입니다. 고객 지원만큼 고객과 가까이 접할 수 있는 일이 없고, 그 말은 마케팅을 할 수 있는 최고의 채널이라는 뜻입니다. 입소문이 중요하다고들 많이 이야기하는데 입소문의 비법 중 하나가 뭔지 아세요? 고객이 서비스 운영자에게 욕을 하더라도 그 욕을 한 번 들어 주는 것이 입소문의 기본입니다."

고객이 말할 수 있는 통로가 일단 있어야 하고 그 통로에

들어왔을 때 고객 마음이 편안해지는 무언가를 제공하는 것이 핵심이라고 한상협 공동창업자는 이어서 이야기했다. 헬로마켓에서 그런 '무언가'는 과연 무엇일까? 헬로마켓 앱에 보면 고객센터인 '헬마센터(헬로마켓을 간단하게 줄여서 헬마라고 부르며, 헬로마켓 임직원과 사용자 모두 헬마라는 표현을 훨씬 더 많이 사용한다)'가 있는데 헬마센터 메뉴 중 하나로 '헬로마켓과 대화하기'가 있다. 이름 그대로 헬마의 고객들과 헬마가 직접 이야기를 나누는 공간이다. 공간 이용 안내 글에 댓글 형태로 질문, 신고, 제안, 후기 작성 등을 하고 그 댓글에 답변 댓글 형태로 헬마와 고객이 실시간으로 소통하는 공간인데, 작성하는 글은 모두에게 공개되는 형태다.

헬로마켓과 대화하기 화면

"좋은 이야기든 나쁜 이야기든 다 공유합니다. 사용자 전체 관점에서는 서비스에 대한 나쁜 이야기도 굉장히 중요합니다. 이런 정책을 세우고 실행하는 데 가장 중요한 것이 바로 서비스 운영자의 진정성입니다. 이 진정성은 결국 사용자들에게 느낌으로 전달되고, 그것은 고객 유지로 이어지며, 분위기화되어 리뷰와 입소문 마케팅으로 자연스럽게 확산됩니다."

예상 못한 효과도 있었는데, 나쁜 이야기도 노출하다 보니 헬마에서 거래할 때는 어떤 행동을 하면 안 된다는 것을 자연스럽게 학습시키는 효과가 발생했다고 한다. 개인 간 거래를 많이 해 보지 않은 사람은 거래할 때 기본 예의 같은 것을 잘 모를 가능성이 크다. 예를 들어 상대방이 대금을 입금하면 최소한 며칠 이내에는 물건을 배송하는 것이 좋고 늦어질 경우 양해 문자를 보낸다든가 해야 하는데, 이것들은 직접 경험해 보지 않고는 간과할 수도 있다. 이런 상황에 대한 투덜거림이나 질책 등을 '헬로마켓과 대화하기'에서 사용자들이 보면서 자연스럽게 건강한 거래 문화가 형성되는 효과를 확인할 수 있었다고 한 이사는 이야기한다.

한편 사용자들이 업자 피드백과 신고를 알아서 잘하기 때문에 운영하는 데 실질적인 도움이 많이 되었다. 헬로마켓

같은 서비스 및 사업 모델에서는 거래량이 성과 측정의 중요한 지표가 된다. 그런데 이 거래량을 높이는 가장 효율적인 방법은 바로 전문 업자의 활동을 허용하는 것이다. 개인의 거래량은 얼마 되지 않지만 전문 업자는 많은 양의 매물을 관리하면서 전문적으로 거래하기 때문이다. 헬로마켓도 이 사실을 잘 알고 있고 주위에서 권유도 있었지만 이 길을 선택하지 않았다. 전문 업자가 활동하면 피해를 보는 것은 일반 사용자다. 헬로마켓의 임직원들은 개인 간 거래를 건강하게 활성화시키는 것을 비전으로 삼고 있는데 이 비전에 정면으로 배치되는 것이다. 그래서 전문 업자의 활동에 대한 사용자 제보는 헬로마켓에는 소중한 정보이자, 서비스와 사업의 정체성을 유지하고 발전시킬 수 있는 값진 힘이 된다.

"자원이 부족한 스타트업들은 서비스 개발에 가장 많은 신경을 써야 한다고 생각할 수 있지만 가장 큰 자원은 고객과의 만남에 투자해야 합니다. 그러려면 만남 자체를 즐기는 것이 중요합니다. 딱히 마케팅을 하지도 않았는데 어떻게 우리 앱을 찾아서 설치하시고 이용하시는지…… 그 고마움은 이루 말할 수가 없습니다. 이것이 우리 회사의 원동력입니다."

온라인 공간만이 아니라 오프라인 공간도 중요하다. 상수동 예전 사무실은 지금보다 더 작았고 당연히 별도의 회의실이나 칸막이 같은 것도 없이 다닥다닥 붙어서 일했다. 당연히 고객 지원을 담당하는 이사가 고객과 통화하는 내용이 전 직원에게 다 들렸다. 3년 동안 이런 환경에서 일을 했는데 시끄러워서 업무를 못하는 문제가 없었고, 오히려 모든 직원이 고객 이야기를 자연스럽게 들으면서 몸으로 익히게 되었다. 한 번은 특정 기기와 OS 버전 조합에서만 아주 드물게 발생하는 버그 신고가 들어왔는데 전체 업데이트로 적용하기에도 문제가 있는 상황이었다. 누가 시키지도 않았는데 담당 개발자가 그 고객만의 전용 앱을 주말 동안 만들어서 제공했다.

"이 사례로 기술적인 진보도 있었지만 정말 중요했던 것은 고객을 소중히 하는 마음이 전사로 퍼졌다는 것입니다."

고객과 함께하는 온라인과 오프라인의 공간과 그 공간에서 지내는 시간, 시간과 공간이라는 물리 환경의 두 가지 중요한 자원은 고객을 이해하는 데 투입해야 할 필수적인 자원이라는 점을 헬로마켓이 여실히 보여 주고 있다.

상수동에 있던 예전 사무실 모습, 지금은 좀 더 넓혔다

그로스 해킹을 대하는 우리 자세

한상협 공동창업자는 그로스 해킹에 대해 제대로 스터디도 하고, 여러 가지로 계속 살피면서 느낀 점들이 있다. 우선 그로스 해킹은 창업자라면 자신이 인식했든 인식하지 못했든 누구나 다 해 본 것이고, 이것을 해 보지 않았다면 창업자라고 부르기에는 어딘가 무리가 있다는 것이다. 한편 근래 그로스 해킹에 관련된 세미나를 보면 통계와 데이터를 많이 내세우는 경향이 있는데, 과연 어떤 통계가 정말 중요하고 어떤 데이터가 사업에 진짜 중요한지 어떻게 알아낼까? 그는 그 방법이 바로 고객이라고 이야기한다.

> "막노동으로 사용자가 좋아하는 것들을 파악하면서 막노동으로 계속할 수 없는 것들을 시스템으로 만드는 것, 그것이 바로 그로스 해킹 아닐까요? 그로스 해킹이라고 하면 뭔가 똑똑하고 효율적으로 빨리 하는 것을 떠올리는 것 같은데, 막노동을 너무 피하려고 하면 결국 성공할 수 없다고 생각합니다. 그리고 답은 고객과 함께하는 것에 있지, 고객을 숫자로 보는 것에 있지 않습니다."

이런 이야기를 하는 한상협 공동창업자는 사실 예일대학교와 하버드대학교에서 수학하면서 수리 통계학으로 현상을 철저하게 분석하는 연구를 했었고, 당시에 쓴 논문은 학계에서 상당한 반향을 불러일으킬 정도의 수준이었다. 한마디로 데이터와 분석이라면 도가 튼 사람이라는 이야기다. 그런 사람이 이렇게 이야기했다는 데 주목해야 한다. 그로스 해킹에서 중요시하는 숫자는 허영 지표가 아니라 실질적인 성과와 직결되고, 그 지표를 보고 구체적인 활동 지침을 만들어서 행동으로 옮길 수 있는 지표여야 한다. 그래서 영어로는 'actionable metric(행동해 볼 수 있는 지표)'이라고 표현한다. 숫자만 바라보고 그 이면의 고객을 제대로 보지 못하면 처음에는 설사 허영 지표가 아닌 제대로 된 지표 중심으로 설계했다고 하더라도 서비스가 성장하는 과정에서 봐야 할 지표를 변경해야 할 때 올바른 선택을 할 수 없다. 결국 제대로 된 데이터를 뽑아 분석하려면 먼저 고객을 몸으로 알아야 하는 것이다.

> "Build your own statistics! 구글에서 검색해서 서비스에서 중요한 지표가 무엇인지를 살펴보고 챙긴다는 것은 난센스 아닌가요?"

자신만의 숫자와 분석 방법론을 구축하라는 한상협 공동창업자의 말은 바로 그로스 해킹의 핵심 자세 중 하나다. 누가 가르쳐 주는 것이 아니라 자신의 고객에게서 직접 알아내야 한다.

> "자기가 만든 서비스를 통해 자신과 전혀 관계없는 사람을 만나는 기회를 얻는 것은 굉장한 영광이고 기쁨입니다! 헬로마켓에서는 수백억 원 정도의 돈이 개인 사이에서 오고 갔어요. 그리고 그 돈은 누군가 자녀의 등록금으로 사용했고, 누군가는 결혼 준비금으로 사용했죠. 이것이 진짜 보람입니다!"

수익 모델 없이 생존하고 있고 심지어 알차게 성장하고 있는 서비스 헬로마켓. 상당히 이치에 맞지 않아 보이지만, 그 이면에는 궁극적으로 추구하고자 하는 비전에 대한 신념과 그 신념을 눈에 보이는 것으로 만들어 주는 열렬한 고객 사랑이 자리 잡고 있었다. 그렇다면 이해할 수 있다. 고객 사랑이 없는 그로스 해커는 쉽지 않은 길을 걸어야 한다는 것을 말이다.

"기본이 없는데 미세 조정에 너무 매달리면 안 됩니다."

한상협 공동창업자가 강조한 두 번째 자세다. 약간 불편해도 근본이 마음에 들어 계속 쓰게 되는 서비스가 되어야 한다는 의미다. 그 근본만 잘 다지면 불편한 것들은 나중에 하나씩 해결해도 지속적으로 알차게 성장할 수 있다. 하지만 이 근본이 없으면 아무리 거름을 주고 가지를 쳐도 아예 성장 자체를 시작할 수 없다. 그는 이 관점에서 헬로마켓의 롤 모델로 크레이그 리스트와 아마존을 꼽았다. 전자는 여전히 굉장히 투박하고 거칠지만 본질이 너무나도 필요하고 매력적인 서비스고, 후자는 본질을 이미 해결한 이후에 끊임없는 미세 조정과 진화를 거쳐 계속해서 고객을 푹 빠져들게 만드는 서비스다.

새로운 사무실에서 찍은 헬로마켓 식구들의 단체 사진, 맨 왼쪽이 한상협 공동창업자

식물이 제대로 성장하려면 양분을 빨아들이는 뿌리가 가장 중요한 것처럼 그로스 해킹에서 가장 중요한 것 역시 뿌리다. 이 뿌리가 바로 제품 시장 적합성을 토대로 제대로 만든 최소 기능 제품이라는 것을 명심해야 한다.

헬로마켓이 집중해서 보는 그로스 해킹 핵심 지표

☐ 일일 아이템 등록 수
- 무엇을 어떻게 해서 등록 수가 어떻게 변화한다는 메커니즘을 아는 것이 중요
- 수시로 모든 경영진이 직접 헬로마켓에서 거래하면서 메커니즘을 체크

☐ 고객 유지(아이템 재등록 기준)

☐ 판매 완료 건수
- 한번 물건을 올려서 판매를 경험하면 다시 올릴 가능성이 많기에 판매 완료 패턴과 아이템 재등록 패턴은 밀접한 상관관계가 있음
- 서비스 속성상 판매 완료 여부를 100% 완벽하게 알 수 없기에 아이템 재등록 지표와 함께 보고 있음

서비스를 이용한
서비스 디테일의 끊임없는 개선

: 위즈돔 한상엽 대표 :

위즈돔Wisdome(2017년 서비스 종료 후 현재는 소풍벤처스(https://sopoong.net/?lang=ko-KR)를 운영 중)은 '사람도서관'을 지향하는 경험 공유 서비스다. 도서관에 가면 다양한 분야의 수많은 책이 있어서 알고 싶은 지식을 다룬 책을 마음대로 골라 읽을 수 있다. 이처럼 위즈돔은 다양한 직업과 관심사, 취미, 지식, 경험을 갖고 있는 사람들이 만나서 서로가 가진 것을 나누고 공유하는 것을 추구하기에 사람도서관이라는 부제를 붙인 서비스이자 소셜벤처다. 전문적인 지식이 있는 개인을 자산화하여 연결시켜 주는 서비스 사업은 오래 전부터 여럿 있었다. 하지만 지속성을 확보하기가 쉽지 않았는데, 사람으로 표상되는 전문 지식과 경험을 돈을 주고 구매한다는 인식이 확립되어 있지 않은 우리나라의 산업 및 사회 문화와 무관하지 않다. 오히려 위즈돔은 수익을 최우선 목표로 하는 것이 아니라 이런 만남으로 사회 구성원들의 삶의 질 향상을 최우선으로 하는 소셜벤처이기에 이 함정에 빠지지 않았는지도 모른다. 결과적으로 위즈돔은 창업 후 3년 동안 생존을 넘어서서 성장을 이루었으며, 해당 분야의 선두 기업으로 자리매김하고 있다. 앞서 소개한 다른 서비스들에 비해 위즈돔 서비스는 (온라인에서도 이루어지지만) 그 최종 결과물이 오프라인 현장에서 중개한 사람 간의 만남이라는 형태라보다 현장성이 강하다. 이런 상황에서 위즈돔은 그로스 해킹을 어떻게 진행했을까?

위즈돔에서 개설된 오프라인 만남

서비스 근간에 대한 실험을 토대로 피벗에 성공

"그로스 해킹 관점에서 가장 기억에 남는 사건은……
서비스를 시작하고 나서 6개월 후에 투자사와 한 달 동안 엄청 싸웠던 적이 있었죠."

심상치 않은 말로 한상엽 대표의 이야기가 시작되었다. 그는 한국 사람들이 현재 맺고 있는 관계의 방식에 아쉬움이 있었고 그것을 해결하려고 위즈돔을 만들었다. 즉, 사람에게서 새로운 정보나 기회를 획득하는 방법이 기존에는 인맥을 통해 새로운 사람을 소개받거나, 이메일을 주고받거나, 강연에 가서 청중으로 앉아 있다가 네트워킹을 하면서 관계를 만들어 획득하는 형태였다. 이런 방식들은 탐색 비용 및 거래 비용이 커서 비효율적이라고 생각했다. 이것을 효율적으로 만들려면 목적이 뚜렷하고 관련된 사람만 모이는 열 명 미만의 만남이 필요하다고 판단했다. 그래서 초창기 위즈돔에는 만남 모임을 개설할 때 열 명이라는 제한 조건을 두었다. 한 대표의 경험에 비추어 보았을 때 쌍방 소통의 마지노선은 열 명이었던 것이다.

하지만 열 명 미만의 모임으로는 한 번의 모임에서 만들어지는 매출이 적어 최소한의 운영 비용을 확보하는 것도 쉽지 않았다. 기존 경쟁 서비스와 대체재를 분석했을 때 열 명

미만의 소규모 만남을 주로 운영하는 곳은 없었다. 그런 서비스들을 이용하지 않는 사람들이 모두 위즈돔을 쓸지도 확신하기 어려웠다. 투자사가 걱정하고 고민했던 부분도 바로 이 점이었다. 경쟁사와 완전히 다른 서비스로 포지셔닝한다면 경쟁사 고객은 고려하지 않는 것이 맞는지, 경쟁사 고객이 위즈돔 같은 서비스도 좋아한다면 경쟁사와 같이 좀 더 큰 규모의 모임을 제공하면 그쪽에서 고객을 데려오기가 오히려 수월하지는 않을지 말이다.

위즈돔 창업주인 한상엽 공동대표

한 대표는 기존 위즈돔 고객들과 집중 인터뷰를 했을 때 소규모 관계를 긴밀하게 형성해서 위즈돔이 좋다는 피드백을 많이 받았었다. 그래서 규모를 늘리면 이런 초기 사용자들이 서비스를 떠날지도 모른다는 두려움을 안고 있었다. 투자사 논리는 '그런 사용자도 있지만 결국 관계를 형성하려는 목적은 고급 정보를 습득하는 데도 있는 것이며, 그런 의미에서 정보 습득을 주로 하는 좀 더 큰 규모의 모임을 시도해도 큰 위험은 없을 것이다'였다. 일단 현재 사용자를 설문 조사해 보니 사용자 중 상당수가 중대형 강연 중심의 경쟁 서비스 경험이 있었다.

격론 끝에 일단 3개월 동안 테스트하기로 하고 참가자 인원을 제한하는 설정을 풀었다. 효과는 바로 나타났다. 일단 아무런 문제도 생기지 않았다. 오히려 전체적으로 모임 생성에 역동성이 생겨서 그 당시 300명 수준이었던 월 결제자가 제한을 풀고 나서는 800명 수준이 되었다. 거의 300% 성장한 것이다. 기존 충성도 높은 사용자 중 일부도 이 흐름에 맞추어 원래는 모임을 5~6명 정도 개설하다가 이후로는 30여 명 정도 개설하고 있어 아무런 문제없이 잘 운영하고 있다.

"'사용자들이 원하는 것은 이럴 것이다'고 창업자인 제가 독자적으로 내린 판단이 틀렸던 겁니다. 이때 결정을 잘못했으면 분명히 회사 문 닫았을 거예요. 모임 참여 인원 열 명 제한이 사실상 전체 서비스의 성장 폭을 제한하고 있었으니까요. 그 뒤로는 투자사와 싸울 일이 없었습니다. 정말 감사하게 생각하고 있습니다. 그리고 의사 결정을 할 때 최대한 제 주관을 배제하고 실제 사실과 데이터를 기반으로 하려고 많이 노력했습니다."

이것이 서비스 운영 철학에 대한 피벗의 성공적인 사례라면 서비스 타깃에 대한 피벗에도 중요한 경험이 있었다. 처음 서비스를 준비할 때는 대학생들이 많이 쓸 것이라고 생각해서 취업 관련 콘텐츠나 대학생들이 좋아할 만한 콘텐츠를 기반으로 모임 섭외를 많이 했었다. 그런데 서비스를 운영하면서 나이와 성별을 받아 나중에 이용 데이터를 뽑아 보니 활발하게 서비스를 이용하는 계층은 20대 후반에서 30대 중반 사이 여성이었다. 대학생과는 아예 거리가 멀었던 것이다. 그 뒤부터는 대학생 계층은 아예 신경을 쓰지 않고 있으며, 결혼 전까지 사회 초년생을 명확한 타깃으로 설정하고 공략하고 있다. 좀 더 조사해 보니 이때가 가장 위즈돔 서비스의 구매력이 높은 라이프 사이클이며, 입사 직후부터 대리가 되기 전까지가 네트워킹이 특히 필요하다는 것을 알았다. 지금까지 혈연과 학연 네트워킹과는 완전히 다른 성격의 네트워킹을 해야 하기 때문에 커리어와 네트워킹에 크게 투자하게 되는 것이다. 이것을 확인한 이후에는 사회 초년생, 이직 준비자, 커리어가 고민인 30대 초반에 맞을 만한 것들로 프로그램 전부를 구성하고 기획했다. 시작하고 3개월이 지난 시점에서 이렇게 방향을 전면 수정했다.

위즈돔은 이렇게 실제 서비스를 운영하면서 얻은 경험과 데이터로 기존 가설과 전략을 검증하고 전면 수정하여 보다 강력한 서비스로 다시 태어날 수 있었다. 하지만 그 과정에서 서비스의 기본 철학과 팀의 핵심 역량 활용은 유지했으니, 정말 모범적인 피벗 사례라고 할 수 있다. 한상엽 대표는 창업하기 전에는 대우인터내셔널에서 삼국 간 무역 일을 했었고, 서비스의 기획과 운영에는 전혀 경험이 없었다. 당연히 그로스 해킹이나 린 스타트업 같은 방법론 핵심을 창업 전에 미리 알고 있었던 것도 아니었다. 하지만 창업 초기에 이런 소중한 경험을 함으로써 이후 본격적인 그로스 해커로 다시 태어났다.

서비스 핵심을 결정하는 A/B 테스트

서비스 초기의 피벗 경험 이후 한상엽 대표는 서비스 디테일에 대한 의사 결정을 할 때는 항상 먼저 실험하고 그 결과를 반영하여 최종적으로 서비스 기능을 구현했다. 관련된 다양한 사례들을 소개해 본다.

초창기 웹 사이트 방문 시간을 확인하니 점심시간과 취침 직전에 많이 들어오는 것을 발견했다. 그 뒤 1년 동안 매일 낮 12시에만 신규 모임 콘텐츠를 모아서 업로드했다. 이것을 홍보하는 메시지 역시 '매일 12시 새로운 사람들과의 만남이 오픈됩니다'로 만들어서 마케팅했다. 이렇게 한 이후 원래 많이 몰려 있던 점심시간의 유입량이 훨씬 더 커졌고, 사용자 반응을 체크해 보니 이 시간을 기대한다는 것을 확인할 수 있었다. 실제로 인기 있는 개설자 모임은 12시가 좀 지나면 매진이 되었다. 게다가 꼬박꼬박 업데이트되는 서비스라는 인식도 만들 수 있었는데, 사용자 모임을 해 보면 이런 부분 때문에 위즈돔을 더욱 좋아하게 되었다는 피드백이 많았다.

이 효과를 확인한 이후로는 시간과 관련된 여러 서비스 요소를 전부 A/B 테스트 형태로 실험했다. 뉴스레터 역시 테스트를 거쳐 가장 반응률이 높은 요일과 시간을 찾아서 보내고 있다. 모임 서비스이기 때문에 어느 요일의 어느 시간대에 모임이 생성되었을 때 모객률이 높은지가 중요할 수밖에 없다. A/B 테스트를 반복하면서 위즈돔에 딱 맞는 요일과 시간대를 찾을 수 있었는데, 문제는 이런 정보를 정작 모임을 개설하는 사용자들은 알 수 없다는 것이었다.

"위즈돔의 모든 만남 개설은 100% 검수되고 허가제를 통해서 등록됩니다. 만남을 개설하는 분이 신경 쓸 것은 만남에서 어떻게 잘하느냐이지 다른 것들을 고민하느라 에너지가 분산되어서는 안 됩니다. 만남을 소개하는 콘텐츠의 구성이나 만남의 시간대 같은 다양한 요소들을 개설자가 직접 지정해서 등록 신청할 수 있지만, 전문적인 경험과 지식이 있는 위즈돔의 담당자들이 이에 대해 검토하고 더 나은 안을 만들어서 개설자에게 직접 연락합니다. 더 나은 만남을 만들기 위해서이지요. 이렇게 하기 때문에 만남에 대한 품질 관리가 잘되고 있으며, 개설자는 물론이고 만남 참여자의 충성도도 높은 것을 확인할 수 있었습니다."

위즈돔의 비즈니스 모델은 유료 만남의 수수료인데, 개설자가 만남에 얼마의 가격을 책정하느냐에 따라 좌우된다. 그렇다고 무턱대고 높은 만남 가격을 제안하면 만남 자체가 성사되지 않기에 적절한 가격을 찾는 것이 중요하다. 물론 현재 위즈돔은 매출을 높이는 최적화보다는 만남이 제대로 성장하는 최적화를 하고 있는데, 여기에서 핵심은 최적의 가격은 무료가 아니라는 점이다.

위즈돔을 통한 야외 만남의 한 장면

"처음에는 저희도 감이 없었습니다. 개설자가 문의해도 제대로 된 안내를 할 수 없었죠. 여러 차례 모임을 개설하는 충성도 높은 분들과 함께 여러 가지 A/B 테스트를 했습니다. 모임을 처음 개설해 보고 위즈돔에서든 다른 곳에서든 아직 개인 브랜드가 형성되지 않은 분들은 서울의 경우 1만 원, 지방의 경우 5000원이 최적 가격입니다. 어느 정도 전문성과 경력을 어필할 수 있다면 처음이라도 1만 5000원에서 2만 원으로 설정하면 됩니다. 첫 번째 모임을 진행한 이후 바로 앵콜 요청이 들어

왔다면 그때부터는 1만 5000원으로 해도 문제없습니다. 서울의 경우 결제를 주저하게 되는 장벽은 2만 원이고, 지방은 1만 원입니다. 1년 정도 데이터를 쌓아 가며 이런 최적 가격 기준들을 실험해 보니 명확해지더라고요. 이후에는 개설자분들이 설정한 가격이 부적절할 경우 검수 과정에서 친절히 안내하고 변경할 것인지 확인합니다."

설사 외부 기관의 후원을 받아 사실상 유료이지만 모임 참석자에게는 무료로 진행할 수 있는 만남이더라도 적정 수준의 참가비를 무조건 내게 하고 있다. 이것도 실험으로 확인한 것인데, 참가비가 무료이면 참가율도 떨어질 뿐만 아니라 참가 이후의 만족도도 떨어지는 것을 확인할 수 있었다. 참가비와 참가율, 만족도 사이의 상관관계에 대한 위즈돔에 딱 맞는 정확한 공식을 한상엽 대표는 꿰고 있었다.

디테일이 힘, 디테일로 구현되는 그로스 해킹

모임이 개설되고 참여 신청을 해도 실제 모임 날짜까지는 기간이 있다 보니 잊어버리고 참석하지 못하는 경우가 종종 생겼다. 게다가 소위 말하는 '코리안 타임'도 문제였다. 제 시간에 참석하지 않으면 그 사람 자신도 손해이지만 모임에 참석한 다른 사람들에게도 피해가 갈 수 있고, 개설자 입장에서도 좋은 경험이 아니기 때문이다.

> "보통은 모임 개설자가 일일이 문자 메시지나 전화 연락을 해야 하는데 보통 일이 아닙니다. 이런 어려움도 위즈돔이 대신해서 개설자가 최대한 신경을 쓰지 않게 했습니다. 기계적으로 일정 안내 문자 메시지를 보내는 것이 아니라 몇 번에 걸쳐 시간과 상황에 맞는 문자를 보냅니다. 예를 들어 모임 시작 1시간 전에는 '늦을 사람들은 회신 달라'는 내용의 문자를 개설자 명의의 번호로 위즈돔이 보냅니다. 이런 식으로 하다 보니 확실히 참여율이 높아졌고, 개설자도 편해지면서 전체적으로 서비스 만족도가 높아졌습니다."

위즈돔에서는 자신을 대변하는 프로필이 '사람책'이라는 형태로 되어 있는데, 이 사람책의 등록 절차를 개선해서 등록률을 2배로 늘리기도 했다. 회원가입과 사람책 등록 사이의 연결 고리를 강화한 것이 효과가 있었다. 한편 만남을 개설하지 않은 사용자도 다른 사용자가 이 사람과 만남을 원할 경우 신청할 수 있는데, 이 절차에서 두 가지를 간단하게 개선하여 사용 횟수를 2배로 만들었다. 신청 버튼을 누를 경우 신청받은 사람을 무작정 기다리는 것이 아니라 위즈돔의 매니저가 직접 챙겨서 만남을 주선해 준다는 암시를 추가했고, 신청할 때 메시지 입력 창에 적절한 문구를 자동으로 채워 주었다. 현재는 관리해야 할 모임 자체가 너무 커지다 보니 신청 부분의 최적화는 일부러 자제하고 있는 중이라고 한다. 서비스 최적화는 최근에 김종석 공동대표가 중점적으로 보고 있다.

한편 만남의 참여율을 높이는 가장 기본은 개인별로 적절한 만남을 알려 주는 것이라는 생각에 최근에는 본격적으로 데이터를 분석하고 있다. 만남이 갖고 있는 키워드를 분석하여 유사한 키워드를 갖고 있는 만남에 참여했던 사용자들에게 SMS를 전송하는 방식을 시도해 보았는데, 무작위로 전송했을 때는 1%도 안 되던 결제 전환율이 최대 27%까지 올라갔다. 그 뒤로는 항상 이렇게 타깃팅 SMS를 활용하며, 다양한 상황마다 전환율을 분석하고 그에 맞는 정책들을 수립하고 있다.

오프라인은 사용자 반응 분석이 핵심

"우리 서비스는 온라인에서 시작되고 준비하지만 핵심은 오프라인에서 진행되기에 담당자들이 최대한 만남 현장에 나가서 만남이 어떻게 진행되는지 꼼꼼하게 관찰하고, 현장에서 설문 및 집중 그룹 인터뷰를 많이 활용하기도 합니다."

위즈돔이 관찰하는 것은 그야말로 모든 것이다. 만남 처음에 개설자가 어떻게 시작을 하면 좋은지, 질문과 답변은 어떤 식으로 하면 좋은지, 개설자와 참여자 사이에 상호 작용을 유도하는 도구로 메모지가 좋은지 혹은 어떤 도구들이 좋은지 등 다양한 옵션을 실험하고 그 결과를 셰도잉shadowing[127] 하고 있었다. 이 관찰 대상은 참가자만이 아니라 개설자인 강사도 포함되는데 모임 전과 모임 중, 모임 후에 강사가 어떤 점들을 아쉬워하고, 원하고, 불편해 하고, 힘들어 하는지를 체크하여 그것을 해결하는 형태로 서비스를 개선했다.

이런 관찰을 데이터 분석과 병행하다 보니 서울 지역의 만남에 참가한 사람들의 15%가 지방 출신이었다는 점과 더불어 지역 간 이동 패턴도 알게 되었다. 중요한 것은 서울이든 지방이든 간에 목적에 맞는 사람이 있으면 만나고 싶은데, 지방에서는 찾을 수가 없기 때문에 서울로 온다는 사실이었다. 인터뷰를 하니 화상 채팅을 통해 서울에 있는 개설자들과 좀 더 편하게 만나는 것도 좋겠다는 반응이 있어서 콘텐츠 열 개를 준비하여 실험했는데 실패로 끝났다. 원인이 무엇일까? 이 과정을 꼼꼼하게 관찰하면서 직접 만나기보다 영상으로 만나는 것에 매력도가 떨어진다는 것을 발견했다. 그리고 지역 간 이동을 편하게 해 주는 것이 핵심일 줄 알았는데, 예상외로 지방에서 서울로 올라오는 것 자체가 그들에게는 하나의 의미 있고 즐거운 이벤트이자 경험이었던 것이다. 게다가 혼자서 모니터 앞에서 화면을 보고 있는 것을 부담스럽고 불편하게 생각하는 것도 확인할 수 있었다.

위즈돔 파티 모습

"이런 반응을 보인 사람들을 인터뷰해 보니, 혼자만 있다는 고립감이 상당히 부담스럽다는 이야기였습니다. 그리고 어떤 사람들이 나와 함께하고 있는지 물리적으로 느껴야 그 공간 안에서 자연스럽게 스킨십이 일어날 수 있다는 것을 알았습니다. 그런데 이 모든 것이 다 용서가 되는 유일한 예외가 있는데, 바로 해외에 있는 사람이 연사일 경우였습니다."

이런 통찰은 숫자 형태로 된 데이터만으로는 알기가 어렵다. 불가능하지는 않겠지만 상당한 시간과 기타 자원을 투입해야 한다. 그렇게 하느니 위즈돔처럼 서비스가 진행되는 현장에서 고객을 최대한 잘 관찰할 수 있는 방법을 동원하여 확인하면 훨씬 효과적이고 효율적이라는 것을 명심해야 한다. 이런 경험들을 하면서 위즈돔은 지방에서 서비스 수요에 대한 확실한 감을 잡은 후 대전, 대구, 부산 지역에 위즈돔 사람도서관을 추가로 열었다. 2014년 12월 3일 기준으로 위즈돔에서 한 만남은 3376건이고, 참여한 사람은 2만 5552명이며, 함께 지혜를 나눈 시간은 6만 4825시간이다. 이런 숫자는 웹 사이트 방문자 수 같은 허영 지표가 아니라 실제로 의미 있고 실행 방향을 결정할 수 있는 지표다.

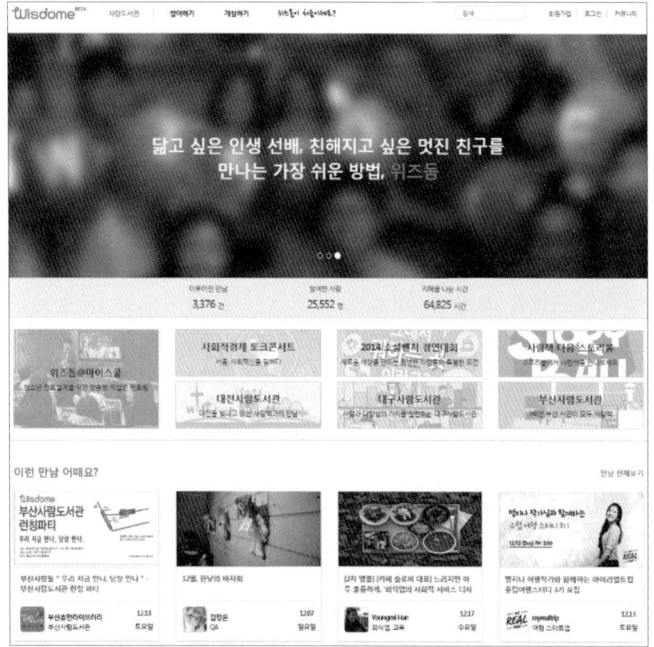

위즈돔 웹 사이트 메인 페이지

 이런 지표는 위즈돔처럼 웹 사이트 전면에 공개하는 것도 상당히 효과적인 전략이다. 서비스 본질에 대해 사용자에게도 부지불식간에 인식시키면서 회사와 사용자가 같이 서비스를 키운다는 느낌을 만들 수 있다.

 끝으로 한상엽 대표가 웃으면서 알려 준 스타트업의 조직 문화를 정립하는 그로스 해킹 팁 두 가지를 소개한다.

"저도 처음 창업한 것이라 조직 운영 경험도 없고, 대부분이 주니어라서 시행착오가 많았습니다. 처음에는 자율 출퇴근으로 했다가 현재는 10시 출근 7시 퇴근으로 고정했습니다. 항상 지각이 고질적인 문제였는데요. 벌금이니 뭐니 정말 여러 가지 방법을 시도해 보았는데 다 실패했습니다. 그러다가 유일하게 성공한 한 가지 방법을 현재까지 계속 사용하고 있습니다. 바로 지각하면 연대 책임을 지는 것입니다. 누가 되었든지 조직원 전체 기준으로 누적 다섯 번 지각하면 무조건 해당 주에 전원이 주말 출근을 해야 합니다. 1주 차에 두 번, 2주 차에 세 번이라면 2주 차 주말에 전원 출근해야 하고, 카운트가 0으로 재설정되는 거죠. 그 뒤로 지각이 없어졌습니다. 모든 경우에 적용이 될지는 모르겠지만 주니어가 많은 스타트업이라면 문제없이 작동할 겁니다. 일의 효율과 효과를 위한 조직 운영 방법도 여러 가지 실험을 했는데 그중 괜찮은 것 하나를 계속 실천하고 있습니다. 매일 아침에 전 직원이 모여서 각자 오늘 무슨 일을 하고 그중 가장 중요한 것이 무엇인지 다른 조직원에게 공유합니다. 퇴근할 때는 아침에 공유한 것들을 어떤 식으로 진행했다고 공동대표에게 제출합니다. 이렇게 하고 나니 누가 시키지 않아도 서로 알아서 제대로 업무 협조를 하게 되었습니다."

위즈돔의 전 직원 사진. 테이블 오른쪽 끝에 앉아 있는 사람이 김종석 공동대표
(사진 출처: 앤써맘 2014년 11월호 '희망지기' 코너)

위즈돔이 집중해서 보는 그로스 해킹 핵심 지표

☐ 만남 요청 수

☐ 성사되는 만남 수

☐ 판매 완료 건수(자발적 만남과 섭외로 만남 구분, 신규 만남과 앵콜 만남 구분)

☐ 2차 만남 생성 고객 수(유지율 개념)

☐ 활성화 고객 수

GROWTH HACKING

인터뷰에서 배워야 할 점

잠시 편역자인 내 이야기를 하면, 대학교에서 경제학과 응용통계학과 경영학을 전공하고 NHN에서 첫 직장 생활을 했다. 2000년대 초·중반을 서비스(게임) 사용자의 서비스 내 행동 패턴을 분석하여 서비스를 개선하고 전략을 수립하며 매출을 올리는 사업 모델을 만드는 일에 집중했었다. 소위 요즘 화제가 되고 있는 빅데이터와 데이터 과학에 해당되는 일이었다. 당시 고객을 데이터로 파악하는 일만 했던 것이 아니라 직접 고객과 전화하거나 개발 팀을 데리고 찾아가서 만나는 등 고객과 접점을 취하는 모든 종류의 일을 했었는데, 그러면서 확실하게 터득한 것이 있다.

데이터 분석은 자칫 잘못하면 데이터 분석 그 자체를 위한 분석이 되어 버릴 위험이 있다는 것이다. 너무 빠지면 대체 자신이 왜 이런 데이터를 보고 있고, 왜 분석을 하고 있는지 진짜 의미를 잊을 수 있는 것이다. 사실 데이터를 분석하여 나온 결론보다는 해당 분야에서 많은 경험을 함으로써 직감적으로 답을 알고 있는 사람이 해결책을 제시하는 것이 더 실용적인 경우가 많다. 결국 사용자와 몸으로 많이 부대껴 본 사람이 진짜 답에 접근하기 더 쉽다는 이야기다. 그럼에도 데이터 분석을 해야 하는 이유, 달리 표현하면 이런 상황에서 해야 하는 데이터 분석은 어떤 것이어야 할까?

조직 내 경험으로 확실하게 감을 잡은 사람이 있다면 그 사람이 내놓은 가설을 실제 데이터로 검증하는 것부터 시작하면 좋다. 즉, 명확한 목표와 범위를 설정하는 것이다. 그렇게 검증하는 과정에서 감은 감으로 끝나는 것이 아니라 재사용 및 변형 적용이 가능한 강력한 메커니즘으로 변신한다. 이 과정에서 얻는 또 하나의 장점은 분석 과정으로 감으로 얻었던 것 외의 다른 값진 통찰을 얻을 확률이 상당히 높다는 것이다. 이 두 가지 관점에서 데이터를 분석해야 분석을 위한 분석이 아니라 실제 가치를 만들 수 있는 분석이 된다.

앞서 소개한 네 가지 국내 그로스 해킹 우수 사례를 보면 어렵지 않게 공통 키워드를 뽑을 수 있을 것이다. 바로 '고객'이다. 네 가지 사례를 읽으면서 배운 것 대부분을 다 잊었다고 해도 앞으로는 잊으면 안 되는 것이 고객이자 사용자다. 사용자를 고려하지 않은 서비스와 제품은 제품 시장 적합성을 떠나 그 자체로 말이 안 된다. 사용자에게 답이 있고, 앞으로 얻어야 할 질문이 있다. 사용자를 제대로 이해하는 모든 과정과 그렇게 알아낸 사용자를 더 만족시키는 모든 과정이 결국 그로스 해킹이라고 요약할 수 있다. 현재 사용자를 이해해야 아직 끌고 오지 못한 잠재 사용자도 이해시켜서 데려올 수 있다는 점에 주의하자. 자신의 제품 안에서 활동하고 있는 사용자를 파악하는 것이 다른 사용자를 파악하는 것에 비해 수천만 배는 쉽다. 한 가지 공통 키워드를 더 꼽는다면 '실천'이다. 사례에서 소개한 어떤 기업도 실천 없이 사용자를 파악하거나 갑자기 무언가를 만들거나 하지 않았다. 거창하고 원대한 계획을 세운 후 실천한 것도 아니다. 실천 핵심은 무엇일까?

- 당장 할 수 있어야 한다.
- 실천 결과를 바로 확인할 수 있어야 한다.
- 실천으로 다음 단계에서 실천할 것이 무엇인지 알아낼 수 있어야 한다.

이 세 가지 조건을 모두 만족시키기는 쉽지 않지만 불가능한 일은 더더욱 아니다. 가급적 이들을 모두 만족시키는 것부터 우선순위를 두어 실천하는 것이 바로 실천의 핵심이자, 그로스 해킹을 제대로 할 수 있는 기본 원리다. 그냥 한번 해 보자는 자세도 의미가 있다. 특히 처음 해 보는 초보자에게는 상당히 중요하다. 하지만 어느 정도 경험을 쌓은 후에는 이렇게 하지 않으면 굉장히 비효율적인 그로스 해킹을 하게 되고, 그로스 해킹을 떠나서 무슨 일을 하든 제대로 하지 못할 가능성이 높아진다.

인터뷰에서 소개한 다양한 그로스 해킹 방법들을 그대로 따라 하는 것은 추천하지 않는다. 하는 일에 따라서 그대로 따라 해도 분명 효과가 있지만 이것은 그로스 해킹의 본질에 맞지 않는다. 자신이 문제와 문제의 원인을 정확하게 이해하고 거기에서 해결책을 도출해서 실행한 것이 아니기 때문이다. 구체적인 기술을 따라 하는 것이 아니라 왜 저렇게 했는지 이해하고, 자신은 어떤 상태이니 이 기술들을 어떻게 변형하고 최적화하여 적용해야 하는지 파악하는 것이 필요하다.

자극받을 필요는 있다. 그렇게 엄청나고 대단한 것은 아니다. 조금만 연습하면 직접 할 수 있다. 그리고 인터뷰 사례에서 보았던 기업가와 기업처럼 자신과 자신이 속한 기업을 성장시킬 수 있다.

AI 시대의 그로스 해킹과
우수 기업 사례

GROWTH HACKING

AI 시대, 그로스 해킹 재정의

들어가며: 그로스 해킹의 죽음과 재탄생

"Growth Hacking is Dead."[128]

2024년, 실리콘 밸리에서 이런 선언이 나왔다. 입소문을 일으키는 기발한 '해킹', 단기간에 폭발적 성장을 만드는 '트릭' 시대가 끝났다는 것이다. GDPR(General Data Protection Regulation의 약어로, 유럽 연합EU의 개인정보보호 규정) 같은 규제가 강화되고 소비자가 영리해지면서 전통적인 그로스 해킹은 더 이상 통하지 않게 되었다.

하지만 이것은 끝이 아닌 시작이었다.[129] AI 등장과 함께 그로스 해킹은 완전히 새로운 모습으로 진화하고 있다. 정교한 수많은 세그먼테이션, 실시간 초개인화 응대 등 과거에는 하고 싶어도 쉽지 않았던 그로스 해킹 방법들이 이제는 AI 발전 덕분에 쉽게 할 수 있는 상황이 되었다.

Growth Hacking is Dead? AI로 제대로 부활한 그로스 해킹
(출처: ChatGPT 5 생성 이미지)

예를 들어 과거에는 맞춤형 광고 콘텐츠를 더 다양하게 생성하고 싶어도 콘텐츠 제작 하나하나가 시간과 비용의 문제였고, 광고 시스템에도 이것들을 적용할 수 없었다. 하지만 LLM Large Language Model: 대규모 언어 모델 기반의 생성형 AI가 최근 2년 사이에 급격하게 발전하면서 서로 다른 이미지와 동영상 수백 또는 수천 개를 바로 생성해서 광고에 적용한다. 더불어 실시간으로 A/B 테스팅을 하면서 가장 높은 전환율을 내는 콘텐츠를 자동으로 선별해서 운영하는 것이 최근 흐름이다.

한편 웹 브라우저의 쿠키 정보 등을 이용하여 개인화를 진행하던 방식이 개인정보보호와 규제로 점점 막히고, 전화번호나 이메일 주소 등 개인 식별 정보를 적법하게 확보하여 개인화 CRM(고객 관계 관리)을 해야 하는 것이 현재 전 세계 모든 기업이 처한 상황이다.

CDP Customer Data Platform: 고객 데이터 플랫폼 같은 첨단 데이터 도구를 활용하여 총체적인 고객별 여정 상황을 데이터로 정교하게 파악할 수 있게 되었지만, 한 명 한 명 실제로 개인화 응대를 하는 데 리소스 문제는 큰 걸림돌이었다.

그러나 이제는 AI 챗봇을 활용하여 어색하지 않고 똑똑하게 개인화 응대를 받을 수 있는 경우가 늘어났다. 다른 질문을 해도 같은 식으로 답변하거나 맥락에 어긋나는 엉뚱한 답변을 받던 나쁜 경험에서 가려운 곳을 딱 긁어 주는 스마트한 응대를 내 상황에 맞게 해 주는 좋은 경험으로 판이 바뀌고 있다.

2024년 기준 글로벌 AI 에이전트 시장은 54억 달러에 달하며[130], 2030년까지 연평균 44.8%로 폭발적 성장이 예상된다.[131] 미국 기업 경영진의 74%가 2025년 내 AI 에이전트를 도입할 계획이라고 답했다.[132] 단순한 해킹에서 지능적 성장 시스템으로! 이것이 AI 시대 그로스 해킹의 새로운 정의다.

AI가 바꾼 게임 룰

그로스 해킹의 본질은 여전히 '성장'이다. 하지만 그 방법과 접근법은 완전히 달라졌다.

과거 vs 현재: 패러다임의 전환

전통적 그로스 해킹과 AI 시대의 그로스 해킹은 다음과 같이 정리할 수 있다.

▼ 전통적 그로스 해킹 vs AI 시대의 그로스 해킹

전통적 그로스 해킹	AI 시대의 그로스 해킹
단기적 해킹: 바이럴 트릭 찾기	지속 가능 시스템: AI 기반 성장 엔진 구축
직관적 실험: 마케터의 감에 의존한 A/B 테스트	데이터 예측: AI의 예측 모델링으로 사전 최적화
채널 최적화: 효과적인 마케팅 채널 발굴	고객 여정 전체 관리: 모든 접점의 통합적 관리
수동 분석: 데이터 보고 인사이트 도출	자율 실행: AI가 실시간 분석하고 자동 실행

1. **단기적 해킹 → 지속 가능 시스템**
   - 전통적인 접근: 드롭박스의 추천 프로그램, 에어비앤비의 크레이그리스트 해킹처럼 한 번의 기발한 아이디어로 폭발적 성장을 노렸다. 이런 '해킹'은 효과가 있었지만, 경쟁사가 모방하거나 플랫폼이 차단하면 끝이었다.
   - AI 시대의 접근: 이제는 AI가 24시간 365일 작동하며 스스로 학습하고 개선하는 성장 엔진을 구축한다. 예를 들어 AI는 고객 행동 패턴을 실시간으로 학습하여 자동으로 캠페인을 조정하고, 새로운 성장 기회를 발견하며, 경쟁 환경 변화에 즉각 대응한다. 한번 구축하면 지속적으로 진화하는 '살아 있는 시스템'인 셈이다.

2. **직관적 실험 → 데이터 예측**
   - 전통적인 접근: "파란색 버튼이 나을까, 빨간색 버튼이 나을까?" 마케터의 경험과 직관을 바탕으로 가설을 세우고 A/B 테스트를 반복했다. 테스트 하나에 몇 주가 걸리고, 통계적 유의성을 확보하려면 충분한 트래픽이 필요했다.
   - AI 시대의 접근: AI는 과거 상호 작용 데이터를 수백만 건 학습하여 테스트 전에 결과를 예측한다. 색상뿐

만 아니라 문구, 위치, 타이밍, 사용자 특성 등 변수 수천 개의 최적 조합을 미리 계산한다. 실제로 구글은 AI를 이용하여 광고 클릭률을 테스트 없이도 90% 정확도로 예측한다. 심지어 데이터가 없어도 현실 세계를 충분히 고려하여 진짜 같은 데이터를 생성해서 활용하는 합성 데이터synthetic data 접근법이 AI로 점점 가속화되고 있다.

3. 채널 최적화 → 고객 여정 전체 관리

- 전통적인 접근: "페이스북 광고 ROI가 제일 높으니 예산을 몰아주자." 같은 채널 중심 사고가 일반적이었다. 각 채널을 개별적으로 최적화하고 가장 효과적인 채널에 집중했다.
- AI 시대의 접근: AI는 고객이 첫 광고를 보는 순간부터 구매 후 재구매까지 모든 접점을 하나의 연결된 여정으로 추적하고 분석한다. 예를 들어 인스타그램에서 브랜드를 발견한 고객이 구글에서 검색하고, 이메일로 할인 쿠폰을 받아 구매하는 전체 과정을 실시간으로 모니터링하고 분석하여 최적화한다. 채널 하나하나가 아닌 '고객 여정 전체가 벌어지는 옴니채널상에서 고객 경험의 연속성'이 핵심이다.

4. 수동 분석 → 자율 실행

- 전통적인 접근: 데이터 분석가가 엑셀과 태블로(대표적인 BI 대시보드 솔루션)로 보고서를 만들고, 팀 회의에서 인사이트를 공유하고, 실행 계획을 수립하는 데 일주일 이상이 걸렸다. 그러다 보니 실행해서 결과 값을 얻고 이것을 분석해서 개선책을 도출하여 다시 실행하는 사이클이 느렸다.
- AI 시대의 접근: AI는 데이터를 실시간으로 분석하고, 인사이트를 도출하고, 즉시 실행까지 완료한다. 예를 들어 특정 고객 세그먼트의 이탈률이 상승하면 AI가 자동으로 맞춤형 리텐션 캠페인을 설계하고 실행한다. 넷플릭스의 추천 시스템처럼 1초 이내로 실시간으로 분석하고 실행한다.

Agentic AI: 도구에서 동료로

가장 큰 변화는 AI가 단순한 '도구'에서 '동료'로 진화했다는 점이다.[133] 기존 AI 도구가 "이메일 제목을 열 개 만들어 줘."라는 지시를 수행했다면 Agentic AI는 "이번 분기 매출 20% 올려 줘."라는 목표를 받고 스스로 전략을 수립하고 실행한다.

예를 들어 AI 에이전트는 다음 변화를 거쳐 실제 성과로 이어지고 있다.

- 과거 캠페인 데이터를 분석하고
- 고객 세그먼트별 행동 패턴을 파악하고
- 수백 가지 변수를 실시간 테스트하며
- 최적의 전략을 자동으로 실행한다.

이런 변화는 실제 성과로 이어지고 있다. Nike는 AI 기반 개인화로 이커머스 전환율을 35% 향상시켰고[134], 조기 도입한 기업들은 평균 50%의 효율성 개선을 경험했다.[135]

2025년 이후, 그로스 해킹의 미래

그로스 해킹 재정의

> "AI 시대의 그로스 해킹은 인공지능 기술을 활용하여 고객 가치를 극대화하고, 지속 가능한 성장 엔진을 구축하는 체계적이고 과학적인 접근법이다."

이는 더 이상 '해킹'이 아닌 '심리스한 설계와 실행의 반복'에 가깝다. 핵심 변화는 다음과 같다.

1. 단기 해킹 → 장기 시스템

과거에는 한 번의 입소문 효과로 폭발적 성장을 꿈꾸었다. 이제는 AI가 지속적으로 학습하고 개선하는 성장 시스템을 구축한다. 일회성 캠페인이 아닌 스스로 진화하는 유기체적 시스템이다.

2. 직관 → 예측

A/B 테스트를 수없이 반복하던 시대는 끝났다. AI는 변수 수천 개를 동시에 분석하여 최적의 조합을 예측한다. 테스트하기 전에 이미 결과를 알 수 있다.

3. 채널 중심 → 고객 중심

페이스북이 효과적일지, 인스타그램이 효과적일지 고민하던 시대에서 AI가 개별 고객의 전체 여정을 실시간으로 최적화하는 시대로 전환되었다.

4. 수동 분석 → 능동 실행

보고서를 작성하고 회의하는 동안, AI는 이미 실험을 수천 번 진행하고 최적화를 완료한다. 분석과 실행의 경계가 사라졌다.

그로스 해커 역할의 진화

이런 변화 속에서 그로스 해커의 역할은 어떻게 달라야 할까? AI 시대의 그로스 해킹은 AI와 인간이 각자 강점을 살려 협업하는 것에서 시작되고 완성된다.

인간과 AI의 협업으로 업무 성과 및 성장을 빠르고 효율적으로 달성
(출처: ChatGPT 5 생성 이미지)

AI가 잘하는 것 vs 인간이 잘하는 것

1. AI의 강점 영역

- 24/7 하드워킹: 집중력 저하 없이 365일 데이터를 모니터링하고 캠페인을 최적화
- 초고속 정보 처리: 데이터 포인트 수백만 개를 실시간으로 분석하고 패턴 발견
- 대규모 개인화: 고객 수만 명 각자에게 맞춤형 메시지와 경험 제공
- 예측과 시뮬레이션: 과거 데이터를 기반으로 미래 트렌드 예측과 시나리오 분석

- 반복 작업 자동화: A/B 테스트, 리포트 생성, 키워드 최적화 등 루틴 업무 처리

2. **인간의 고유 영역**
    - 목표의 설정: 지적 욕구, 자아 실현 같은 욕구를 느끼고 그 욕구를 충족시키려고 목표를 설정하는 것
    - 감성적 공감: 고객의 숨겨진 니즈와 감정을 이해하고 브랜드 스토리 구축
    - 윤리적 판단: AI 활용의 경계선 설정과 브랜드 가치 수호
    - 관계 구축: 이해관계자와 신뢰 형성, 팀 내 협업 조율

AI가 인간보다 잘하는 영역들을 보면 인간이 어떻게 해도 더 뛰어나게 할 수 없는 영역이다. 인간 고유의 영역 중에서 감성적 공감이나 윤리적 판단은 머지 않은 미래에는 AI도 할 수 있을지 모르겠으나, 원천적인 욕구에 따른 목표 설정은 또 다른 영역이다. 결국 인간이 설정한 목표를 달성하려면 AI와 협업하면서 AI를 리딩하는 것이 적절한 포지셔닝이다.

AI의 '그로스 해킹 사수'가 되는 법

AI가 제대로 성과를 내려면 뛰어난 '사수'가 필요하다. 직장

및 사회생활에서 부사수를 가르치고 코칭하며 육성하듯이, AI를 그로스 해킹의 파트너로 성장시키는 것이 핵심이다. 그로스 해킹의 핵심 방법론 관점에서 다음 포인트 및 예시를 고려해야 한다.

1. 명확한 목표와 맥락 제공

목표는 인간이 명료하게 설정해 주어야 한다. 인간 사수와 부사수의 협업과 마찬가지로 AI도 목표만 덩그러니 주기보다 관련된 맥락을 구체적으로 알려 줄수록 훨씬 좋은 결과를 만들어 낸다.

- 부적절한 가이드: "전환율을 높여 줘."
- 적절한 가이드: "20~30대 직장인 대상 이메일 캠페인의 구매 전환율을 현재 2%에서 3%로 높이는 것이 목표야. 우리 브랜드는 프리미엄 포지셔닝이고, 고객들은 품질과 편의성을 중시해."

2. 체계적인 가이드라인 설정

AI가 그로스 해킹의 세부 태스크를 체계적으로 기획할 때 고려해야만 하는 요소를 하나하나 구체적으로 가이드라인을 설정해 주어야 한다.

- 브랜드 톤앤매너: 전문적이면서도 친근한
- 금기 표현: 과장된 약속, 압박적 표현
- 핵심 메시지: 지속 가능성, 품질, 고객 중심
- 성공 지표: 전환율, 이탈률, 고객 만족도

3. 단계적 피드백과 학습

사람들끼리 프로젝트를 진행할 때도 중간중간 단계적으로 진행 상황을 리뷰 및 체크하고, 그에 따라 적절한 피드백을 주고받으면서 조정하는 것이 중요하다. AI와 협업할 때도 정확하게 똑같이 적용된다. 특히 AI로 그로스 해킹을 할 때는 다음과 같이 네 단계로 일의 흐름을 나누어서 진행하면 좋다.

- 1단계: AI의 초기 결과물 검토 및 방향성 조정
- 2단계: 세부 요소 개선(문구, 타이밍, 타깃팅)
- 3단계: A/B 테스트 결과 공유 및 학습 포인트 제공
- 4단계: 성공/실패 사례 분석 및 개선 방향 논의

4. 적절한 데이터와 컨텍스트 제공

AI가 일반적인 정보를 조사하거나 답변하는 것이 아니라 특정한 커스텀 작업을 제대로 하려면 해당 작업에 직결되

는 다양한 정보와 데이터를 체계적으로 제공해 주는 것이 매우 중요하다. 사람으로 치면 적절한 정보들이 두뇌의 기억 영역에 입력되는 것과 마찬가지이며, AI에서도 이것을 기억memory 또는 컨텍스트context라고 부른다.

AI 챗봇의 초반에는 프롬프트를 어떻게 잘 작성하느냐가 주요한 관건이었지만, 최근에는 프롬프트 외에 컨텍스트를 어떻게 제공하느냐가 AI 성능을 좌우하는 중요한 요소로 대두되고 있다. 다음 정보들이 도움이 된다.

- 제품 및 서비스의 특징
- 고객 전체 혹은 세그먼트별로 선호하는 제품/서비스의 고유 특징
- 고객과 접점(채널) 종류
- 각 접점에서 가능한 고객과 인게이지먼트 이벤트 정의
- 성장의 정의(첫 가입, 첫 구매, 월평균 구매 얼마 이상 등)
- 성장의 정의에 부합하는 퍼널별 정의와 고객 여정 구성
- 고객 세그먼트 분류 체계 및 세그먼트별 특징
- 타깃 고객 페르소나와 행동 패턴
- 경쟁사 동향과 시장 환경
- 브랜드 가이드라인과 제약 사항
- 과거 캠페인 성과 데이터

그로스 해킹 사수로서 AI 활용 포인트

1. 목표 설정 단계

- 사수의 역할: 비즈니스 목표와 KPI 정의
- AI의 역할: 과거 데이터를 기반으로 현실적 목표치를 제안하고 달성할 수 있는 전략 수립

2. 데이터 분석 단계

- 사수의 역할: 분석 방향성과 인사이트 유형 설정
- AI의 역할: 대규모 데이터 처리 및 분석 실행을 이용한 패턴 발견

3. 전략 수립 단계

- 사수의 역할: 브랜드 정체성을 반영한 전략 방향 제시
- AI의 역할: 다양한 전술 옵션과 예상 성과 시뮬레이션

4. 실행 단계

- 사수의 역할: 품질 관리와 브랜드 일관성을 유지하는 가이드라인 설정
- AI의 역할: 24/7 캠페인 운영과 실시간 최적화

5. 성과 측정 단계

- 사수의 역할: 정성적 성과 해석과 다음 전략 도출
- AI의 역할: 정량적 데이터 수집과 자동 레포팅

6. AI 에이전트 운영 전반

- 경쟁을 통한 성장: 여러 AI 도구에 같은 과제를 주고 결과를 비교하며 서로 개선하도록 유도한다. 예를 들어 ChatGPT와 클로드Claude에 동일한 광고 카피를 요청하고, 각 장점을 결합한 최종안을 도출한다.
- 팀플레이 운영: 복잡한 그로스 해킹 프로젝트는 여러 AI를 팀으로 구성하여 운영한다. 각 전문가 AI를 팀장으로서 리딩해 주어야 한다.

  예 데이터 분석 전문 AI, 콘텐츠 생성 전문 AI, 광고 최적화 전문 AI, 고객 응대 전문 AI
- 실패에서 배우기: AI도 완벽하지 않다. 실패 사례를 AI와 함께 분석하고 개선점을 찾아 다음에 적용한다. 이 과정에서 AI는 더 정교해지고 인간 그로스 해커는 더 나은 '사수'가 된다

맺음말: 변화를 기회로

AI 시대의 그로스 해킹은 더 이상 몇 가지 마케팅 및 기술의 조합 꼼수로 빠르게 성장할 수 있는 것이 아니다. 인공지능이라는 강력한 동료와 함께 고객에게 진정한 가치를 제공하고 지속 가능한 성장을 설계하는 새로운 예술이다.

변화는 이미 시작되었다. 2025년은 AI 에이전트의 원년이 될 것이고[136], 준비된 마케터들은 단순하고 반복적인 업무에서 해방되어 진정으로 창의적이고 전략적인 일에 집중하게 될 것이다.

이제 우리 앞에는 두 가지 선택이 있다.

"AI를 두려워하며 과거에 머물 것인가,
아니면 AI와 함께 고속 성장하는 법을 배울 것인가?"

다음 절에서 소개할 기업들은 이미 그 선택을 했고, 놀라운 성과와 성장을 만들어 내고 있다. 그들의 이야기에서 AI 시대 그로스 해킹의 구체적인 모습을 확인할 수 있을 것이다.

늦지 않았다. 지금이 바로 첫발을 내딛을 때다.

GROWTH HACKING

토모큐브:
고객도 모르는 니즈를 데이터로 찾아내다

:: 박용근 토모큐브 대표이사 / 이수민 토모큐브 상무이사 ::

인터뷰 대상자 프로필

박용근 | 토모큐브 대표이사(CEO)이자 KAIST 물리학과 교수. 서울대 기계항공공학부 학사, MIT 기계공학 석사, 하버드-MIT 의공학 박사학위 취득. 2010년 30세에 KAIST 물리학과 교수 부임. 미국광학회 석학회원(fellow), 국제광기술공학회 석학회원. 홀로토모그래피(HT) 기술 개발 및 상용화를 위해 2015년 토모큐브 창업. 1세대 HT 기반 제품 출시에 이어 기존 통념을 뛰어넘는 세계 유일의 2세대 HT 기술 개발에 성공. 누적 442억 원 투자 유치 후 2024년 11월 코스닥 상장. 2017년 장영실상, 2018년 과학기술포장, 2018년 Fumio Okano Award, 2018년 홍진기 창조인상, 2025년 아산의학상 등 다수 수상 이력.

이수민 | 토모큐브 상무이사로 라이프사이언스사업부 총괄. POSTECH 생명과학과 학사 및 박사. 연구직 공무원 재직 중 HT 기술에 매료되어 2017년 토모큐브 입사. 학위 과정 동안 배운 현미경 사용 경험을 살려 애플리케이션 개발, 제품 기획, 고객 개발, 영업 마케팅, 기술 지원 등 업무를 두루 경험. 최첨단 2세대 HT 기반 연구 장비 HT-X1을 성공적으로 출시하여 2022년 과학기술정보통신부장관 표창 수상.

"프로토타입을 보여 주어야 대화를 시작할 수 있습니다."

홀로토모그래피holotomography라는 첨단 기술로 세계 연구자의 주목을 받는 토모큐브. 이 회사의 박용근 대표는 단호하게 말한다.

"고객이 뭘 원하는지 고객도 잘 모릅니다. 그래서 우리가 먼저 보여 주어야 해요."

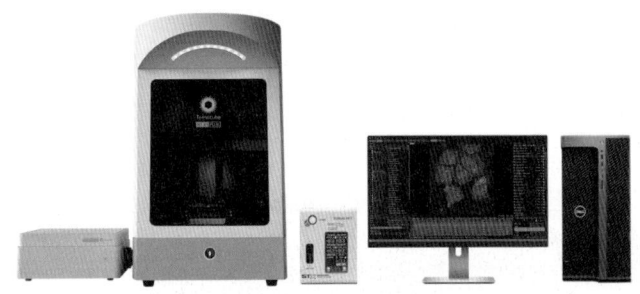

토모큐브의 대표 제품 HT-X1 Plus와 이미지 분석 솔루션 모습(출처: 토모큐브)

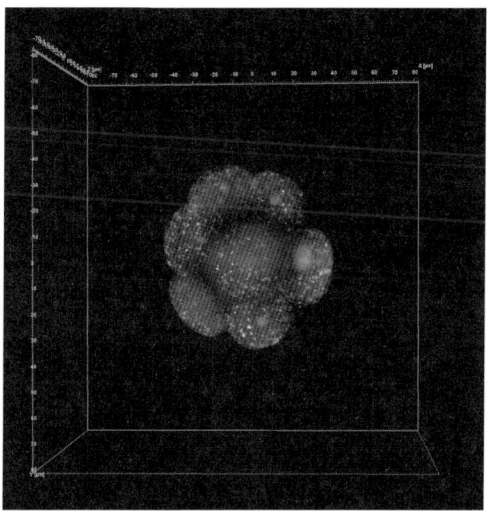

토모큐브의 홀로토모그래피 기술을 이용해서 세포를 염색하지 않고도(염색하면 죽게 됨) 초고해상도 3D 이미지로 본 모습 1(출처: 토모큐브)

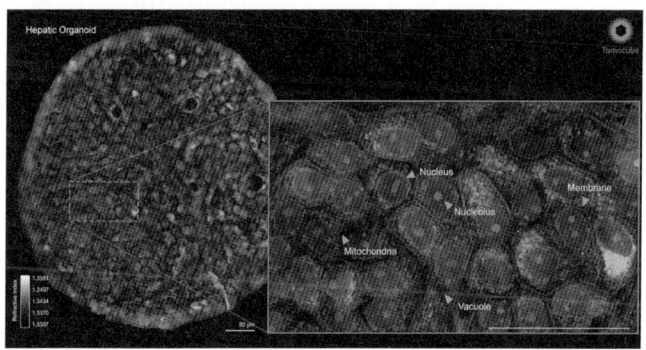

토모큐브의 홀로토모그래피 기술을 이용해서 세포를 염색하지 않고도(염색하면 죽게 됨) 초고해상도 3D 이미지로 본 모습 2(출처: 토모큐브)

B2B 연구 장비 시장은 독특하다. 고객은 대부분 박사급 연구원이고 제품 가격은 수억 원을 호가한다. 구매 결정에 6개월에서 1년이 걸리는 것도 예사다. 이런 시장에서 토모큐브는 어떻게 성장을 이끌어 냈을까? 그 답은 의외로 'Product Customer Fit'이라는 개념에서 얻을 수 있다.

박 대표는 이렇게 설명한다.

"PMF Product Market Fit보다 PCF Product Customer Fit가 더 중요합니다. 시장은 추상적이지만, 고객은 구체적이거든요. 우리가 만나는 건 시장이 아니라 실제 고객이에요."

고객도 모르는 고객의 마음, 데이터로 읽다

토모큐브가 직면한 첫 번째 도전은 아이러니했다. 세계 최고 수준의 기술력을 보유했지만, 정작 고객이 그 기술로 무엇을 하고 싶어 하는지 파악하기 어려웠다. "마켓핏에서 마켓 자체가 너무 넓습니다. 고객도 고객이 뭘 원하는지 잘 모릅니다. 그래서 프로토타입을 보여 주어야 대화를 시작할 수 있습니다."

토모큐브가 찾은 해법은 독특했다. 추상적인 니즈를 구체화하려고 먼저 프로토타입을 만들어 보여 주기 시작한 것이다. "이런 건 어떠세요?"라고 묻는 방식이다. 놀랍게도 고객들은 활용 사례의 프로토타입을 보고 나서야 "아, 이걸 원했어요!"라고 반응했다.

박 대표는 강조한다.
"프로토타입을 보여 주어야 대화를 시작할 수 있습니다. 추상적인 대화로는 한계가 있어요. 구체적인 것을 보여 주면 고객도 구체적으로 피드백을 합니다."

하지만 이 과정은 쉽지 않았다. 연구자 수백 명을 만나며 파편화된 의견들을 수집했고, 그 속에서 공통 분모를 찾아야 했다. "고객마다 말하는 것이 다르니 제대로 판단할 수 있는 기준이 필요했어요. 대표의 느낌만으로는 한계가 분명하죠. 그래서 데이터에서 객관적인 단서를 찾아야 했습니다."

토모큐브는 이렇게 수집한 데이터를 체계적으로 분석했다. 어떤 연구 분야의 고객이 어떤 기능에 관심을 보이는지, 어떤 표현을 쓸 때 구매 의향이 높아지는지 패턴을 찾았다. 그 결과 어쩌면 당연하다고도 볼 수 있는 사실을 발견했다. 빠른 구매로 이어지는 핵심은 '고객의 문제 해결'에 있었다. 고객 자신의 연구나 활용 사례에서 토모큐브 장비를 어떻게 적용하면 좋은지에 구체적으로 접근하는 방법은 곧 '문제 해결'이었다.

성장하는 시장을 선택하라, 그리고 빠르게 실패하라

토모큐브의 두 번째 전략적 선택은 시장 선정이었다. 토모큐브는 이미 성숙한 시장이 아닌 앞으로 성장할 시장을 골랐다. 오가노이드 Organoid 와 유리 기판 Glass Substrate 이 그것이다.

박 대표는 말한다.
"지금은 시장 규모가 작지만, 3~5년 후에는 폭발적으로 성장할 분야입니다. 이미 시장을 형성한 산업의 마켓은 결국 원가 싸움이에요. 작은 기업이 경쟁할 수 있는 구조가 아닙니다. 우리 같은 스타트업이 승부할 곳이 아니죠."

시장의 선택 기준도 명확하다.
"타깃 마켓을 정할 때는 마켓의 성장 가능성을 보고 판단해요. 어떤 고객이 그 마켓을 대변할 수 있을지 없을지는 나중에 가서야 알 수 있습니다. 결국 뭐든 빨리 시행착오를 겪는 게 맞아요."

오가노이드는 인체 장기를 모방한 3차원 세포 배양체다. 신약 개발과 맞춤 의료의 핵심 기술로 주목받고 있다. 유리 기판은 반도체 패키징의 차세대 소재다. 두 분야 모두 현재는 초기 단계이지만, 토모큐브는 이 시장에서 가능성을 보았다.

박 대표는 단호하다.

"어느 것이 맞는지 고민만 하다 보면 성장 기회를 놓칩니다. 일단은 그냥 달려야 해요. 틀리면 빨리 방향을 바꾸면 됩니다."

이런 철학은 '빠른 시행착오'로 이어졌다. 토모큐브는 새로운 시장에 진입할 때마다 작은 실험을 반복했다. 학회에 가서 부스를 열어 연구자들 반응을 살피고, 웨비나를 열어 참석자 수와 질문 내용을 분석했다. 가능한 모든 오프라인과 온라인 접점에서 미래 고객을 최대한 만나고자 했다.

"누가 시장을 대표할지는 미리 알 수 없습니다." 이수민 상무가 덧붙인다. "한 번은 별로 기대하지 않았던 작은 학회에서 만난 연구자가 해당 분야의 오피니언 리더였어요. 그분을 통해 마켓 전체가 열리기도 했습니다."

물론 실패도 있었다. 어떤 애플리케이션은 6개월을 투자했지만 시장에서 반응이 없었다. 하지만 토모큐브는 이를 '빠른 학습'으로 받아들였다. "실패가 빠를수록 성공도 빨라집니다. 중요한 건 실패에서 배우는 속도예요."

이런 접근법은 효과가 있었다. 오가노이드 시장에서 토모큐브는 선두 주자로 자리 잡았고, 유리 기판 시장에서도 주요 플레이어와 협업을 시작했다. "빨리빨리 하세요."라고 박 대표가 한 조언은 단순하지만 강력하다.

스몰 데이터의 힘: 첫 미팅이 전환율을 좌우한다

토모큐브가 데이터를 본격적으로 활용하기 시작한 것은 2년 전이다. 처음에는 단순했다. 영업 미팅 후 간단한 메모를 남기는 것부터 시작했다. 하지만 이 작은 시작이 놀라운 인사이트로 이어졌다.

박 대표는 말한다.
"스몰 데이터라도 충분히 도움이 됩니다. 전환율이 성장하는 데 채널이 매우 중요할 줄 알았는데, 그게 아니라 처음 컨택한 영업 사원이 누구였는지가 훨씬 더 중요했습니다."

이 상무도 "처음에는 마케팅 채널이 중요한 줄 알았어요. LinkedIn이 좋을까, 학회가 좋을까, 이메일이 좋을까…… 그런데 데이터를 분석해 보니 전혀 달랐습니다."라고 당시를 회상했다.

데이터가 보여 준 진실은 예상 밖이었다. 마케팅 채널보다는 '첫 미팅을 누가 진행했는가'가 훨씬 더 중요했고, 그보다는 '고객이 자기 문제를 어느 정도로 인식하고 해결을 바라고 있느냐'가 더 중요했다.

분석 결과, "'이런 문제를 풀어 주세요'라고 구체적으로 요청하는 고객의 구매 전환율이 압도적으로 높았습니다. 반면 '홀로토모그래피 기반의 제품이 뭔지 궁금해서 왔어요'라는 고객은 대부분 구경만 하고 갔죠."

이는 메릴린치의 유명한 영업 사원 사례를 떠올리게 한다. 성과가 부진했던 한 보험 영업 사원이 자신의 데이터를 분석해서 놀라운 패턴을 발견했다. 계약이 성사된 건은 대부분 첫 미팅에서 진행되었고, 첫 미팅에서 부정적이었던 경우는 아무리 많이 만나도 결국 성사되지 않았다. 이후 그는 첫 미팅에서 분위기가 좋지 않으면 후속 미팅을 하지 않고, 모든 역량을 첫 미팅이 긍정적이었던 고객의 팔로우업에만 집중했다. 그 결과 다음 해부터 전사 영업 실적 1위를 달성했다. 토모큐브도 이와 유사한 발견을 했다.

데이터가 보여 준 패턴은 더 있었다. "고객이 첫 미팅에서 구체적인 활용 사례와 관련된 기술적 질문을 두 개 이상 하면 구매 확률은 절반 이상이었고, 프로토타입 데모를 보고 '우리 샘플로도 해 볼 수 있나요?'라고 묻는 고객은 거의 80% 이상 구매로 이어졌습니다."

토모큐브는 이런 인사이트를 바탕으로 영업 전략을 대폭 개선했다. 첫 미팅 준비에 더 많은 시간을 투자했고, 고객 문제를 미리 파악하려고 노력했다. 영업 사원들에게는 '고객 문제를 잘 파악하는 방법'뿐만 아니라, '고객이 문제를 구체적으로 표현하도록 유도하라'고 가이드를 제공했다. 그 결과 미팅 건수당 계약 전환율이 크게 상승했다.

박 대표는 강조한다.

"대기업처럼 빅데이터는 없지만, 우리에게는 깊이 있는 스몰데이터가 있습니다. 중요한 건 데이터양이 아니라 인사이트의 질입니다. 게다가 데이터가 쌓이는 속도는 어렵지 않게 증가시킬 수 있습니다."

'지금이 아니면 안 된다' : 시기상조라는 변명을 넘어서

데이터 중요성을 깨달은 토모큐브가 CRM 시스템을 도입하려고 했을 때 예상치 못한 저항이 내부에서 나왔다. "우리는 이런 작업을 할 수 있는 단계가 아닙니다." 영업 팀이 보인 첫 반응이다.

박 대표는 이것이 거의 모든 회사가 겪는 공통 패턴이라고 말한다.

"시기상조다. 그리고 우리는 지금 너무 바쁘기 때문에 할 수 없다.", "우리는 아직 작은 회사인데, CRM까지 필요한가요?", "지금도 바쁜데 언제 데이터를 입력하죠?"

익숙한 저항의 목소리가 쏟아졌다.

박 대표는 이런 반응이 낯설지 않았다.

"시기상조라는 말을 정말 많이 들었습니다. 그런데 그 단계는 절대 오지 않아요. 시간이 지나면 더 바빠지고 문제는 더 복잡해질 뿐입니다."

그는 특히 이렇게 직설적으로 지적한다. "생산성을 올리면 둘 다 할 수 있습니다. 시기상조라고 말하는 사람은 대부분 생산성이 높지 않은 경우가 많아요."

그러나 박 대표는 감정적으로 밀어붙이지 않았다. 그는 차분히 논리를 펼쳤다.

"이게 왜 필요한지 최대한 논리적으로 설명한 후 따라올 사람들과 함께 가야 합니다. 모든 사람을 다 데리고 갈 수는 없습니다. 조직이 해야 하는 일에 맞추어 구성원이 움직여야 하지, 개별 사정을 다 맞추다 보면 결국 아무것도 못 하게 됩니다."

그는 구체적인 수치를 제시하며 설득했다. 데이터 입력에 하루 10분을 투자하면 한 달 후에는 영업 효율이 20% 올라간다는 것, 다른 회사들의 성공 사례까지 보여 주었다. 그리고 마지막으로 이렇게 못 박았다.
"이렇게 논리적으로 설명해도 따라오지 않는 사람은 어차피 함께 갈 수 없습니다."

변화는 리더부터 시작했다. 대표와 임원진이 먼저 모든 미팅 직후 CRM에 기록을 남겼다. 처음에는 귀찮아 하던 직원들도 CRM 데이터를 보며 "아, 이 고객은 작년에 이런 질문을 했었네요."라고 깨달음을 얻자 태도가 달라졌다. 영업 성과가 개선되자 회의적이던 사람들도 점점 적극적으로 참여하기 시작했다.

박 대표가 미소를 지으며 말했다.
"이제는 모두가 합니다. 습관이 안 되면 하기 싫지만, 반복하다 보면 익숙해지고 결국 당연한 일이 됩니다."

그는 습관의 힘을 강조한다. "머릿속에 데이터가 쌓이면 흐름과 연결이 보입니다. 그걸 더 많은 사람이 더 빠르게 할 수 있게 하면 조직이 성장합니다." 이제는 CRM 시스템이 보여 주는 상세한 고객 정보와 인사이트 없이 영업하는 것을 도리어 어려워하는 직원이 늘어난 것이 이를 증명한다.

토모큐브 사례는 많은 기업에 시사점을 준다. 제대로 된 데이터 활용 문화를 만드는 것은 시스템 문제가 아니라 리더십과 실행의 문제. '시기상조'라는 변명 뒤에 숨지 말고, 지금 당장 시작하는 용기가 필요하다.

샤이한 고객의 마음을 여는 데이터 활용법

B2B 연구 장비 시장에서 고객은 대부분 연구자다. 이들은 궁금한 것이 있어도 쉽게 문의하지 않는다. 토모큐브는 이런 '샤이한 고객'들을 어떻게 끌어낼까 고민했다. 답은 데이터에 있었다. 웹 사이트 방문 기록을 분석해서 흥미로운 패턴을 발견했다. 특정 웹 페이지를 반복해서 보는 사람들이 있었는데, 대부분 기술 스펙이나 응용 사례 페이지였다.

"질문하고 싶지만 망설이는 겁니다. 그래서 우리가 먼저 답을 제공하는 것을 고려하고 있습니다."

토모큐브는 단순한 FAQ를 넘어 '이런 연구를 하신다면' 시리즈를 기획하여 구체적인 연구 시나리오별로 솔루션을 제시했다. 예를 들어 '암세포 전이 연구를 하신다면'이라는 콘텐츠에는 해당 사례 및 자사의 관련 제품에 맞는 샘플 준비법부터 이미징 팁까지 상세하게 담아 궁금해 하는 연구자들에게 실질적인 가치를 제공하는 것이다.

이수민 상무와 CX(고객경험) 팀이 데이터 분석 기반으로 고객 유스케이스에 집중한 제품 활용 시나리오별 솔루션을 브레인스토밍 1(출처: 토모큐브)

이 상무는 설명한다.

"유스케이스 기반 접근은 항상 효과적입니다. 연구자들은 자신이 하고 있는 연구, 혹은 앞으로 하고자 하는 연구와 비슷한 케이스를 보면 '아, 이건 좀 제대로 살펴봐야겠다'고 생각해요. 그때 비로소 구체적인 문의를 합니다."

이수민 상무와 CX(고객경험) 팀이 데이터 분석 기반으로 고객 유스케이스에 집중한 제품 활용 시나리오별 솔루션을 브레인스토밍 2(출처: 토모큐브)

더 나아가 토모큐브는 고객 간 익명으로 정보와 경험담을 공유하는 플랫폼도 고려 중이다. 다른 연구자가 자신이 궁금해 하는 것과 비슷한 질문을 했다는 사실이 확인되면 더 큰 동기 부여가 되고 알아보고자 하는 용기가 생긴다는 심리를 활용한 전략이다.

2025년 8월 시점에서 아직 웹 사이트에 반영된 서비스는 아니지만, 사람의 기본 속성과 성향을 이용한 넛지 nudge 기반의 접근법은 그로스 해킹에서 항상 좋은 효과를 냈다. 적용 후 결과가 기대되는 부분이다.

AI 시대의 그로스 해킹: 문제에 집중하면 도구는 따라온다

박 대표는 AI 시대의 그로스 해킹을 이렇게 이야기한다.

"문제가 명확하면 세상에는 도구가 너무 많습니다. 중요한 건 어떤 도구를 쓰는지가 아니라, 어떤 문제를 풀려고 하는가입니다."

토모큐브의 첫 번째 AI 프로젝트는 논문 분석이었다. 매년 쏟아지는 바이오 이미징 관련 새로운 논문들을 멤버 모두가 다 꼼꼼하게 읽기는 불가능했다. 이에 AI 에이전트에 논문을 읽히고 트렌드를 분석하게 했다. 어떤 연구 주제가 뜨고 있는지, 어떤 기술적 난제가 있는지 파악할 수 있었다.

더 흥미로운 것은 데이터에서 인사이트를 추출하는 태스크의 자동화와 AI 에이전트와 대화하면서 인사이트를 얻는 방식의 구현이다. 지금까지 개별적인 데이터들을 간단한 수준에서만 분석하던 것을 유기적으로 통합된 데이터를 자동으로 준비하여 AI가 이것을 바라보면서 궁금한 것들을 질문하면 실시간으로 답변하는 방식이다.

이 상무는 덧붙인다.
"영업 데이터, 마케팅 데이터, 고객 피드백, 고객의 웹 사이트 행동 데이터 등을 자동으로 연결해서 마케팅과 세일즈, 고객 한 명 한 명에게 다양한 인사이트를 보여 주는 대시보드 시스템을 구축했습니다. 대시보드를 보면서 더 깊게 파고들고 싶은 것들을 대시보드 구석에 있는 AI 채팅창에 물어보면 즉시 상세하게 답변합니다. 예전부터 바라던 이상적인 환경을 드디어 구현했죠."

토모큐브의 다음 목표는 아직 통합하지 않은 더 많은 다양한 데이터를 연결해서 고객과 상담할 때 대시보드를 열고 그 안에서 AI와 대화하지 않고도 실시간으로 맞춤형 상담을 할 수 있도록 도움을 주는 직관적인 사용 환경을 만드는 것이다.

박 대표는 AI 도입을 고민하는 기업에 이렇게 조언한다.
"거창하게 시작하지 마세요. 가장 반복적이고 시간이 많이 드는 작업부터 자동화하세요. 그리고 꼭 기억하세요. AI는 도구일 뿐, 중요한 건 여전히 문제 정의입니다."

이 상무도 강조한다.
"AI를 써서 문제가 해결되는 게 아니라, 문제가 명확해야 AI를 쓸 수 있습니다. 문제가 명확하면 도구는 얼마든지 있습니다."

토모큐브는 AI를 활용하여 연구 장비 시장에서 경쟁력을 높이고 있다. "지금 저희가 팔고 있는 건 연구 장비고, 연구 장비는 저희가 몇 년 동안 해 왔으니까 이런 프로세스로 진행하는구나······."라고 알게 되죠. "여기에 데이터 마이닝과 AI를 이용해서 우리가 어디에 집중해야 한다는 것을 알게 되면 직원들이 더 효율적으로 일할 수 있어요."

마무리: 데이터가 이끄는 성장, 사람이 만드는 미래

박 대표가 인터뷰를 마무리하며 말한다.

"조직은 개인의 집합입니다. 따라서 법인이 성장한다는 것은 이미 그 전에 사람이 성장했다는 의미입니다. 사람이 성장했기에, 리더가 성장했기에 팀원들이 성장한 것입니다. 그렇기 때문에 그것의 총체적인 합이라고 할 수 있는 법인이 성장한 겁니다. 이건 닭이 먼저인지 달걀이 먼저인지처럼 명확하지는 않지만, 확실하게 있는 거예요."

토모큐브의 그로스 해킹 여정은 단순히 데이터와 기술 이야기가 아니다. 변화를 두려워하지 않는 리더십, 시행착오를 자산으로 만드는 문화, 고객을 깊이 이해하려는 노력이 만들어 낸 성장 스토리다.

"데이터라고 영어로 이야기하니까 매우 거창해 보이지만, 사실은 얼마나 많은 경험을 했는지가 데이터인 거고, 그 많은 경험이라는 점들이 선으로 연결되어야 어떤 지혜가 만들어질 수 있는 거죠."

박 대표의 이 말은 그로스 해킹의 본질을 꿰뚫는다.

"과거와는 달리 지금은 데이터가 얻어지는 속도가 굉장히 빠른 것 같아요. 그렇기 때문에 이 데이터에서 인사이트를 얻으려는 그런 활동, 특히 이 활동을 AI나 자동화된 무언가를 이용해서 가속하려는 것은 필수입니다. 그게 중요하다는 점에 거의 모든 창업자가 동의할 거예요."

그러나 박 대표는 그와 관련된 경고도 잊지 않는다.

"거기에는 설득이 필요 없을 것 같은데, 저희가 겪었던 시행착오는 아까 말씀드렸다시피 '아직은 그럴 단계가 아니야'라고 말하는 사람들의 존재입니다. '그럴 단계'는 절대 오지 않습니다."

보모큐브기 B2B 기업에 전하는 메시지는 명확하다.

첫째, 고객의 숨은 니즈를 찾으려면 활용 사례의 프로토타입을 보여 주고 구체적으로 대화를 시작하라.

둘째, 작은 데이터라도 깊이 있게 분석하면 큰 인사이트를 얻을 수 있다.

셋째, '시기상조'라는 변명 뒤에 숨지 말고 지금 당장 실행하라.

넷째, AI 같은 새로운 도구를 두려워하지 말고 문제 해결에 활용하라.

무엇보다 중요한 것은 사람이다. 데이터와 AI가 아무리 발전해도 그것을 활용하는 것은 결국 사람이다. 리더가 먼저 성장하고, 조직이 함께 성장할 때 진정한 그로스 해킹이 가능하다.

토모큐브가 집중하는 그로스 해킹 핵심 지표

- 영업 전환율: 첫 미팅 후 구매까지 전환되는 비율
- 고객 문의 품질: 단순 문의 vs 구체적 기술 문의 비율
- 웹 사이트 내 타깃 콘텐츠 체류 시간: 특정 유효 콘텐츠를 소비하는 시간
- 고객 응답 시간: 문의 후 답변까지 소요 시간
- 시장 점유율: 타깃 시장(오가노이드, 유리 기판)에서 위치

토모큐브가 추천하는 그로스 해킹 접근법

1. PCF 우선: PMF보다 구체적인 고객의 핏을 먼저 찾아라.
2. 프로토타입 대화법: 말보다 시제품으로 대화를 시작하라.
3. 스몰데이터 분석: 적은 데이터도 깊이 있게 분석하면 보물이 된다.
4. 빠른 실행: 완벽한 준비보다 빠른 시행착오가 낫다.
5. AI는 도구: 문제 정의가 명확하면 도구는 얼마든지 있다.

GROWTH HACKING

제조업의 구독 경제 전환, 데이터로 2년 만에 유니콘 달성하다

:: LG전자 구독 IT운영 팀 전재현 팀장 ::

인터뷰 대상자 프로필

전재현 | Global EPR 구축 Task 수행. 미주/중국 해외 IT 센터 책임자. 현재 한국영업본부 차세대 구독 관리 시스템 구축 총괄(구독 IT운영팀장)

"2년 만에 1조 원은 기적이 아니었어요. 데이터로 고객을 이해하고, 그들이 원하는 걸 정확히 제공한 결과입니다."

LG전자 가전구독 서비스 담당 팀장이 던진 이 한마디에는 전통적인 제조업체가 어떻게 구독 경제의 강자로 변신했는지 모든 답이 담겨 있다. 2024년 연매출 1조 원, 제품 카테고리 23개, 프리미엄 가전 구매 고객의 36.2%가 구독을 선택하는 성과. 특히 2022(→2021)년 대형가전 구독 서비스를 시작한 지 불과 2년 만에 유니콘 비즈니스(연 매출 1조 원)를 달성한 것은 업계에서 전례를 찾기 힘든 기록이다.

2018~2023년 5년간 빠른 성장세를 보인 LG전자 구독 서비스(출처: LG전자뉴스룸)

어떻게 냉장고와 세탁기를 만드는 회사가 넷플릭스처럼 구독 서비스로 돈을 벌 수 있을까? 그리고 그 과정에서 데이터는 어떤 역할을 했을까? 2025년 7월, LG전자 가전구독 서비스의 폭발적 성장을 이끈 핵심 멤버 중 한 분인 전재현 팀장과 인터뷰하여 그 비밀을 들어 보았다.

정수기에서 시작된 2조 원 구독 경제

"2009년에 정수기 렌탈로 시작했을 때만 해도 이렇게 될 줄은 몰랐죠. 솔직히 처음에는 엄청나게 기대하지 않았습니다."

LG전자의 구독 서비스는 15년이라는 긴 여정을 거쳐 현재 모습에 이르렀다. 2009년 정수기 렌탈로 조심스럽게 첫발을 뗀 이후, 2015년 LG ThinQ 앱 출시로 디지털 플랫폼 인프라를 구축했다. 하지만 진짜 혁신은 2021년 대형가전으로 구독 서비스를 확대한 것이다.

"냉장고를 구독한다고? 그게 말이 되나?" 그는 당시를 회상하며 웃었다. "대형가전은 한번 사면 10년은 쓰는 제품인데, 누가 매달 돈을 내고 빌려 쓰겠냐는 거였죠. 하지만 우리는 데이터를 봤습니다. 젊은 세대의 소유 개념이 바뀌고 있었고, 이사가 잦은 라이프스타일, 최신 제품을 경험하고 싶은 욕구 등 이 모든 신호가 데이터에 나타나고 있었어요."

결과는 폭발적이었다. 2022(→2021)년 대형가전 구독 서비스를 시작한 후 연평균 30% 이상 성장했고, 2023년에는 케어서비스 포함 총 1조 1340억 원의 매출을 달성했다. 제품군 21개, 구독 모델 300여 개로 포트폴리오를 확장했고, 2024년 현재는 제품 카테고리가 23개로 늘어났다.

"지금은 프리미엄 가전을 구매하는 고객 중 36.2%가 구독을 선택합니다. 세 명 중 한 명 이상이에요. 이건 단순한 비즈니스 모델 변화가 아니라 패러다임 시프트입니다."

그는 서비스 모델의 진화 과정을 설명했다. "처음에는 단순 렌탈이었죠. 그다음은 전문 케어 매니저가 정기적으로 방문하는 '케어 솔루션'으로 발전했고, 지금은 LG ThinQ 플랫폼과 통합된 AI 기반 예측 관리까지 제공합니다. ThinQ UP을 통해 구형 제품도 계속 소프트웨어 업데이트를 받을 수 있어요. 하드웨어는 그대로이지만 기능은 계속 진화하는 거죠."

정성 분석의 한계, 행동 데이터로 반론을 잠재우다

2023년, LG전자는 웹 사이트 가입 전환율을 높이는 프로젝트를 시작했다. UX User Experience: 사용자 경험 전문 팀에 의뢰하여 정성적 분석을 진행했고, 수십 가지 개선안이 나왔다. 하지만 예상치 못한 반발에 부딪혔다.

"전문가들이 '이 화면에서 스크롤 방향이 어색하다', '이 문구가 헷갈린다', '이 영역에서 무엇을 해야 하는지 헷갈린다'고 지적했어요. 그런데 내부에서 반론이 쏟아졌죠. '꼭 그게 문제일까?', '그렇게 바꾸면 정말 나아질까?', '다르게 해석할 수도 있지 않나?' 솔직히 누구 말이 맞는지 판단하기 어려웠습니다."

교착 상태에 빠진 프로젝트를 구한 것은 데이터였다. 팀은 방문자마다 웹 사이트 행동을 추적하기 시작했는데, 그들의 행적은 흥미로운 프레임워크를 만들었다.

"인지, 동기 부여, 실행 이 세 단계로 나눴어요. 먼저 고객이 각 단계에서 뭘 해야 하는지 인지하는가? 인지했다면 그걸 실행할 동기가 부여되는가? 동기가 있다면 실제로 실행하는 데 장애물은 없는가?"

데이터 분석 결과는 충격적이었다. "가입 프로세스상에서 이탈하는 사람 중 대부분이 특정 화면에서 위아래로 헤매면서 무엇을 해야 할지 모르고 머무르다가 그만두거나, 반드시 거치도록 설계한 정보 입력 절차 중에 의도치 않은 시스템 딜레이가 발생하면서 기다리다가 그만두고 있었습니다."

더 놀라운 발견도 있었다. "빠르게 가입을 완료한 고객과 그렇지 않은 고객의 행동을 비교해 봤더니, 빠르게 가입한 고객들이 선택한 차별화된 화면상의 진행 흐름이 있었어요. 그렇다면 그 흐름을 좀 더 직관적으로 알 수 있게 화면 구성을 바꾸면 그렇지 않은 사람들도 더 쉽게 가입할 수 있지 않을까 싶었죠."

팀은 이런 인사이트를 하나씩 모아 해당 웹 사이트 웹 페이지의 UX 개선안을 만들었다. 그리고 결정적인 순간이 왔다.

"정량 분석 결과를 발표하는 날이었어요. 가입을 성공한 고객과 실패한 고객 집단 둘로 나누어서 각각이 어떻게 다르게 행동하는지 히트맵과 각종 숫자, 차트들을 보여 주고, 이탈이 발생하기 직전의 행동이 어떤 식으로 나타나는지도 보여 줬죠. 데이터로 모든 걸 보여 주니까…… 그때 회의실이 조용해졌어요. 반론과 의혹을 제기했던 사람들이 하나둘 고개를 끄덕이기 시작했죠. 데이터로 도출한 개선안에 대해 사실상 만장일치였어요."

개선안을 적용한 후 A/B 테스트를 진행했다. 결과는 기존 대비 전환율이 20% 이상 향상되었다!

"정성 분석도 중요합니다. 전문가의 직관과 경험은 귀중하죠. 하지만 정량 분석 없이는 설득력이 떨어져요. 데이터는 거짓말을 하지 않으니까요. 이제 우리는 모든 UX 개선을 할 때 정성 분석과 정량 분석을 병행합니다."

상담원의 케미컬: 1등+1등이 최고가 아니다

콜센터는 LG전자 구독 서비스를 가입하는 또 하나의 핵심 채널이다. 하지만 전환율이 기대만큼 높지 않았다. 문제를 해결하려고 통화 데이터를 분석하기 시작했는데, 예상치 못한 패턴들이 발견되었다.

"처음에는 통화 녹음을 모두 텍스트로 변환하려고 했어요. 하지만 해당 데이터를 준비하는 데 리소스가 꽤 들어서 빠르게 시도해 보려고 접근법을 바꿨습니다. 통화 내용 대신 통화 패턴을 분석하기로 한 거죠."

LG전자의 콜센터는 두 단계로 운영된다. 1차 상담원이 서비스를 설명하고 가입 의사를 확인하면, 2차 상담원이 실제 가입 절차를 안내해 주면서 진행한다. 팀은 언제, 누가, 어떤 순서로 얼마나 오래, 마무리될 때까지 몇 차례에 걸쳐서 통화했는지 모든 로그 데이터를 수집했다. 통화 로그 데이터뿐만 아니라 전체 계약 데이터 및 고객 및 상담원을 이해할 수 있는 다른 데이터들도 통합했다.

"흥미로운 것들을 발견했어요. 특정 시간대의 통화가 높은 전환율로 이어지고 있었습니다. 자세히 말씀드릴 수는 없지만 오전에 한 타임, 오후에 한 타임이 있고 요일은 별로 상관없었고요."

더 흥미로운 것은 통화 시간이었다. "많이 통화한다고, 오래 통화한다고 전환율이 높은 게 아니었어요. 오히려 9분에서 11분 사이가 최적이었습니다. 그보다 짧으면 설명이 부족했고, 길면 고객이 피로감을 느꼈거나 대화가 산만해졌겠죠."

하지만 가장 놀라운 발견은 상담원 매칭에 관한 것이었다.

"우리는 당연히 최고 성과를 내는 1차 상담원과 2차 상담원을 매칭하면 최고의 결과가 나올 거라고 생각했어요. 그런데 데이터는 전혀 다른 이야기를 하고 있었습니다. 상담원 간 케미가 있었어요." 실제로 1등 상담원끼리 매칭했을 때보다 특정 상담원 간 조합에서 더 높은 성과가 나왔다.

팀은 이런 인사이트를 실시간으로 활용하려고 인터랙티브 대시보드를 만들었다. "셀프 BI 환경을 구축했어요. 매니저들이 직접 여러 조건을 조합해서 인사이트를 뽑을 수 있게 했죠. 고정된 리포트가 아니라 탐색적 데이터 분석이 가능한 환경이요."

대시보드에서 또 다른 패턴도 발견했다. "특정 상담원들은 특정 유형의 고객을 잘 다뤘어요. 예를 들어 A 상담원은 이전에 렌탈 경험이 있는 고객과 전환율이 높았고, B 상담원은 첫 구독 고객을 잘 설득했죠. 이걸 알고 나니 콜 라우팅, 즉 고객별 상담원 매핑도 최적화할 수 있었습니다."

"데이터가 보여 준 건 단순한 숫자가 아니었어요. 사람과 사람 사이의 미묘한 관계였죠. 이제 우리는 상담원을 단순히 실적으로만 평가하지 않습니다. 어떤 고객과, 어떤 동료와 시너지를 내는지도 봐요."

케어 매니저를 99% 만족시킨 AI 도입

케어 매니저는 LG전자 구독 서비스의 얼굴이다. 고객 집을 직접 방문하여 제품을 관리하고, 고객과 관계를 맺는다. 하지만 케어 매니저 한 명이 많은 고객을 관리하다 보니 한계가 있었다.

"케어 매니저들을 인터뷰했더니 다들 비슷한 어려움을 토로했어요. '이 고객이 지난번에 뭘 물어봤는지 기억이 안 나요', '다른 채널로 문의한 내용을 알면 참고가 될 텐데 모르겠어요', '어떤 고객이 해지를 고려하고 있는지 미리 알 수 있으면 좋겠어요'."

에어컨, 냉장고, 환기 시스템을 관리해 주는 LG전자 케어 매니저(출처: LG전자뉴스룸)

팀은 AI를 활용하여 케어 매니저를 지원하기로 했는데, 접근 방식이 조금 독특했다.

"처음부터 복잡한 AI 모델을 만들지는 않았어요. 케어 매니저들이 진짜 필요한 게 뭔지부터 파악했죠. 그들은 데이터 사이언티스트가 아니에요. 복잡한 분석 결과가 아니라 '오늘 이 고객 집에 가서 뭘 하는 것이 좋을지' 알고 싶어 했습니다."

팀은 구매 이력, 웹 사이트 방문 기록, 콜센터 상담 내역, 과거 방문 기록, 케어 매니저 평가 기록 등 다양한 데이터를 고객 중심으로 통합했다. 그리고 AI가 이를 분석하여 케어 매니저에게 필요한 정보로 가공했다.

"케어 매니저용 모바일 앱을 열면 오늘 방문할 고객 리스트가 나와요. 각 고객을 클릭하면 '이번 방문 체크 포인트'가 보입니다. 예를 들어 '지난번 필터 교체 문의하심', '최근 세탁기 추가 구독 검색함', '애완견 있음, 벨 누르지 말 것' 이런 식으로요."

더 중요한 것은 예측 정보였다. "AI가 이탈 가능성도 계산해 줍니다. 계약 기간 만료 전 해지 확률 72% 이런 식으로요. 그리고 왜 그런지, 어떤 대응을 고려해 볼 만한지도 알려 줍니다. '최근 3개월간 불만 문의 2회, 할인 혜택 제시 권장' 이렇게요."

2025년 4월 지점 세 개에서 파일럿 테스트를 시작했다. 결과는 놀라웠다.

"99%가 넘는 만족도와 반복 사용률이 나왔어요. 처음에는 못 믿었죠. 그런데 '이게 딱 우리가 원했던 거예요!', '이제 더 잘할 수 있을 것 같아요', '이런저런 기능들도 추가해 줄 수 없나요?' 하는 케어 매니저들의 반응이 쏟아졌습니다."

한 케어 매니저 사례가 인상적이었다. "어떤 고객이 평소와 달리 차갑게 대하길래 앱을 확인해 봤더니 '최근 콜센터에

A/S 문의했으나 해결 안 됨'이라고 나와 있었대요. 그 문제를 먼저 해결해 드리니까 고객이 깜짝 놀라며 고마워했다고 합니다."

부정 계약 탐지에서도 효과를 보았다. "기존에는 엑셀로 일일이 체크하느라 며칠씩 걸렸어요. 이제는 AI가 간단한 Rule Base의 예측 모델을 사용하여 자동으로 의심 건을 찾아냅니다. 담당자는 최종 확인과 조정만 하면 돼요. 처리하는 데 걸리는 시간이 몇십 분의 1로 줄었죠."

"AI를 도입한다고 하면 다들 거창한 걸 생각해요. 하지만 현장에서 필요한 건 단순합니다. 복잡한 모델보다 바로 쓸 수 있는 인사이트가 훨씬 가치 있어요. 우리가 99% 만족도를 받은 이유도 그거예요. 현장의 언어로 말했으니까요."

데이터 품질이 먼저다: Garbage In, Garbage Out

"많은 데이터 프로젝트가 실패하는 이유를 아세요? 데이터 품질 때문입니다."

LG전자도 처음에는 화려한 AI 프로젝트부터 시작하려고 했다. 하지만 곧 근본적인 문제에 부딪혔다.

"데이터는 많았어요. 그런데 품질이 들쭉날쭉했죠. 어떤 건 비어 있고, 어떤 건 형식이 다르고, 어떤 건 아예 틀렸고…… Garbage In, Garbage Out이라는 말이 있잖아요. 쓰레기를 넣으면 쓰레기가 나온다. 아무리 좋은 AI도 나쁜 데이터로는 쓸모없습니다."

Garbage In, Garbage Out. 원료 데이터 품질이 AI 활용 성과를 좌우
(출처: Gemini 2.5 Pro(나노바나나) 생성 이미지)

팀은 과감한 결정을 내렸다. 일을 벌이기 전에 우선 기본이 되는 데이터 품질부터 체크하고 개선하기로 한 것이다.

"반발이 있었죠. '그런 작업은 나중에 하고 일단 시작하자'는 의견도 많았어요. 하지만 우리는 단호했습니다. 기초가 튼튼해야 건물이 안 무너진다고 생각했습니다."

하지만 LG전자의 접근법은 달랐다. 단순히 데이터 품질만 분석한 것이 아니었다.

"데이터 품질이 나쁘다고 해서 뭐 어떻게 하겠어요? 중요한 건 그게 비즈니스에 어떤 영향을 미치는가입니다. 우리는 각 데이터 품질 문제가 어떤 비즈니스 액션에 영향을 주는지 매핑했어요."

예를 들어 고객 연락처 데이터의 부정확성은 케어 매니저 방문 일정을 조정하는 데 영향을 주었고, 이는 고객 만족도 하락으로 이어졌다. 제품 사용 데이터의 누락은 이탈 예측 모델의 정확도를 떨어뜨렸다.

"이렇게 연결하니까 우선순위가 명확해졌어요. 데이터를

개선하는 것은 병행해서 하되, 현재 데이터 상태로도 비즈니스에 바로 활용할 수 있는 액션 아이템들부터 골라서 활용 프로젝트들을 진행했습니다."

앞서 소개한 프로젝트 성과는 그 프로젝트에 사용한 데이터들을 사전 평가하고 검증했기 때문에 가능했다.

"무엇보다 이제는 데이터를 믿을 수 있게 됐죠. 의사 결정을 할 때 '이 데이터 맞아?'라는 의구심이 사라졌습니다. 그리고 윗분에게 보고할 때도 나중에 봤더니 데이터에 문제가 있어서 멈췄다는 식의 면피성 보고를 할 필요가 없어졌습니다. 전체적인 업무 효율성이 올라간 것이나 마찬가지죠."

팀은 지속적으로 품질을 관리하는 시스템도 구축했다. "데이터 품질을 체계적인 시각화 대시보드를 사용해서 모니터링하고 이상이 발견되면 알림을 보냅니다."

"화려한 AI, 멋진 대시보드 다 좋습니다. 하지만 기본이 먼저예요. 데이터 품질을 챙기고, 이것과 비즈니스 액션 아이템의 매핑에 투자한 시간이 아깝다고 생각한 적은 없습니다. 오히려 그게 우리가 이뤄 낸 성공의 핵심 기반이었어요."

구독 경제의 미래: 고객과 평생 함께하는 법

"구독 경제의 본질이 뭔지 아세요? 한번 팔고 끝이 아니라 고객과 평생 관계를 맺는 겁니다."

LG전자는 이미 다음 단계를 준비하고 있다. AI 챗봇, LLM 기반 분석, IoT 데이터 활용 등 미래 계획을 듣다 보니 SF 영화 같은 시나리오가 펼쳐졌다.

"예를 들어 볼게요. 고객이 전자레인지로 생선 요리를 했어요. IoT 센서가 이를 감지하죠. 그럼 자동으로 로봇 청소기가 주방으로 가서 냄새 제거 모드로 작동합니다. 공기청정기도 자동으로 관련 모드로 전환되고요. 이게 우리가 만들어 가고 있는 실제입니다."

더 놀라운 것은 LLM(대규모 언어 모델)을 활용한 초개인화 계획이다.

"지금까지 우리는 고객을 세그먼트로 나눴어요. 20대 여성, 4인 가족 이런 식으로요. 하지만 이제는 각 고객을 개별적으로 이해할 수 있습니다. 콜센터 통화, 케어 매니저 방문 기록, 웹 사이트 행동 등 모든 데이터를 AI가 분석해서 '이 고객은 환경을 중시하고, 새로운 기술에 관심이 많으며, 주말에 요리를 즐긴다'는 식으로 파악하는 거죠."

이런 이해를 바탕으로 완전히 개인화된 서비스를 제공한다는 구상이다.

"어떤 고객에게는 '에너지 절약 모드를 사용하면 한 달에 나무 2그루를 심는 효과'라고 알려 주고, 다른 고객에게는 '최신 펌웨어 업데이트로 음성 인식률 15% 향상'이라고 안내하는 거예요. 같은 제품이지만 각자에게 의미 있는 가치를 전달하는 거죠."

그는 구독 경제에서 성공할 수 있는 조언도 아끼지 않았다.

"첫째, 제품이 아니라 경험을 팔아야 합니다. 고객은 냉장고가 필요한 게 아니라 신선한 식재료를 보관하는 경험이 필요한 거예요. 둘째, 데이터 없이는 불가능합니다. 고객과 평생 함께하려면 그들을 깊이 이해해야 하고, 그건 데이터로만 가능해요. 셋째, 현장이 중요합니다. 아무리 좋은 전략도 케어 매니저나 상담원이 실행하지 못하면 소용없어요."

마지막으로 그는 의미심장한 말을 남겼다.

"5년 후 LG전자는 완전히 다른 회사가 될 겁니다. 가전을 만드는 회사가 아니라 고객의 라이프스타일을 디자인하는 회사. 그리고 그 중심에는 구독 서비스와 데이터가 있을 거예요."

말레이시아 고객들을 타깃으로 출시한 LG전자 구독 서비스 'LG 렌트업(LG Rent UP)'
(출처: LG전자뉴스룸)

정수기 렌탈에서 시작해서 2조 원 구독 경제를 만든 LG전자! 그들의 성공 비결은 거창한 전략이 아니었다. 고객 행동 데이터를 꼼꼼히 분석하고, 현장 직원이 쓸 수 있는 도구를 만들고, 데이터 품질부터 개선하는 기본에 충실했을 뿐이다.

전통적인 제조 업체도 구독 경제의 승자가 될 수 있다는 것을 LG전자가 증명했다. 중요한 것은 제품이 아니라 고객이고, 판매가 아니라 관계다. 그리고 그 관계 중심에는 관계를 쌓아 가면서 발생한 기업과 고객 사이의 상호 작용에 대한 데이터가 있다. 2년 만에 유니콘을 달성한 LG전자의 다음 행보가 주목되는 이유다.

LG전자가 집중하는 그로스 해킹 핵심 지표

☐ 가입 전환율: 웹 사이트 퍼널 단계별 전환율
☐ 콜센터 효율성 지표: 최종 계약 전환율, 투입 시간 대비 성공률, 고객 상담 만족도
☐ 케어 매니저 성과 지표: 케어 매니저 평가 점수, 업셀/크로스셀 전환율, 고객 서비스 만족도
☐ 만기 이내 계약 해지율: 계약 만기가 되기 전에 해지하는 비율
☐ 데이터 품질 스코어: 완전성, 정확성, 일관성, 적시성, 비즈니스 연계 점수
☐ 고객 생애 가치(LTV): 구독 기간×월 구독료 – 서비스 비용
☐ 구독 침투율: 프리미엄 가전 구매 고객 중 구독 선택 비율

LG전자가 추천하는 그로스 해킹 접근법

- 정성과 정량의 균형: UX 전문가의 직관 + 행동 데이터 분석을 병행
- 행동 데이터 우선주의: 의견보다 실제 고객 행동 패턴을 믿고 분석
- 인터랙티브 BI 환경: 고정 리포트가 아닌 탐색적 데이터 분석(EDA) 가능한 셀프 BI
- 현장 친화적 AI: 복잡한 모델보다 현장에서 바로 쓸 수 있는 인사이트 제공
- 데이터 품질 우선: 화려한 분석보다 데이터 품질부터 확보 (Garbage In, Garbage Out)
- A/B 테스트 일상화: 모든 개선안은 실험으로 검증
- 핵심 조언: "고객과 평생 함께하려면 데이터로 깊이 이해해야 한다."

| 미주 |

01 역주 1989년에 설립된 의류 제조, 유통, 판매 종합 회사로 미국 캘리포니아 로스앤젤레스에 자리를 잡고 있다. https://www.americanapparel.com

02 역주 Cost Per Thousand의 약어로 광고가 1000번 노출되는 데 필요한 비용이다.

03 역주 미국 TV 드라마 시리즈 〈매드맨(Mad Men)〉의 주인공으로 광고 회사의 크리에이티브 디렉터이자 파트너다. 잘생기고, 키가 크고, 돈 많고, 능력이 있으며, 더불어 여자 관계도 복잡한 캐릭터다.
https://en.wikipedia.org/wiki/Don_Draper

04 역주 PR과 광고 업계의 선구자다.
https://en.wikipedia.org/wiki/Edward_Bernays

05 역주 코딩은 프로그램 코드를 작성하는 일이고, 코더(coder)는 이런 일을 하는 사람이다.

06 역주 페이스북의 핵심 사상이자 플랫폼 근간을 구성하는 요소로 페이스북 사용자의 구체적인 정보와 그 사람들이 페이스북에서 활동하는 모든 행동, 그 행동의 대상들을 잘 정돈된 정보 형태로 구축해 놓고 그것을 페이스북이 허용하는 규칙 안에서 누구라도 가져다 쓸 수 있게 한 체계 전체를 총칭한다.
https://en.wikipedia.org/wiki/Facebook_Platform#Open_Graph_protocol

07 Andrew Chen, "Growth Hacker Is the New VP Marketing", April 27, 2012. https://andrewchen.com/how-to-be-a-growth-hacker-an-airbnbcraigslist-case-study/

08 역주 전 세계에서 3억 명이 사용하는 가장 대표적인 클라우드 파일 저장 서비스다. 어떤 장치에서 파일을 생성, 삭제, 저장해도 네트워크로 연결된 모든 장치에

서 자동으로 동기화되는 서비스이자 회사다. https://www.dropbox.com

09 역주 미국 게임 회사로 페이스북 성장에 힘입어 소셜게임 부문에서 세계 1위까지 올랐다. 스마트폰 게임 시대에 잘 대응하지 못해 1위를 내주었지만 여전히 세계 순위권에 있는 게임 회사다. https://www.zynga.com

10 역주 소셜커머스의 대표 주자였던 서비스이자 회사. 지역별로 차별화된 데일리딜(당일 파격 할인 상품)이 서비스 핵심이다. https://www.groupon.com

11 역주 세계 최대 사진 편집 및 사진 공유 소셜미디어 서비스 앱이다. 세계 최대의 소셜미디어인 페이스북이 10억 달러에 인수했다. https://instagram.com

12 역주 전 세계적으로 큐레이션 서비스 열풍을 만든 대표적인 큐레이션 서비스다. 사진을 중심으로 웹상의 콘텐츠들을 수집하여 보기 좋게 보여 주고 공유할 수 있다. https://www.pinterest.com

13 역주 미국의 유명한 스타트업 인큐베이터 중 하나다.
https://www.techstars.com

14 역주 미국의 유명한 스타트업 인큐베이터 중 하나다. https://500.co

15 저자에게 보낸 이메일, April 18, 2013.

16 역주 하루에 메시지를 12억 개 전송하는 글로벌 메신저 서비스다. 사용자 대다수는 젊은 층으로 주로 사진을 전송한다는 점이 주목할 만하며, 전송한 메시지는 일정 시간이 지나면 사라지는 특성이 있다. 페이스북이나 알리바바 같은 세계적인 기업들이 스냅챗을 인수하는 데 열중하고 있다.
https://www.snapchat.com

17 역주 전 세계에서 1억 명 넘게 사용하는 메모/노트 서비스다.
https://evernote.com

18 역주 무료로 개인 금융을 관리해 주는 웹 서비스다. 간편하고 직관적인 관리가 가능하며, 사용자의 자산 관리 상태에 최적화된 금융 상품을 추천하고 해당 금융사에서 수수료를 받는다. https://www.mint.com

19 역주 그로스 해킹에 도움이 되는 다양한 온라인 도구와 교육을 제공하는 회사다. 이 회사의 대표 도구를 모은 서비스가 스모미(sumome.com)다.
https://www.appsumo.com

20 역주 웹에 있는 흥미로운 관심사를 자동으로 찾아서 추천해 주는 서비스다. 상당한 입소문 효과를 내는 것이 특징이다. https://www.stumbleupon.com

21 역주 〈블레어 위치〉는 제작비 총 75만 달러로 전 세계에서 무려 수익을 2억 4800만 달러 거둠으로써 흥행에 성공한 저예산 영화의 대표 사례로 꼽히는 공포 영화다. 제작비 1억 5000만 달러를 들여 수익을 7억 달러 거둔 대형 블록버스터인 〈트랜스포머〉와 비교한 것이다.
https://en.wikipedia.org/wiki/The_Blair_Witch_Project

22 역주 기자, 편집자, NYU 저널리즘 조교수다.
https://www.linkedin.com/in/adampenenberg

23 역주 아담 페넨버그가 집필한 책으로 입소문 효과를 체계적으로 기술했다.

24 Adam Penenberg, "Viral Loop: From Facebook to Twitter, How Today's Smartest Businesses Grow Themselves", New York: Hyperion, 2009, p 96.

25 역주 닷컴 버블 시기인 1998년에 샌프란시스코에서 설립한 애완동물 물품을 전문으로 판매한 전자상거래 회사다. 직원 수도 320명까지 늘었는데 2년 만에 문을 닫았다.

26 역주 미국의 가장 인기 있는 스포츠 중 하나인 미식 축구의 최종 결승전이다. 많은 미국 국민이 TV로 경기를 보기 때문에 이 기간 동안 엄청난 물량의 광고비가 집행된다.

27 역주 미국의 유명한 백화점이다.

28 역주 닷컴 버블 시기인 1998년에 뉴욕에서 벤처캐피털 주도로 설립하여 비디오, 게임, DVD, 잡지, 스타벅스 커피를 1시간 무료 배송으로 내세운 회사다. 창업자들은 금융권에 종사하던 한국계 미국인이다.
https://en.wikipedia.org/wiki/Kozmo.com

29 역주 불의의 사고로 신체의 상당 부분이 로봇으로 개조된 남자 주인공이 사건을 해결해 나가는 내용의 미국 TV 드라마 시리즈로 1970년대 인기를 끌었다.

30 역주 페이스북, 트위터, 구글플러스, 유튜브와 더불어 세계 최대 소셜미디어 서비스 중 하나로 전문가들의 네트워킹과 구인/구직이 핵심 서비스다. 2014년

3분기 기준 3억 3200만 명이 사용하고 있으며, 2009년 이래 사용자 수가 기하급수적으로 증가했다. https://www.linkedin.com

31 **역주** 유명한 투자자 폴 그레이엄의 투자 회사와 전 세계적으로 명성이 높은 스타트업 인큐베이터인 와이콤비네이터(Y Combinator)가 운영하는 프로그래머와 창업가를 위한 소셜뉴스 웹 사이트다. 컴퓨터 과학과 기업가 정신에 대한 다양한 이야기와 뉴스가 올라온다. https://news.ycombinator.com

32 **역주** 플랫폼은 굉장히 폭넓은 의미를 지니는 단어다. 기본적으로 내부 자원을 보유하여 그 주체만이 아니라 그것을 사용하고자 하는 외부 주체들에게도 제공하여 상호 작용할 수 있는 체계와 구조를 의미한다. API는 Application Programming Interface의 약어로 소프트웨어 애플리케이션을 만드는 데 필요한 절차, 프로토콜, 도구를 통칭하는 컴퓨터 과학 용어다. 즉, 플랫폼 API는 플랫폼을 사용하여 애플리케이션을 만들 수 있는 환경 전체를 의미한다.

33 **역주** 창작물을 만드는 사람과 후원자를 연결해 주는 크라우드 펀딩 사이트 중 가장 유명한 웹 사이트다. 프로젝트에 기부해서 목표 모금액이 넘으면 후원하기로 한 돈을 내고, 목표액이 안 되면 돈을 내지 않는다. 후원자들에게는 경제적인 이익이 아닌 창작자가 제공하는 독특한 고유의 편익들이 제공된다. 3D 가상 현실 헤드셋으로 세계적인 관심을 모으다 결국 페이스북이 인수한 오큘러스도 킥스타터에서 크라우드 펀딩을 받아 프로젝트를 진행한 사례다. https://www.kickstarter.com

34 Kevin J. Clancy and Randy L. Stone, "Don't Blame the Metrics", Harvard Business Review(June 2005).
https://hbr.org/2005/06/dont-blame-the-metrics

35 **역주** 1983년에 설립한 미국 마운틴뷰에 자리 잡고 있는 소프트웨어 회사다. 소규모 사업자들에게 금융 및 세금 관련 소프트웨어와 서비스를 제공한다.

36 **역주** 기간 한정 공동 구매나 쿠폰을 사용하여 반값에 가까울 정도의 큰 폭으로 할인한 제품을 짧은 시간 내 대량으로 판매하는 형태의 전자상거래 서비스다. 국내에서는 보통 소셜커머스라고 부른다.

37 저자에게 보낸 이메일, March 18, 2013.

38 역주 이 개념에 흥미가 있다면 유명한 전투기 조종사이자 전략가인 존 보이드(John Boyd)와 그의 개념인 OODA Loop를 찾아보기를 강력하게 추천한다.

39 역주 프로그래머이자 벤처 캐피털리스트이며, 에세이 작가로 세계적으로 유명한 인물이다. 글로벌로 유명한 스타트업 인큐베이터인 와이콤비네이터의 공동 창립자이기도 하다. https://www.paulgraham.com

40 Christine Lagorio-Chafkin, "Brian Chesky, Joe Gebbia, and Nathan Blecharczyk, Founders of AirBnB", last updated July 19, 2010. https://www.hostaway.com/blog/airbnb-founders/

41 역주 과거 산업용 빌딩이던 건물을 주거용으로 전환한 아파트다. https://en.wikipedia.org/wiki/Loft#Loft_apartment

42 역주 의역을 하자면 '전환' 정도인데 국내에서도 거의 다 피벗이라고 사용하므로 원어 발음 그대로 표기한다. 굉장히 중요한 개념이지만 정확하게 이해하고 쓰는 경우가 적어 주의가 필요하다. 142쪽 그로스 해킹 용어 사전을 참고한다.

43 역주 고객의 피드백을 받아 기능을 최소한으로 구현한 제품이다.

44 보도 자료에 쓰는 기본적인 포맷은 큐오라에서 찾아볼 수 있다. 다음 링크를 참고하여 체크해 보자. https://www.quora.com/What-is-Amazons-approach-to-product-development-and-product-management

45 역주 미국의 유명한 토크 쇼인 〈오프라 윈프리〉 진행자다. https://en.wikipedia.org/wiki/Oprah_Winfrey

46 역주 이 책은 훨씬 짧은 전자책으로 시작되었고, 그 전에는 널리 알려진 하나의 글이었다.

47 역주 이것을 넛지(nudge)라고 한다. 그로스 해킹을 더 잘 이해하고 제대로 실천에 옮기고 싶으면 동명의 책을 숙독하기를 강력하게 추천한다.

48 Werner Vogels, "Working Backwards", November 1, 2006. https://www.allthingsdistributed.com/2006/11/working_backwards.html

49 역주 실제 제품을 만들기 전에 그 제품의 핵심을 빠르게 구현하여 직접 느낌을 살펴볼 수 있는 형태다. 보통 외형만 구현하는 경우가 많다.

50 역주 인터넷 시대 초창기에 웹을 서핑할 때 가장 많이 사용한 웹 브라우저의 효시로 무료로 제공되었다. 이후 마이크로소프트의 인터넷 익스플로러 등장으로 점유율이 낮아졌다.

51 역주 미국 캘리포니아 서니베일에서 1999년에 설립되어 기업 대상의 네트워크와 서버 장비의 관리를 돕는 제품들을 제공하던 회사다. 세계적으로 유명한 벤처 캐피털 회사인 앤드리슨 호로위츠(Andreessen Horowitz)의 공동 창립자인 마크 앤드리슨(Marc Andreessen)과 벤 호로위츠(Ben Horowitz)가 함께 창립한 회사이기도 하다.

52 역주 개인에 최적화된 소셜네트워크 커뮤니티를 만들 수 있도록 해 주는 서비스 회사로, 2005년 미국 팔로 알토에 설립했다. https://www.ning.com

53 Marc Andreessen, "Product/Market Fit", June 25, 2007.
https://online.stanford.edu/if-i-build-it-will-they-come-understanding-product-market-fit

54 역주 웹과 모바일 앱을 기반으로 한 서비스에서 성과를 높이는 데이터 측정, 분석, 실험 등을 포괄적으로 제공하는 서비스다. https://www.optimizely.com

55 역주 구글 애널리틱스 등 웹 사이트에 대한 총체적인 데이터 분석 솔루션을 제공하는 서비스다.

56 역주 쉽고 간편한 온라인 설문 조사 서비스로 세계적으로 유명하다.
https://www.surveymonkey.com

57 역주 온라인 양식 입력 관리 도구로 유명한 서비스다.
https://www.wufoo.com

58 역주 '그로스 해킹 용어 사전' 편에서 자세하게 설명한 A/B 테스팅을 제공하는 서비스다. 현재는 고객 만족도 조사 및 모바일 웹에 최적화된 설문 조사 등으로 확대하고 있다. https://qualaroo.com

59 역주 인바운드 마케팅, 즉 웹 사이트에 잠재 고객을 끌어모으는 다양한 마케팅과 판촉 도구를 제공하는 대표적인 미국 회사다. https://www.hubspot.com

60 역주 글, 사진, 농영상 등 사용자가 직접 생산한 콘텐츠 및 뉴스 링크 등을 올려서 좋아요/싫어요 투표를 하고 순위를 매기는 엔터테인먼트 소셜네트워킹 서

비스다. 상당한 구전 효과가 발생하는 서비스이며 사람들이 어떤 것에 반응하는지 트렌드를 살펴볼 수도 있다. https://www.reddit.com

61 역주 사회 변화를 촉구하는 다양한 활동을 하고 공유할 수 있는 웹 사이트다. https://www.change.org

62 Larissa MacFarquhar, "Requiem for a Dream", March 11, 2013. https://www.newyorker.com/reporting/2013/03/11/130311fa_fact_macfarquhar?currentPage=all

63 역주 현재 인터넷상에서 사람들이 많이 보고 소셜미디어상에 추천하는 글, 비디오 등 인기 콘텐츠만 모아서 전시하고 보여 주는 유명한 큐레이션 서비스다. https://digg.com

64 역주 기술과 관련된 다양한 뉴스와 콘텐츠를 큐레이션하여 보여 주는 웹 사이트다. 모토는 '너드(기술에 집착하는 사람을 지칭)를 위한 뉴스로, 중요한 것들'이다. https://slashdot.org

65 역주 〈뉴욕타임스〉는 젯블루(JetBlue)의 기내 TV 서비스를 이용하여 상당히 비쌌을 '자사 브랜드 인식용 콘텐트(branded content)'를 제공했다. 장담하는데, 이 기내 TV라는 것은 절대로 결과를 추적할 수 없다. 이것은 그로스 해킹이 아니다. 심지어 기내 잡지에 싣는 광고도 아니다.

66 역주 여기에서 'mass'는 '많다'의 개념으로, '대량'이나 '대중'이라는 뜻으로 사용된다. 즉, 매스 마케팅이란 특정 집단을 타깃팅하는 마케팅이 아니라 불특정 다수를 대상으로 하는 마케팅이다.

67 역주 괴짜라고 불릴 정도로 특정한 주제에 몰입하는 사람들을 통칭하는 용어다. 컴퓨터와 첨단 기술을 이용한 분야에서 주로 사용하던 용어로, 점점 그 쓰임새가 확장되고 있다. 매니아 정도로 해석할 수도 있지만, 단순히 좋아하는 것만이 아니라 좋아하는 대상으로 추가적인 가치를 만드는 것까지 탐닉하는 경우가 많다.

68 역주 세계적으로 유명한 기술 전문 매체다. 특히 스타트업과 새로운 인터넷 기반 제품들에서 많은 리뷰와 기사를 내놓는다. 테크크런치 디스럽트(TechCrunch Disrupt)라는 세계 최대 규모의 스타트업 전시회를 연 2회 뉴욕과 샌프란시스코에서 개최하기도 한다. https://techcrunch.com

69 **역주** South By SouthWest의 약어로, 미국 오스틴에서 매년 열리는 음악, 영화, 인터랙티브 제품들의 유명한 콘퍼런스이자 축제다. 새로운 스타트업들이 참여하여 화제를 불러일으키고 신규 사용자를 대거 획득하는 콘퍼런스로도 유명하다. https://sxsw.com

70 내 첫 번째 책 〈나를 믿어라, 나는 거짓말쟁이다(Trust Me, I'm Lying)〉에서 썼듯이 미디어 생태계는 완전히 변했다. 편집자들이 한정된 양의 이야기만 골라 내보낼 수 있는 신문처럼 충분하지 않은 노출 공간과 달리 온라인 노출 공간은 무제한이다. 블로거들은 그들 독자에게 어필할 수만 있다면 무엇이든지 기꺼이 글을 쓴다는 의미다.

71 **역주** 글로벌로 유명한 질문 답변 서비스다. 국내에서는 네이버 지식인 서비스에 비유할 수 있다. 질문하는 사람과 답변하는 사람 모두 상당히 수준이 높고 잘 정제된 편이며, 웹 사이트나 블로그 등에서는 일반적인 검색으로 찾기 어려운 고급 정보를 많이 찾을 수 있다. https://www.quora.com

72 저자와 인터뷰, May 24, 2013.

73 **역주** 2003년에 미국 베벌리힐스에 설립된 초창기 대표적인 소셜네트워킹 서비스다. 국내의 원조 소셜네트워킹 서비스인 싸이월드의 미니홈피처럼 개인의 웹 공간에 포인트를 맞춘 콘셉트였다. 많은 인기를 끌었으나 그 기세를 잘 유지하지 못하고 트위터, 페이스북 등에 자리를 넘겨주고 말았다. https://myspace.com

74 **역주** 대표적인 글로벌 사용자 기반 식당 리뷰 서비스다. 지역, 음식 종류, 가격대, 별점, 이동 거리를 고려하여 적절한 음식점을 빨리 찾을 수 있다. https://www.yelp.com

75 **역주** 온라인 학습 콘텐츠 거래 시장이자 플랫폼이다. 대학교를 중심으로 운영되는 무크(MOOC, Massive Open Online Course)와는 달리 다양한 전문가가 어떤 종류의 콘텐츠든 등록하여 거래할 수 있다. 실용적인 기술들을 많이 배울 수 있다. https://www.udemy.com

76 **역주** 자신의 프로필을 전 세계 사람들에게 쉽고 효과적으로 어필하는 데 최적화된 개인 홈페이지 서비스다. https://about.me

77 **역주** 여행을 질문하면 해당 지역의 전문가가 답변해 주고, 사람들이 평가하여

가장 값진 여행 질문과 답변이 큐레이션되어 볼 수 있는 서비스다. https://www.trippy.com

78 역주 저자의 예전 책 제목이 〈나를 믿어라, 나는 거짓말쟁이다〉이다.

79 역주 뉴욕 중심가로 주위 건물들의 벽면 전체가 거대한 광고판으로, 밤에도 이 광고들로 휘황찬란한 곳이다. 하루 평균 30만 명이 이 거리를 걸어 다니며 붐빌 때는 46만 명을 상회하고, 통과하는 차량을 탄 사람 수도 11만 5000명에 이른다. 광고를 하면 하루 노출이 총 150만 번 가능하다고 하는데, 그만큼 비용도 비싸 월 한두 번 노출에 수십만 달러를 지불해야 하며 연간 계약이 필요하기도 한다. https://www.timessquarenyc.org/do-business/promote-partner/advertising-sponsorships

80 역주 1995년 미국 샌프란시스코에 설립된 회사이자 서비스다. 집, 직장, 각종 물건 등 다양한 물품을 거래하려고 등록하는 일종의 지역 특화 광고 사이트다. 1995년에 만든 후 한번도 서비스를 개편하지 않은 듯한 느낌이 들 정도로 텍스트 중심의 조악해 보이는 웹 서비스이지만 정말 많은 사람이 이용하고 거래한다. https://www.craigslist.org

81 Chen, "Growth Hacker Is the New VP Marketing".

82 역주 온라인상의 여러 도구를 이용하여 사용자, 잠재 사용자에게 온라인으로 다가가서 마케팅 업무를 주로 하는 마케터를 의미한다. 이메일 마케팅에 특화된 마케터를 다이렉트 마케터라고도 한다.

83 Sean Ellis, "Awareness Building Is a Waste of Startup Resources", March 7, 2008. https://www.startup-marketing.com/awareness-building-is-a-waste-of-startup-resources/

84 역주 그루폰과 비슷한 미국의 지역 기반 소셜커머스 기업이다. 한국의 대표 소셜커머스 업체 중 하나인 티켓몬스터를 2011년에 인수하여 국내에 이름을 알렸다. https://www.livingsocial.com

85 역주 온라인상에서 다양한 장치를 이용하여 전 세계 수백만 곡 중 마음에 드는 노래를 골라 들을 수 있는 글로벌 서비스다. https://open.spotify.com

86 Philip Kaplan, "How I Deal with Users Who Steal", updated November 1, 2013. https://medium.com/product-design/416b0841dbf1

87 **역주** 여기에서 공공성은 공공 캠페인처럼 공공의 이익을 위한다는 의미를 내포하는 것이 아니라 openness, 즉 누구에게나 열려 있고 불특정 다수의 많은 사람이 봐도 무리가 없는 것을 의미한다.

88 Jonah Berger, "Contagious: Why Things Catch On", New York: Simon & Schuster, 2013, p 24.

89 **역주** 감시 또는 기록을 위한 개인용 화상 녹화 카메라 및 동영상 녹화 솔루션이다. 카메라를 통해 보이는 영상이 실시간으로 클라우드 공간에 저장되어 중요한 순간들을 뽑아내거나 요약 영상을 만들 수도 있다.
https://www.dropcam.com

90 Anthony Ha, "Dropbox CEO: Why Search Advertising Failed Us", October 27, 2010.
https://venturebeat.com/media/dropbox-drew-houston-adwords
Drew Houston, "Dropbox Startup Lessons Learned", posted April 24, 2010. https://www.slideshare.net/gueste94e4c/dropbox-startup-lessons-learned-3836587

91 저자에게 보낸 이메일, March 28, 2013.

92 **역주** 모든 소셜미디어 서비스는 팔로우를 하거나 친구 맺기를 하지 않으면 상대방이 올린 콘텐츠를 볼 수 없다. 즉, 서비스에 가입한 직후에는 콘텐츠 목록 화면(보통 뉴스피드라고 한다)에 아무것도 나타나지 않는다.

93 Richard Price, "Growth Hacking: Leading Indicators of Engaged Users", October 30, 2012. https://www.richardprice.io/post/34652740246/growth-hacking-leading-indicators-of-engaged-users

94 **역주** 일정 기간 임대를 놓을 숙박 시설(집, 콘도, 성 등)을 의미한다.

95 Cortney Boyd Myers, "Airbnb Launches Its Photography Program with 13,000 Verified Properties", October 6, 2011.
https://thenextweb.com/apps/2011/10/06/airbnb-launches-its-photography-program-with-13000-verified-properties/#!pfmJt

96 저자에게 보낸 이메일, March 28, 2013.

97 Matt Asay, "How Mailbox Scaled to One Million Users in Six Weeks", June 5, 2013. https://readwrite.com/from-0-to-1-million-users-in-six-weeks-how-mailbox-planned-for-scale/

98 Mark Fidelman, "Meet the Growth Hacking Wizard Behind Facebook, Twitter and Quora's Astonishing Success", October 15, 2013. https://www.forbes.com/sites/markfidelman/2013/10/15/meet-the-growth-hacking-wizard-behind-facebook-twitter-and-quoras-astonishing-success/

99 역주 http://dogvacay.com

100 April Dunford, "Top 5 Customer Retention Marketing Tactics", May 27, 2010. https://rocketwatcher.com/top-5-customer-retention-marketingtactics/

101 저자와 인터뷰, April 24, 2013.

102 역주 〈포춘〉 선정 500대 기업의 하나로 1873년에 설립되었다. 미국의 가장 큰 도서 소매 기업이자 디지털 미디어, 콘텐츠, 교육 제품을 소비자에게 판매하는 선도 기업이다. 미국 전역에 많은 오프라인 도서 판매점이 있다.
https://www.barnesandnoble.com

103 역주 'BAM!'이라고 많이 부르며, 1917년에 설립했다. 반스앤노블에 이어 미국에서 두 번째로 큰 도서 판매점 체인을 운영한다.
https://www.booksamillion.com

104 역주 UV로 월 방문한 사람 중 중복 방문을 제외한 방문자 수를 의미한다.

105 역주 디지털 마케팅과 매체 기획을 위한 다양한 종류의 도구와 분석 리포트를 제공하는 회사다. https://compete.org

106 역주 광고 효과 측정에 대한 전문적인 도구와 실시간 광고 솔루션을 제공하는 기술 기반 회사다. https://www.quantcast.com

107 역주 1996년에 Alexa Internet이라는 이름으로 설립했다. 전 세계 웹 사이트의 트래픽을 수집하고 분석하여 순위 및 기타 정보를 제공한다. 1999년에 아마존이 인수했으며 초기의 단순 트래픽 정보에서 벗어나 다양하게 분석하여 통찰

을 제공한다. 자사 웹 사이트는 물론이고 온라인상의 경쟁사 웹 사이트 리서치에 많이 사용되는 서비스다. https://www.alexa.com

108 **역주** 페이지 뷰는 특정 웹 페이지에 사람들이 방문한 횟수로, 한 사람이 한 페이지에 여러 번 방문했으면 누적 집계된다는 점에서 방문자 수 또는 순방문자 수와 차이가 있다. 광고는 페이지에 노출되기 때문에 페이지 뷰가 높으면 확률적으로 더 많은 광고 수익을 낼 수 있다.

109 **역주** 전 세계 각지의 개인이 네트워크상에서 파일을 올리고 받고 공유하는 전세계적인 시스템을 토렌트(torrent) 파일 시스템이라고 하는데, 이 시스템을 이용할 수 있는 다양한 소프트웨어를 제공하는 토렌트다.

110 Porfirio Landeros, "The 4-Hour Chef: What's the Value of a Listen?" October 31, 2013. https://blog.bittorrent.com/2013/10/31/the-4-hour-chef-whats-the-value-of-a-listen

111 **역주** 이탈률이 높으면 많은 돈을 써서 대규모 인원을 웹 사이트로 끌고 오더라도 밑 빠진 독에 물 붓기나 마찬가지이기 때문이다. 테크크런치 같은 유명 매체에 소개되면 잠깐 트래픽이 늘어날 수 있고 뭔가 있어 보일 수 있지만, 이탈률이 낮은 상황에서는 실리를 챙기기 어렵다는 의미다.

112 **역주** 코호트 분석은 다음과 같은 예로 이해하면 효과적이다. 그로스 해킹을 하려면 서비스에 가입한 지 3개월이 지나면 매달 이탈률이나 전환율이 어떻게 달라지는지 체크하는 것이 필수다. 그런데 가입한 지 2개월이 지난 그룹이라도 언제 가입했느냐에 따라서 서로 다른 패턴이 나올 수 있다. 코호트 분석의 대표적인 사례는 이렇게 언제 가입했는지, 가입한 지 얼마나 지났는지 두 축을 가로와 세로로 놓고 살펴보고자 하는 지표의 변화 패턴을 보는 것이다.

113 **역주** 모든 서비스와 비즈니스에서 사용자 분포는 깔때기 형태를 띤다. 즉, 점점 깊은 단계로 진행할수록 사용자 수는 줄어든다. 예를 들어 어떤 웹 사이트에 방문한 사람이 100명이라면 그중 50명이 회원가입을 하고, 가입한 회원 중 20명이 상품 결제 페이지까지 진행하며, 다시 그중에서 5명이 최종적으로 결제하는 것이다. 퍼널은 위에서 아래로 향할수록 더 깊은 단계로 서비스와 사업 절차에 진입하게 된다. 여기에서 중요한 것은 위에서 아래로 진행할 때의 전환율이다. 이 사례에서 1차 전환율은 방문자 수 대비 회원가입자 수 비율인데 이 비율이 50%다. 각 전환율을 극대화시키는 것이 핵심이다.

114 역주 검색 가능한 목록을 찾는다면 https://www.reddit.com/reddits를 방문한다.

115 역주 구글 애널리틱스와 더불어 전 세계적으로 많이 쓰이는 모바일 앱, 웹 서비스 분석 도구다. 무료로도 상당히 요긴하게 사용할 수 있다.
https://www.flurry.com

116 역주 질문/답변을 표방하는 서비스이지만 대부분이 사진, 그것도 십 대들이 올린 사진으로 질문과 답변을 빙자한 자기 과시 및 관계 형성을 한다. 사용자 대부분은 13~25세 사이이며, 18세 이하가 전체 사용자의 50%다. 특히 13세 이하에서는 다른 서비스보다 상당한 유명세를 타고 있다.

117 역주 짧은 글이나 사진 등으로 콘텐츠를 작성하는 대표적인 마이크로 블로깅 서비스로, 사용자의 46%가 16~24세 사이에 분포한다.

118 역주 어떤 일의 핵심이 되는 것을 측정 가능한 지표로 표현한 것을 의미한다. 오래전부터 있던 개념이지만 그로스 해킹의 핵심인 측정, 분석, 재실행의 근간에는 지표가 있기 때문에 그로스 해킹에서 특히 중요한 개념이다.

119 역주 이 표현은 요기요 입장이 아니라 고객들이 보낸 반응을 그대로 옮긴 것임을 밝힌다. 모든 공대생이 그런 성향을 갖고 있는 것은 아니지만 3년 반 동안 전자공학을 공부한 공대생이었던 편역자 역시 이 부분을 반박하기는 어렵다. 그리고 공대생 같다는 것은 디자인 감각 없이 투박하다는 뜻으로만 해석할 수 있는 것이 아니라 군더더기 없이 간결하고 이해하기 쉬우며 직관적이라는 의미도 된다.

120 역주 어떤 링크(또는 링크를 갖고 있는 배너)가 웹에서 노출된 횟수 대비 실제로 클릭된 비율을 의미한다. 게시된 채널 종류, 게시된 형태(배너 디자인 등), 문구, 게시 시점 등에 따라 0.001%밖에 안 되는 경우도 있고, 50%가 넘는 경우도 있는 등 값 범위는 천차만별이다. 기본적으로는 CTR이 높은 것이 좋으며, 이것이 1차 목표다.

121 역주 채널에 게시된 광고 배너가 한 번 클릭될 때 채널 소유자에게 광고주가 지불해야 하는 비용이다. 광고주는 일반적으로 낮은 CPC를 추구한다.

122 역주 고객 생애 가치로서 CLV라고도 한다. 고객 한 명이 해당 서비스에 잔존해 있는 동안 그 서비스에 기여하는 매출의 총합을 의미한다. CLTV를 계산하는

공식은 '(고객 1인당 기여하는 연간 평균 매출 - 고객 1인당 유지에 소비되는 연간 평균 비용) / (1 - 고객이 다음 해에도 여전히 고객으로 남아 있을 비율 + 이자율) - 고객 획득 비용'이다.

123 **역주** 표본으로 추출한 웹 서비스의 기본적인 측정 지표를 국내 인터넷 초창기부터 제공해 온 유료 서비스다. 후에 글로벌 미디어 리서치 그룹인 닐슨(Nielsen)이 인수하여 현재는 닐슨 코리안클릭(Nielsen KoreanClick)이다. 단순 측정 지표만이 아니라 깊이 있는 분석 리포트도 제공한다.

124 **역주** 광고 비용 책정 방식 중 하나이자 그때 광고비를 나타내는 단위로 노출이 1000번 될 때마다 지불하는 비용 크기다. CPC는 클릭당 비용을 지불하기 때문에 많이 클릭할수록 광고비를 많이 내야 하지만 CPM은 노출 기준이기 때문에 몇 번을 클릭했다고 하더라도 노출된 횟수만큼만 지불하면 된다. 클릭은 사용자가 해서 통제 불가능하지만 노출은 채널에서 하기에 조정이 가능하다. 따라서 높은 CTR을 통해 광고를 본 사람이 클릭하도록 유도할 자신이 있으면 CPC보다는 CPM 방식이 광고주 입장에서는 더 유리하다.

125 **역주** 시청률 총합으로서 특정 기간 동안 내보낸 광고의 빈도와 해당 채널의 도달률(TV는 해당 시청률)의 곱으로 계산한다.

126 **역주** 앱스토어 최적화를 의미한다. 검색 엔진에서 키워드 설정 및 기타 다양한 요소를 활용하여 최적화하는 작업이 SEO(Search Engine Optimization)인 것처럼 앱스토어에서도 비슷한 원리가 적용된다. 이제는 앱스토어에 앱이 많기 때문에 과거에 비해 앱스토어 자체의 검색에 의존하는 경우가 훨씬 많아져 ASO 중요성이 높아진 상태다. 앱 이름, 설명, 아이콘, 설명 이미지 등 최적화를 포함한다.

127 **역주** 분석 목표로 하는 사용자 행동에 대하여 가급적 사용자가 의식하지 않도록 사용자 일거수일투족을 일정 거리를 두고 떨어져서 객관적으로 관찰하는 UX(User Experience) 연구 방법론의 하나다.

128 Amaury Perrier, "Growth Hacking is Dead. Long Live Growth Marketing", LinkedIn, 2024. https://www.linkedin.com/pulse/growth-hacking-dead-long-live-marketing-amaury-perrier-xq3bf

129 Wemanity, "It's about Customizing Experiences, Nurturing Relationships, and Building a Sustainable Growth Loop Rather Than

a Funnel", "Growth Hacking is Dead? Long Live Growth Marketing", 2024. https://weblog.wemanity.com/en/growth-hacking-is-dead-long-live-growth-marketing/

130 https://www.marketsandmarkets.com/Market-Reports/ai-agents-market-15761548.html

131 https://www.alvarezandmarsal.com/thought-leadership/demystifying-ai-agents-in-2025-separating-hype-from-reality-and-navigating-market-outlook

132 https://www.emarketer.com/content/a-marketers-guide-to-ai-agents-2025

133 https://www.mytotalretail.com/article/why-agentic-ai-is-taking-over-in-2025-and-what-this-means-for-marketers/

134 https://www.gallantway.com.au/post/how-nike-is-using-data-direct-to-consumer-to-grow-revenue-and-margin

135 https://www.alvarezandmarsal.com/thought-leadership/demystifying-ai-agents-in-2025-separating-hype-from-reality-and-navigating-market-outlook

136 역주 https://www.ibm.com/think/insights/ai-agents-2025-expectations-vs-reality

| 찾아보기 |

ㄱ

가상의 보도 자료 64
개선 61
고객 여정 전체 관리 263
관심 122
구독 경제 전환 296
그로스 해커 36-37, 146
그로스 해킹 40, 147
그루폰 93

ㄷ

데이터 과학자 50
데이터 예측 262
드롭박스 74, 114
딱 맞는 사람 77

ㄹ

리빙소셜 93

ㅁ

메일박스 76
몰입도 151

ㅂ

바이럴 37
보너스 139
부트스트래핑 47, 143

ㅅ

새로운 사고방식 49
선전 149
성능 개선 110
성장 122, 261
소비자의 인식 86
소셜미디어 47
신규 가입자 105

ㅇ

아마존 62
에버노트 66
에어비앤비 57
요기요 194
위즈돔 234
위키피디아 72
유지 104, 116
이메일 목록 140
이탈률 144
입소문 37, 43, 153
입소문 효과 90, 124

ㅈ

자율 실행 264
전환율 105, 145
제품 시장 적합성 121, 149
제품 콘셉트 136
젤리버스 175
지메일 46
지속 가능 시스템 262
질문 69

ㅊ

최소 기능 제품 61, 147
최적화 104, 116
충성도 78

ㅋ

코호트 분석 145

ㅌ

토모큐브 275
투자 대비 수익률 118
투자 비용 80

ㅍ

판매 퍼널 150
피드백 61
피벗 148

ㅎ

핫메일 43
허영 지표 152
헬로마켓 213

A

A/B 테스트 36
A/B 테스팅 143
A/B testing 143
AI 시대 258
AI 에이전트 273
Airbnb 57
Amazon 62
awareness 86

B

bootstrapping 47, 143
bounce rate 144

C

cohort analysis 145
conversion rate 105, 145

D

data scientist 50

G

Gmail 46
Groupon 93
growth hacker 146
growth hacking 147

H

Hotmail 43

L

LG전자 296
LivingSocial 93
LLM 259

M

minimum viable product 61, 147

O

optimization 116

P

pivot 148
PMF 63, 121
product market fit 149

publicity 149

R

retention 116
ROI 118

S

sales funnel 150
socialmedia 47
stickiness 151

V

vanity metrics 152
viral 37
viral loop 153

W

Wikipedia 72